종교성 측정의
원리와 실제

THE PRINCIPLES AND PRACTICE OF
RELIGIOSITY MEASUREMENT

종교성 측정의
원리와 실제

석창훈 저

이 저서는 2017년 정부(교육부)의 재원으로 한국연구재단의 지원을 받아 수행된 연구임(NRF-2017S1A6A4A01022392)

종교는 인간의 역사와 더불어 시작되었다. 즉 인간의 역사는 바로 종교의 역사라고 바꾸어 말할 수 있다. 인간이 숨 쉬고 생활하는 그 기반에는 '종교적'인 것이 확산되어 항존한다. 그래서 '종교적 인간(*Homo religiosus*)' 개념이 등장하였다.

지난 2세기에 걸쳐 인류학, 현상학, 사회학, 심리학 등의 학문을 통해 종교적 인간을 실증적 관찰방법으로 고찰하는 종교성 측정 연구가 꾸준히 수행되었다. 종교에 대한 경험적 연구를 수행하는 과정에서 종교성을 측정하는 것은 아주 중요하다. 왜냐하면 종교성 측정은 종교성의 준거를 탐색하고, 종교인은 어떤 사람인지 확인하며, 각 개인의 종교적 신념, 감정, 행동 수준을 측정하는 노력으로 발전할 수 있기 때문이다. 그러나 문제는 종교성이라는 것이 쉽게 확인 가능한 영역이 아니라는 점에 있다.

중국 속담에 "범을 그리는데 가죽을 그리기는 쉬워도 뼈는 그리기 힘들다(画虎画皮难画骨)."라는 말이 있다. 우리 속담에 "열 길 물속은 알아도 한 길 사람 속은 모른다."와 비슷한 의미이다. 세상에서 알기 어렵고 이해하기 힘든 것 가운데 대표적인 것을 꼽으라면 '사람의 마음'을 들 수 있다. 사람의 마음 중에서도 절대자를 지향하는 종교적 마음은 더더욱 이해하기 쉽지 않다.

이에 종교성이 믿느냐 안 믿느냐의 단일 차원을 넘어 다차원적인 구성개념이라는 입장에서 종교심리학 연구자들은 다수의 심리측정(psychometrics) 도구를 개발하여 겉으로 드러나는 행위보다 각 개인 종교 생활의 '내적인'면을 파악하고자 하였다.

종교성 측정과 관련하여 외국의 경우, 다양하면서도 많은 종류의 검사가 개발되어 활용되고 있다. **Hill과 Hood의 종교성 측정**(1999)에 따르면 17개 영역 총 126개의 측정 도구를 망라하고 있다. 이에 반해 국내에서는 관련 연구가 매우 제한적이며, 연구주제 또한 종교성향 같은 일부 변인에 집중되어 있고, 연구대상도 기독교 중심이다.

이에 본 저자는 한국의 종교 지형에 부합하고 종교연구 및 종교교육 현장에서 활용도가 높은 종교성 측정 도구를 수집, 분석, 종합, 평가하는 과정을 거쳐 원리(theoria)와 실제(praxis)가 병존하는 학술 저서를 집필하고자 하였다.

지난 3년간 노작의 결과, 다산(茶山)이 연구한 촉류방통법(觸類旁通法)에 따라 자료를 집대성한 후, 종교성 측정의 원리와 실제와 관련하여 총 4부의 저술 체계를 구상하였다.

먼저 제1부에서는 종교와 종교성의 관련성을 개관하는 측면에서, 한국의 종교실태와 한국인의 종교적 관점을 종설(review)하였으며 아울러 종교와 종교성 측정, 종교성 척도의 개념분석을 수행하였다. 특히 종교성 측정의 원리로 '자기(self)'와 '적응(adaptation)'을 기제로 범주화하는 참조틀을 개발하여 종교성의 다차원적인 측면을 파악하고자 하였다.

제2부에서는 '자기와 종교성'을 주제로 종교성향, 영성, 삶의 의미, 자기실현 등의 변인과 종교성 측정 연구의 관련성을 이론과 실제 측면

에서 분석하였다. 특히 국내의 종교성향 척도와 관련해서는 1종의 측정 도구가 아니라 국내에서 개발된 3종의 척도를 모두 소개하여 척도 간 유사성과 차이점을 분별할 수 있도록 하였다.

제3부에서는 '적응과 종교성'을 주제로 종교적 문제해결, 종교적 대처, 종교적 성숙, 종교와 다문화 이해, 가치관, 용서, 죽음 수용 등의 다양한 변인과 종교성 측정 연구의 관련성을 이론과 실제 측면에서 분석하였다. 특히, 종교성과 정신건강과 관련하여 단일 차원이 아니라 복합과정으로 이해함으로써 종교성의 다층성을 통합적으로 확인하는 데 유익한 Zwingmann의 연구모델을 소개하였다. 아울러 그동안 국내의 종교성 연구에서 소홀하게 다루어진 유교와 불교 분야의 종교성 측정연구도 함께 소개하였다.

제4부에서는 종교성 측정의 개발사례를 공유하고자 시대적 징표(signum temporius)인 서번트 리더십을 중심으로 목회용 척도 개발의 이론적, 실제적 과정을 논문화한 결과물을 재정리하였다. 아울러 3년간의 종교성 척도 연구를 집대성하는 차원에서 국제저널인 *Journal of Humanities Therapy*(2021년 12월)에 게재된 "Religiosity: Drug or Poison of Mental Health?"를 소개함으로써 종교성 척도에 관심 있는 도반들에게 학술적으로 도움이 되기를 기대한다.

부록에서는 먼저, 본문 내용이 기존에 개발된 종교성 척도 중심으로 관련 분야의 최근 연구 동향이나 미래지향적 연구에는 소홀한 점에 착안하여 최신의 종교성 척도를 소개하였다. 관련하여 종교학 분야의 국제학술지인 *Religions*의 편집장 Arndt Büssing이 "Measures of Spirituality/Religiosity-Description of Concepts and Validation of Instrument"(2019)에서 제시한 영성·종교성 척도를 정리하였다. 또한 종교성 척도의 사용과 관련된 검사 도구의 윤리성 문제를 이해할 수 있도록 관련 학회의 윤리강령도 제시하였다. 관련 분야 학문 후속세대 연구자의 관심을 기대한다.

종교성 측정과 관련된 연구나 조사를 할 때 유념해야 할 점은 '각주구검(刻舟求劍)'의 오류를 범하지 않는 것이 중요하다. 측정해야 할 것을 제대로 측정해야 타당도가 높으며, 다른 연구자가 실험해도 동일한 결과를 낳는 신뢰도를 제고하기 위해서라도 종교성 측정 관련 연구는 계속되어야 할 것이다. 물론 양적 측정도구나 물리적 검사 도구가 만병통치약(panacea)이 될 수 없다는 점은 자명하다. 이를 보완하기 위해서라도 종교성 측정 분야의 지평이 확대될 필요가 있다. 종교성 측정과 관련하여 질적 연구의 도전을 기대한다.

끝으로 이 책의 출간에 지원을 아끼지 않은 교육부와 한국연구재단에 감사를 드린다. 그리고 원고를 챙기고 출판에 애를 쓰신 한국출판정보 Books I&I 식구들에게도 고마움을 전한다. 본 졸저가 종교성 측정을 통해 종교적 인간(Homo religiosus)을 좀 더 잘 이해하는 데 도움이 되기를 바라며, 종교심리학 분야의 도반들과 계속 궁구할 것을 다짐 드린다.

2022년
아산 삼봉산 자락에서
清凉

목 차

제4부   종교성 측정 사례연구

제1부

종교와 종교성

"하나만 아는 사람은
아무 것도 모른다."

(M. Müller)

제 1 장
종교와 종교성 측정

중국 속담에 "범을 그리는데 가죽을 그리기는 쉬워도 뼈는 그리기 힘들다(画虎画皮难画骨)."라는 말이 있다. 우리 속담에 "열 길 물속은 알아도 한 길 사람 속은 모른다."와 비슷한 의미이다. 세상에서 알기 어렵고 이해하기 힘든 것 가운데 대표적인 것을 꼽으라면 '사람의 마음'을 들 수 있다.

유사 이래 동서고금을 막론하고 인간의 마음을 읽고, 얻고, 이해하기 위한 노력과 관련하여 수많은 사상, 사건, 사물, 사실, 사람들이 실재하였다. 신학 이전에 신이 존재하였고, 사회학 이전에 사회가 존재하였듯이 심리학 이전에 심리, 즉 사람의 마음과 관련된 논의도 지속되어 왔다.

그런데 지금으로부터 140여 년 전인 1879년 독일 라이프치히 대학의 W. Wundt(1832~1920)는 사람의 마음을 실험이라는 과학적 시선으로 처음 조망하였다. 유럽대륙에 Wundt가 있다면 미국에는 하버드대학의 W. James가 종교심에 대하여 실험실 연구를 시도하였

Wilheim M. Wundt
(1932~1920)

으며, 유명한 기포드 강연으로 연구결과를 집대성하기도 하였다. 이른바 심리학(psychology)의 태동이다.

과학(science)으로서의 심리학은 인간을 이해하는 데 새로운 연구방법을 제공해 주었다. 즉 현대 심리학의 근간은 인간의 마음을 과학적 방법론을 이용하여 연구하는 것이다. 이 연구방법은 보이지 않는 인간의 마음을 수치로 부여하여 눈에 보이고 비교 가능하도록 연구하는 심리측정(psychometrics) 분야의 발전을 이끌었다.

본 장에서는 종교심리학의 심리측정 관점에서 종교성의 다층성, 다변인성을 조망하고, 종교성 측정의 원리를 통해 개인 요인과 환경요인별로 종교성 척도를 정리하고자 한다.

1. 종교의 이해

종교(宗敎)(*저자 주: 종(宗)이라는 글자는 중국불교에서는 'siddhanta'의 번역으로 진리를 파악한 최고의 경지를 뜻하며, 교(敎)는 말로 표현하여 가르치는 것을 지칭함)라는 용어는 19세기 말 종교학이 일본에 소개되면서 'religion'(*저자 주: 'religion'이란 단어는 본래 라틴어 'religio'에서 유래한 단어로 로마 시대로부터 두 가지로 해석되었는데, 기원전 1세기 키케로에 의하면 religio는 다시 읽는다는 뜻을 지닌 're-legere'에서 나온 단어로서 반복되어 낭송하는 종교의식에 초점을 맞추어 초월자에 대한 경외심을 나타내는 말로 이해되었고, 4세기 그리스도교 저자인 락탄시우스에 의하면 다시 묶는다는 're-ligare'에서 나온 단어로 신과 인간의 관계에 초점을 맞추어 죄로 끊어진 관계를 재결합시켜 주는 뜻을 가진 말로 해석됨)의 번역어로 만들어진 것으로 이후 한자문화권에 통용되게 되었는데, '근본이 되는 가르침'이란 뜻이다. 종교의 핵심을 유일신 전통에서 하든, 절대 신과 인간의 관계로 보든, 궁극적 실재를 향한 내성의 마음가짐이라고 보든, 종교는 Paul Tillich가 제시한 것처럼 인간의 '궁극적 관심(ultimate concern)'을 다루는 것이라고 포괄적으로 정의할 수 있다.

　종교의 의미는 시대에 따라 그 내용을 달리했지만 몇몇 대표적인 정의를 살펴보면 다음과 같다. Paul Tillich(1971)는 "종교란 인간의 궁극적 관심에 대한 것으로 … 인간 정신의 하나의 특별한 기능이 아니라 정신생활의 모든 기능의 심층적 차원이다"라고 하여 정신의 심층적 차원으로서의 종교를 강조하였다. Whitehead는 "종교란 인간의 내적 부분을 정화하는 신념의 힘이다", Grensted는 "종교란 확신을 가져다주고 통합으로 이끌어가는 전체성", Eliade는 "신성함의 경험"이라고 하였다(김형찬, 1999).

　궁극적 절대자와의 관계를 강조하고 있는 정의들을 살펴보면 Johnson은 "궁극적 존재에 대한 인격적 헌신"으로, Fromm은 "종교란 인간 집단이 공유하는 사고와 행위의 모든 체계로서, 개인에게 정향의 틀(Frame of orientation)과 헌신의 대상(object of devotion)을 제공하는 것"이라고 하였으며, Allport(1960)는 "자기 자신을 창조주에게 결합시키려는 인간의 열렬한 노력으로 올바른 최상의 상황을 발견함으로써 자신의 인격을 확대하고 완성하려는 궁극적 시도이다"라고 규정하였다.

　한편 종교가 외형적으로 관찰 가능한 축적적 전통(cumulative tradition)과 눈에 보이지 않는 내면적 신앙(faith)이라는 양면을 가지고 있다고 생각한 Smith(1978)는 "종교는 우리가 객관적으로 공유하는 외적 전통이나 체계라기보다는 개인들의 마음에 시간마다 달리 진행되고 있는 역동적인 실재"라고 정의하였다. Kitagawa는 "종교라는 말은 어떤 이념·

의식 또는 제도로만 생각하지 말아야 한다. 종교는 인간 생활의 모든 면에서 궁극적인 의미를 부여하는 인간 경험의 근원으로 생각해야 한다"라고 주장하였다. Frankle도 "종교는 일반적으로 개인에게 인생의 의미와 목적을 부여한다"라고 하였다(Jackson, Coursey, 1988).

Crandall과 Rasmussen(1975)은 지각된 삶의 의미와 구체적인 가치 선택과의 관계를 연구하였는데 쾌락·여흥 및 안정에 관련된 가치들은 낮은 삶의 의미 수준과 관계가 있었다. 이것은 쾌락주의는 실존적 공허감을 조성한다는 Frankle의 주장을 지지해 주고 있다. 동시에 구원과 같은 종교적 가치들은 높은 삶의 의미 수준과 연결되는 것으로 보아 순수하고 내적인 종교지향은 지각된 삶의 의미와 목적을 크게 하는 데 도움이 됨을 알 수 있다. 이러한 사실들은 종교가 삶의 의미 수준과 긴밀한 관계를 맺고 있음을 보여주는 것이다.

또 한편 Jung(1977)은 우리 마음속에서 체험되는 신적 존재의 이미지를 '우리 내부에 있는 신', 곧 자기(self)와 동일시하였다. 그가 말하는 종교체험은 신적 존재의 이미지에 대한 심리적 체험인 것이다. 이런 관점에서 볼 때 종교체험과 자기실현과정은 교차하게 된다. Jung에게 있어 종교체험은 인간 내면의 신적 이미지와 만나는 것이고 자기실현 과정은 우리 속에 있는 신인 자기를 만나 실현시키는 것이기 때문이다. Jung은 종교의 목적과 자기실현 과정의 목적을 동일시하였다. 자기실현 과정을 통해 생성되는 대극 통일의 경험, 곧 화해의 경험은 사람이 존재의 힘과 근원으로 인도되고 연결되는 감정에 젖도록 만든다. Jung에 따르면 우리가 종교적이라고 느낄 때도 이런 종류의 경험을 하게 된다. Jung은 자기실현 과정을 통해 수행되는 이런 심리 여정이 그리스도교 교리 안에서 완벽하게 표현되어 있다고 본다. 중생, 속량,

화해, 구원 등과 같은 종교 언어는 전인적 삶을 지향하는 심리학의 목표에 비견될 수 있다(김종춘, 1996).

이런 사실은 신앙생활의 초점이 종교적 성숙에 있는 것이지 종교체험 자체는 아니라는 점을 부각해 주며, 타자적 신보다는 인간 심리 속에서 경험되는 신의 이미지에 대한 성찰이 진정한 종교체험을 가능하게 만드는 신앙인의 바람직한 태도라는 것을 확인시켜 준다.

Fromm(1950) 역시 인간 안에는 종교적 욕구를 갈망하는 요소가 본성 깊숙이 뿌리박혀 있다고 하면서, 종교를 전제주의적 종교와 인본주의적 종교로 구분하였고, 인간을 중심으로 본 인본주의적 종교에 대해서

> 인간은 자기 자신과 동료와의 관계와 우주 안에서 자기의 위치를 이해하기 위하여 이성의 힘을 발달시켜야만 한다. 자기 자신에 관해서 혹은 타인에 관해서 사랑의 능력을 연마해야만 되고 모든 살아있는 자들과 연대감을 체험해야 한다. 이 목적으로 자기를 인도하는 원칙과 규정을 가져야만 한다. 종교의 이 유형 안에서 종교적 체험은 세상과 각자의 관계 위에 기초한 모든 것과의 일치의 체험이다. 즉 종교적 체험은 이성과 사랑 안에 뿌리를 박는다. 인본주의적 종교 안에서 인간의 목적은 고귀한 청빈이 아니고 가장 거대한 풍요함에 도달하는 것이다. 가장 중요한 덕은 복종이 아니라 자기실현이다.

라고 말함으로써 자기실현을 종교의 덕으로 삼고 있다(윤주병, 1986).

Rogers, Maslow, May, Frankle 같은 인본주의 혹은 실존주의 심리학자들 역시 종교를 통해 자기를 실현하거나 자기를 성장시켜 인생의 의미를 찾을 수 있는 것으로 보고 있다. 이러한 종교에 대한 견해들을 토대로 볼 때 종교는 궁극적 존재와의 관계를 바탕으로 인간의 인격을 확대·완성하고 통합으로 이끄는 힘이라고 할 수 있다. 이는 종교가

자기실현과 밀접한 관계가 있다는 것을 보여주는 근거가 되는 것이다 (석창훈, 2001).

2. 종교심리학과 종교성

신앙 특히 종교적인 신앙에 대한 인류의 탐구는 역사 이래 인간의 실재적 경험과 논리적 유추를 통하여 지속적으로 진행되어 왔다. 이러한 탐구의 노력 가운데 가장 끊임없는 질문 중 하나는 그 본질적 성격에 관한 것이다. 즉 신앙 또는 종교라는 경험과 현상은 '영적'인 것인데 설명이 가능한 것인가? 또는 '정신적'인 부분이 있다면 그것을 어떻게 설명할 수 있는 것인가 하는 것이다. 이러한 인간의 종교심에 대한 체계적이고 과학적이며 경험적인 연구는 종교심리학(Psychology of Religion, 현재 APA 36분과)이란 학문 영역을 발전시켰다.

William James
(1843~1910)

20세기 초 종교심리학 분야를 개척한 미국의 William James는 1901년~1902년 에 든버러 대학에 개설되어 있는 기포드 강연(Gifford Lecture)에서 행했던 **종교적 경험의 다양성**(The Varieties of Religious Experience, 1902)에서 인간 본성에 내재한 종교성에 대해 몇 가지 명제를 제시하였다. 첫째, 종교 현상은 다른 정신 현상과 함께 나타나며 그들과 공존한다. 둘째, 다른 분야에서와 마찬가지로 종교에도 장엄하고 숭고함과 어리석음의 두 극을 가지고 있다. 셋째, 다른 인간적인 노력에서와 같이 종교에서도 감정이 사고보다 훨씬 중요하게 취급되는 경향이 있다. 넷째, 어떤 특정한 충동, 정조, 성향 중의 어느 것도 종교를 표현해주는 단 하나의 정신적 기능은 없다. 다섯째, 종교는 인간적 측면과 성스러운 측면이 있으며, 심리학은 단지 전자만을 연구할 수 있다. 마지막으로 인간은 단순히 그들의 하나님을 소유하는 것이 아니고 오히려 이용한다. 그리고 종교는 행동에서 나타나는 열매로 그 자체가 드러난다. James가 내세운 이 명제들은 종교의 심리학적 연구에 크게 기여했음을 부인할 수 없을 것이다. 실제로 James가 강조한 종교적 삶의 스타일이 다양하다는 주장이나 종교에 대한 의학적 유물론(종교적 절망이 신체적인 이상에서 온다고 생각하는 환원주의)의 부인, 그리고 실용주의적 입장에 근거하여 종교 경험의 열매를 강조한 것 등은 종교심리학 영역에서의 공헌으로 지적되고 있다(사미자, 2001).

James와 함께 종교심리학 분야를 태동시킨 E. D. Starbuck(1866~1947)은 퀘이커교도 출신으로서 종교적 경험에 관하여 집중적으로 연구하였는데, Starbuck은 광범위하게 배부한 질문지를 기초로 하여 종교적 발달의 외적 사실을 확인하고자 첫 번째로 시도하였다. 이 질문지는 청년기와 회심과는 어떤 관계가 있는지, 그리고 소년과 소녀 간에 어떠한 차이가 있는지 관찰한 것이었다. 방법론적으로는 많은 결점이 있었지만, '회심과 종교적 성장'이라는 연구주제는 최초의 종교심리학 저서를 낳았다. Starbuck은 과학과 종교 사이에 존재하는 긴장 관계를 해결하고자 노력한 학자로 알려져 있는데, 종교에 대한 과학적인 연구는 무한하지만 그것은 신비한 영역에서 보면 아주 작은 부분에 지나지 않으며, 종교의 신비는 인간이 파악할 수 없는 부분이 많다는 점을 인식하였다. 또한 Starbuck은 종교적인 회심의 경험에서 관찰되는 개인간의 다양성은 각 개인이 소유한 기질에 좌우된다는 주장을 하였는데, 이러한 주장이 현대의 종교심리학 영역에서도 연구의 대상으로 남아 있음은 흥미로운 일이라 하겠다.

이러한 제임스적 전통에서 종교성을 간단히 정리하면(James, 1902), "종교란 개인이 기록하고 생각하고 있는 존재와의 관계에서 홀로 느끼고 행동하고 또한 경험하는 것"이기에 종교성의 개인적 경험 차원을 강조하였으며 이러한 강조점은 Allport에게로 이어졌다.

한편 G. Freud와 A. Ellis로 이어지는 정신분석학에서는 종교의 부정적인 측면을 부각하여 왔다. Freud는 인간이 과도한 욕망으로 조상을 살해하면서 생긴 죄의식 때문에 종교를 필요로 하였다고 본다. 종교는 죄의식을 해소하는 데 도움을 줄 강력한 귀속 대상을 제공한다는 것이다. 그래서 종교는 결국 원죄라는 강박 관념적 죄의식에 뿌리를 두고 있기 때문에 정신 질환의 원천이 된다고 생각하였다. Freud에 따르면 종교는 지성의 합리적인 노력으로 어느 정도 극복될 수는 있지만 개인들의 신경증에 기여하는 역사적 유산이라고 보았다.

Ellis는 좀 더 구체적인 언급을 하였다. 종교는 절대적인 정명(should, ought, must 등)들을 믿도록 함으로써 유연성, 개방성, 관용성, 변화에의 적응을 해친다고 보았다. 독실하고 정통적이며 교조적인 종교성은 문제에 대한 객관적이고 합리적인 판단을 저해한다고 보았다. 그래서 정서적 정신 질환과 관계가 높다고 보았다. 즉 독실하게 종교적인 사람들은 경직되고, 폐쇄적이며, 불관용적이고, 변화에 저항적이라는 것이다. 그리고 Ellis는 종교가 정신건강에 장애가 되는 이유를 다음과 같이 열거하고 있다(제석봉, 2002). 첫째, 종교는 자신을 있는 그대로 수용하지 못하게 하는 대신 죄의식을 부추겨 참회에만 몰두하게 만든다. 둘째, 종교는 하나님에게 의존하게 만들어 자기 주도적인 삶을 살지 못하게 한다. 셋째, 삶의 모호성과 불확실성에 용기를 가지고 대처해 나가야 함에도, 종교는 확실성과 예측 가능성을 바라게 한다. 넷째, 종교는 논리적이요 합리적인 추론과 노력을 통해 변화하려고 하지 않고, 마술적인 의식을 통해 변화를 추구하게 한다. 이러한 Ellis의 주장은 반대 진영과 지속적인 논쟁을 거듭해 왔다.

종교의 긍정적 측면과 부정적 측면에 대한 혼합된 의견 속에서 종교 심리학자들은 종교성의 경험적 해석에 노력하였는데, 종교연구에서 종교성은 학자에 따라 종교적 투신(religious commitment) 또는 종교적 관여(religious involvement) 등으로 사용되고 있다. 그러나 종교성이란 개념이 단순히 개인적인 종교지향이나 자기 확인 지표(예를 들면, '나는 신자이다', '나는 장로교 신자이다', '나는 천주교 신자이다'라는 식의 답변을 요구하는 지표)가 아닌, 정도를 나타내는 개념으로 사용된 것은 1954년 종교인과 비종교인에 대한 구별 없이 종교성을 맹목적 서열척도로 구성하여 연구한 J. H. Fichter의 구분으로부터 출발한다.

Fichter는 신자를 핵심(nuclear) 신자, 주변(marginal) 신자, 형태(modal) 신자, 휴식(dormant) 신자로 구분하였다. 그의 중요한 착안은 비록 그의 척도가 아직 일차원적이기는 하지만 좀 더 적절한 종교성의 척도를 제작하려는 믿음이나 의례적 참여도 등 한 가지 요소만이 아니라 여러 가지 요소를 사용해야 한다는 점을 지적하고 있는 것이다. 그 후 1950년대 후반에 이르러 종교성이 다차원적(multidimensional) 현상이라는 견해가 생기면서 G. Lenski는 종교성을 집단 참여 혹은 사회관계의 참여(involvement)의 믿음 혹은 성향(orientation)의 차원으로 나누었다(Lenski, 1963).

Lenski에 의하면 집단 참여의 차원은 단체적인 예배 의식에 참여하는 빈도에 의한 '협의체적 참여'와 배우자, 친척, 친구가 같은 종교를 가지는 비율에 의한 '공동체적 참여'로 나누어지고, 종교적 성향의 차원은 전통적 교리에 대한 지적인 동의 정도를 파악하는 '교리적 정통성(doctoral orthodoxy)'과 신과 개인의 상호 교통을 강조하는 '경건주의(devotionalism)'로 나눈다. Lenski의 척도는 연속적 변인을 사용했다기보다는 이분법적이고, 문항이 너무 작다는 점, 척도를 통한 연구결과의 해석이 어렵다는 점 등 문제점을 갖고 있지만 협의체적 참여와 공동체적 참여의 상관관계가 미약함을 지적했고, 같은 종교의 신도라도 종교성의 각 차원에 대한 정도에 따라 사회적인 태도가 변한다는 점을 밝혀냈다는 점에서 의의를 찾을 수 있다.

또 Glock과 Stark(1965)는 Lenski와는 다른 각도로 종교의 다차원성을 제안하고 심리학적 연구와 사회학적 연구를 종합하는 전체적 접근을 시도하였다. 이들은 세계의 종교들이 세부적인 표현에 있어서는 다양하나 그 기저에 공통된 방식이 있으며, 이러한 공통성이 '종교성'의 중심 차원(a set of core dimension of religiousness)을 제공한다고 보고 다음과 같이 다섯 차원을 제안하고 있다.

첫째, 종교적 신념을 다루는 '이념적인(ideological) 차원', 둘째, 전통적으로 종교라 정의되는 외현적 행동과 관련된 '의례적(ritual) 차원', 셋째 종교적 체험을 의미하는 '경험적(experiential) 차원', 넷째, 종교적 지식을 나타내는 '지적(intellectual) 차원', 다섯째, 종교의 영향력을 다루는 '결과적(consequential) 차원'이다. 이상의 연구들은 주로 종교성 척도 구성을 위해 논리적이고 이론적인 방법을 사용한 반면, 또 다른 몇몇 학자들은 더욱 정교한 통계적 기법을 사용하여 종교성 척도를 구성하였다.

Faulkner와 Dejong(1966)은 Glock과 Stark의 종교성 차원을 검사하기 위해 23개의 항목을 구성하여 조사를 실시한 후, 그 결과를 구트만 기법(Guttman technique)을 사용하여 Glock과 Stark의 종교성 차원과 거의 같은 5개의 유형을 발견했다. 그들은 이 연구를 통해 애매한 문항은 재구성하거나 제외하였고, Guttman 척도의 기준에 적합하지 않은 문항들 역시 제외하였다. 그 후 요인분석을 사용한 두 번째 연구를 통해 이들은 6개의 차원을 발견했다. 이 중 4개의 차원은 처음 연구와 동일하나 처음 연구의 결과적 차원은 다시 '개인적인 도덕성 결과 차원'과 '사회적 결과'로 나누었다.

King(1967)은 이전의 종교성 차원을 연구한 많은 학자들이 Glock과 Stark의 이론적인 유형 분류를 단순히 재검토해온 것에 반해, 이와는 다른 새로운 개념화에 기초를 둔 종교성 차원을 구성하고자 시도하였다. 그는 이전의 다차원적인 종교성 척도들이 다차원적인 가정에 대한 경험적 조사가 부족하고, 이용 가능한 차원들에 대해서 상관관계를 통한 체계적인 경험적 연구가 부족하다고 주장하며 종교성 차원에 관한 학자들의 제안을 고찰한 결과, 열 한 개의 차원을 찾아내고 이들 각 차원을 포함하는 121개의 항목을 작성했다. 그 후 King은 이전의 대상을 확대하여 10개의 차원을 구분했다.

이 차원들은 이전의 연구들에서 나타난 차원들과 비교해보면 <표 1-1>과 같다(King, 1967). 이 차원들은 크게 기본적인 종교성 척도와 복합 척도로 구분해 볼 수 있는데, 전자는 종교적인 차원의 지표들로서 종교적 행위의 다른 측면들로 간주될 수 있고, 이들은 서로 중복됨이 없이 서로 분리가 가능하다.

<표 1-1> King의 종교성 차원

King	이전의 학자
1) 교리적 동의=광범위한 그리스도교 교리에 대한 동의	Glock의 이념적 차원 Lenski의 정통성
2) 경건주의, 개인적인 기도나 신과의 상호 교통, 신과의 친밀성	Glock의 경험적 차원 Lenski의 경건주의
3) 교회 활동 참여 　① 교회 예배 출석 　② 교회 활동에의 참여 　③ 재정적 지원	Glock의 의례적 차원 Lenski의 협의체적 참여
4) 교회나 교리에 대한 지식	Glock의 교리적 차원

* 복합 차원
5) 성향
　① 성장과 노력, 이 차원의 높은 점수는 그의 현재 종교 상태에 대한 불만족을 나타내며, 이를 극복하기 위해 더욱 많이 배우고, 변화 성장할 필요를 느끼는 정도
　② 외향적 태도, 종교에 대해 도구적이고 이기적인 태도(Allport 척도의 외향성 항목)
6) 지향(salience)
　① 행동적 지향
　② 인지적 지향(Allport 척도의 내향성 항목)

King의 종교성 개념화는 비록 이들 차원의 수와 각 차원에 따른 항목이 각 연구마다 약간의 변동이 있다는 점, 또 이들 연구가 주로 백인들과 개신교 신자들만을 대상으로 하고 있다는 제한점에도 불구하고, 다양한 종교성에 관련된 항목들을 사용함으로써 일반적으로 적용 가능한 척도를 구성하려고 시도했다는 점, 또 종교성이 단일 차원이 아닌 다차원적이란 점을 경험적으로 입증하고 있다는 점에서 그 중요성을 들 수 있다. 또 이들은 자신들의 주장을 실제 연구에 사용하여 완전치는 않지만 그 효용성을 입증하고 있다. 그러나 이러한 종교성의 경험적인 연구에는 몇 가지 어려움에 부딪히고 있다. Robin과 Shaver(1980)는 종교 경험의 가장 중요한 요소는 신과의 직접적인 상호 교통이지 과학

적인 조사 대상이 아니라고 주장하고 있다는 점과 종교적인 경험이 형식적 조직에 대한 참여에 국한될 수 없다는 점, 또 대부분의 연구들이 전통적인 그리스도교의 이념만을 측정함으로써 비그리스도교적인 종교적 신념에 대한 접근이 불가능하다는 점 등을 들고 있다.

그런데도 종교성이 가지고 있는 복합적이고 다차원적인 구성개념을 해석하기 위한 학자들의 연구는 계속 진행되어 왔는데 그중에서도 많은 검증을 통해서 가장 널리 인정받고 있는 것이 Allport에 의한 종교성향 연구이다. 그리고 최근에 관심을 불러일으키는 영역은 종교적 대처, 영적 안녕, 종교의 신봉, 종교적 문제해결, 신에 대한 심상, 교의상의 지식, 가치-생활양식의 일치 등 다양한 변인에 대한 연구가 진행되고 있다.

3. 종교성, 영성, 신앙의 개념 이해

종교성(religiosity), 또는 종교심(religiousness)을 파악하기 위해서는 관련 개념에 대한 이해가 수반되어야 하므로 본 절에서는 종교성과 관련된 주요 개념인 영성(spirituality), 신앙(faith)에 대한 개념을 분석하고자 한다.

먼저, 영성과 종교성은 중복되는 부분이 있지만 구별도 된다. 수천 년 동안의 종교 역사에서 영성에 대한 이해와 영성 생활의 실천은 다양한 방법으로 전개되어 왔다. 그러한 까닭에 영성이란 용어는 다의적인 함축성을 가지고 있기에 쉽게 정의 내리기 어려운 개념이다. 먼저 일반적으로 영성이 갖는 넓은 의미로는 "인간 행위를 유발하는 그 어떤 태도나 정신으로서, 구체화된 종교적, 윤리적 가치를 총칭"한다(이홍근, 1989). 나아가 영성이란 "사람들의 삶에 활력을 주고 그들로 하여금 초감각적인 실재를 향해 뻗어 나가도록 도와주는 태도, 신념, 그리고 실천"을 의미한다(Wakes, 1983).

사실 영성이라는 말은 현대에 들어 그리스도교에서만 전적으로 사용하는 용어가 아니다. 그리스도교 영성뿐만 아니라 불교의 영성, 도교의 영성, 해방신학의 영성 심지어는 사회복지 영성, 노동자 영성 등 다양하게 사용되고 있다. 최근에는 동물 영성, 우주 영성이라는 개념도 등장한다.

따라서 영성이라는 개념을 이해하기 위해서는 영성이라는 단어가 여러 종교에 걸쳐 광범위하게 사용되고 있다는 점을 먼저 인식하여야 할 것이다. 이에 대해 Holmes는 영성에 대한 이해를 돕고자 다음 다섯 가지로 영성을 설명하고 있다(김외식, 1988).

첫째, 영성은 인간의 관계성 능력이다. 영적인 인간과 비영적인 인간이 따로 있는 것이 아니다. 영성이란 관계성을 맺고자 하는 인간의 개방성이며, 이것은 전인(全人)을 포함한 '보편적인 인간 능력'이다. 이는 인간이 단순히 타자와의 접촉만을 이야기하는 것이 아니라 타자의 내면적 실재에 들어가는 것을 말하며, 그곳에서 우리의 내면적 자기(our inner self)를 나누는 것이다.

둘째, 영성에서 인간의 대상은 단순한 타인이 아니라 감각 현상을 초월하는 그 무엇(혹은 타자)이다. 현대의 특성은 초월에 대한 믿음의 상실이다. 이는 과학화의 영향으로 모든 진리와 경험을 숫자에 환원시켜 버리거나 객관화, 예측, 통제가 가능하다고 보는 데 있다. 이러한 가치들은 인간관계의 신비를 설명할 수 없다. 초월 경험은 우리 자신의 힘으로 이해할 수 있는 것보다 더 위대한 것에 의해 물질세계를 초월하여 주어지는 경험을 뜻한다.

셋째, 초월적 혹은 영성적 경험은 상승된 혹은 확장된 의식을 수반한다. '삶의 새로운 의미'를 깨달았다거나 종교인들이 영성적 경험 후에 '자기 소명의 명확성'을 인식했다는 말은 이런 의미에서이다. 영성은 습득하여 가질 수 있는 그 어떤 것이 아니다. '영성적이 됨'으로써 우리가 소유할 수 있는 것은 전혀 없으며, 그것은 '수용성'이며 '기다림'이요, '신뢰함'이다.

넷째, 영성 경험에 의해 수직 상승된 자각은 세계 속에서 창조적 행위로 나타난다. 이런 의미에서 진정한 영성은 사회적 행동으로서의 도피가 될 수 없다. 하나님의 나라를 세계 속에서 실천하는 그 행위에 의해 측정된다. 이를 정리하면 영성이란 감각적 현상을 초월하는 타자와의 관계를 맺고자 하는 인간의 능력 혹은 개방성이며, 이 경험을 통해 인간으로 하여금 새로운 각성을 하게 하고 세계 안에서 창조적 행위를 수행케 하는 실천인 것이다.

그런데 영성을 논의한다고 해서 인간의 영과 육을 분리해서 이해하면 영지주의(gnosis)에 빠지기 쉽다. 전인으로서의 인간은 언제나 영과 육을 함께 지니고 있다. 따라서 영성은 인간의 영만을 문제 삼는 것이 아니라 영과 육을 가진 전인을 문제 삼는 것이어야 한다(최종호, 1988).

요컨대, 영성은 좀 더 넓은 개념으로 신념, 가치관 등을 대표하는 반면, 종교성은 좀 좁은 개념으로 특정 종교라는 맥락 안에서 공적이고 제도화된 표현이다. 영성은 매우 사적이며 공적으로 표현될 수도 있고 아닐 수도 있다. 영성은 종교적 맥락에서 표현될 수 있지만 개인의 종교성은 반드시 영성의 결과라고만 볼 수 없다. Holt, Hong과

Romano(1999)는 영성은 제도화된 종교 안에서도, 밖에서도 일어난다고 하며 종교의 모든 양상이 다 영적인 것은 아니라고 하였다. 영성은 종교가 아니고 영성은 경험과 관계된 것이라면, 종교는 경험을 개념화한 것과 관계된다. 영성은 가슴에서 일어난 것에 초점 맞추고 종교는 그 경험을 제도 안에 포착하여 부호화한 것이라 하였다.

다음으로 종교성과 신앙의 관련에 있어서, 세계적인 비교종교학자인 W. C. Smith(1997)는 『종교의 의미와 목적』이라는 저서에서 인격주의 종교학을 제안하면서 종교라는 말보다 신앙이라는 말을 선호하였다. 그에 따르면 신앙은 현실 안에 있으면서도 현실 너머, 즉 초월과 교감할 수 있는 인간의 내적 바탕이나 자질을 의미한다고 정의하였다. 이에 반해 그리스도교 종교교육자인 T. Groome(1995)은 신앙을 다음 세 가지로 설명하면서 성숙한 신앙을 위해 유기적이고 통합적으로 성장을 촉진해야 한다고 하였다.

첫째, 믿음(believing)으로서의 신앙이다. 성사를 통해 그리스도교 신앙을 청할 때 "저는 …을 믿습니다"라고 고백한다. 신앙은 믿음 또는 신념과 동의어로 사용되는 경우가 많다. 가톨릭에서는 신앙이 교도권에 의한 가르침에 대한 지적 동의, 또는 교회의 가르침에 대한 순종을 의미한다. 신앙에 대한 이러한 측면은 트리엔트 공의회(1545-1563) 그리고 제1차 바티칸 공의회(1869~1871)에서도 강조하고 있다. 그리스도교 신앙에서 하나님의 계시나 교회의 가르침에 대한 지적 동의나 믿음이 없어서는 안 된다. 믿는다는 것이 지적이요 인지적 측면에 국한된 것이라도 신앙에 대한 이러한 믿음이 결여되어서는 안 된다.

둘째, 신뢰(trusting)로서의 신앙이다. 신앙(faith)은 '신뢰'를 가리키는 라틴어 *fidere*에서 나왔다. 이처럼 신앙은 신뢰에 뿌리를 두고 있다. 그리스도교 신앙에서 지적 동의를 가리키는 '믿음'이란 인지적 행위를 가리키지만, '신뢰'는 정서적 행위를 가리킨다. 예수 그리스도 안에서 하나님과 신뢰에 찬 관계를 맺는 것은 신앙의 중요한 또 하나의 측면이다. 신뢰할 수 있어야 충실과 사랑, 애착, 나아가 투신이 가능한 것이다. 신앙에 있어서의 신뢰의 강조는 간과할 수 없는 진리를 나타낸다. 하나님 나라에 응답하기 위해서는 하나님의 충실성, 하나님의 구원 은총이 가진 힘에 대한 무한한 신뢰감이 있어야 한다. 우리는 하나님께 대한 신뢰와 감사와 경외는 기도를 통해 표현한다. 기도는 하나님과의 대화이다. 대화 없는 관계란 있을 수 없다. 하나님을 신뢰할 때에 진정한 대화가 가능하다. 하나님 나라는 이미 시작되었고 최종적 도래가 약속되었기 때문에, 우리는 우리 삶에서 기쁨과 평화와 행복을 누릴 수 있는 것이다.

예수께서는 우리가 생명을 얻고 또 얻어(요한 10:10) 더욱 충만하게 하기 위해 오셨다. 예수께서 선포하신 하나님 나라는 기쁜 소식인 것이다. 신앙인의 진정한 삶은 하나님의 나라를 증거하는 삶이어야 한다. 그리스도교 신앙은 성령의 인도로 예수 그리스도를 통해 구원하시는 하나님께 대한 신뢰와 충실의 관계를 통해 발달한다.

셋째, 행동 또는 실천(doing)으로서의 신앙이다. 그리스도인의 신앙생활이 하나님 나라에 대한 응답으로서의 삶이라면, 이웃을 사랑함으로써 하나님께 대한 사랑을 표현하는 하나님 나라의 명령을 실천하는 삶이어야 한다. 복음에서도 예수께서는 "나더러 주님, 주님 하고 부른다고 다 하나님 나라에 들어갈 수 있는 것은 아니다."(마태 7:21) 하고 말씀하셨다. 따라서 진정한 신앙생활은 하늘에 계신 아버지의 뜻을 실천하

기 위해 이웃을 내 몸같이 사랑하는 삶이다. 신앙과 사랑은 분리할 수
없는 것이다. 성 토마스 아퀴나스도 신앙과 사랑은 형상과 질료같이
분리할 수 없는 공존의 삶이라는 사실을 강조했다.

전술한 개념 이해를 바탕으로 종교성과 관련된 영성, 신앙의 개념을
이해하기 쉽게 도식화하면 아래 <그림 1-1>과 같이 삼중 구조로 표현
할 수 있다.

<그림 1-1> 영성, 종교성, 신앙의 삼중 구조

4. 종교성 척도

인간의 종교적 행동 태도를 실증적, 경험적 방법으로 연구하고 조사
하는 종교심리학의 출발은 종교성에 대해 어떤 심리학적 관점을 가지
는가에 있다. 이에 대해 1992년 미국종교심리학회 회장이자 웨스트마
운트대학 사회심리학 교수였던 Raymond F. Paloutzian(1996)은 다음과

같이 네 가지 입장에서 종교성을 바라보는 심리학적 입장을 종합하였다.

첫째, Freud, Adler, Jung, Erikson 같은 정신분석 심리학자들은 종교성을 무의식의 정신 과정에 두고 있다. 이 가운데 Freud는 종교를 집단 노이로제로 보고, 신이란 자기 아버지를 대신하는 대용 부(代用 父)이며, 유아적 소망의 환상적 투사로 보았다. 이것은 종교를 강박 신경증으로 간주하고, 종교와 교의적 가르침의 포기가 개인과 사회로 하여금 미성숙한 발달 단계에서 벗어날 수 있는 길이라 강조하는 것이다. 이에 반해 Jung은 인간 본성상 신을 기대하고 신을 찾아 나서는 무의식적 욕구가 있다고 보고, 종교는 인간의 성격 형성에 긍정적인 것으로 보고 있다.

둘째, Watson, Skinner, Bandura 같은 행동주의 심리학자들은 종교성을 학습된 행동으로 보고 보상이나 벌, 혹은 모델링을 통해 이루어지는 것이라고 이야기한다.

셋째, Rogers, Maslow, Rollo May, Frankle 같은 인본주의 혹은 실존주의 심리학자들은 종교를 통해 자기를 실현하거나 자기를 성장시켜 인생의 의미를 찾을 수 있는 것으로 보고 있다. 특히 V. Frankle은 인간은 본능적으로 의미를 찾는 욕구를 가지고 있으며 이러한 욕구를 충족시켜주는 것 가운데 하나가 종교임을 지적하였다.

넷째, Milgram, Asch, Zimbardo 같은 사회심리학자들은 인간을 사회적 동물로 보고, 종교란 사회적인 권력이며, 따라서 인간 행동의 사회적 차원을 강조하였다. 이른바 종교의 사회심리학적 기능을 강조한 접근이다.

이 외에도 최근 심리학의 주요 조류 중 '자기 초월'(transpersonal) 심리학에서는 인간의 심리적 건강과 행복에 더하여 전통적으로 종교적 혹은 영적인 영역으로 여겨지던 초월, 신비적 체험, 계시, 대오각성(大悟覺醒) 같은 영역을 임상에 근거하여 실증적으로 연구하는 추세에 있다.

종교에 대한 경험적 연구를 수행하는 과정에 있어서 종교성을 측정하는 것은 아주 중요하다. 그러나 문제는 종교성이라는 것이 Wilson이 지적한 바대로 쉽게 확인 가능한 단일 영역이 아니라 다차원적인 면이라는 점에 있다(Schumaker, 1992).

종교성에 대한 심리학적 분석을 구체적이고, 관찰 가능하고, 측정 가능한 과학적 방법론의 기틀에서 찾아보기 위해서는 먼저 일차적으로 "무슨 종교를 가졌는가?", "누구를 믿고 있는가?", "어떤 종교집단에 속해 있는가?", "1주에 종교 활동에 몇 번 참가하는가?" 등과 같은 단순 확인에서 출발할 수 있다. 이런 단순한 확인은 ① 연구 조사의 간편성 ② 직관에 대한 호소 가능 ③ 다목적용 ④ 평소 생각하고 있던 변인 연구에 대한 적합성과 같은 장점이 있는 반면, 높은 비엄격성과 오류 가능성의 약점을 내포하고 있다.

실제로, 종교인과 비종교인을 비교하는 연구에서 종교인이라고 응답한 사람 가운데 절반 이상이 일상적인 종교 활동에 참여하지 않는 경우가 있으며, 미국인의 75% 이상이 교회에 다니지 않아도 훌륭한 그리스도인이 될 수 있다고 믿는 연구결과가 이를 뒷받침하고 있다. 이것은 우리나라의 경우도 마찬가지이다. 그러나 이런 연구 조사는 대부분 설문조사에 대해 자기 기입식 응답으로 종교성을 단순 측정하고 있음으로 인해 오류의 가능성과 대안 제시의 불확실성을 안고 있다. 이에 대해 Williams는 종교적 참여, 교회 출석, 종교 서적 탐독 같은 측정이 일차원적이고 보편적인 지침이기 때문에 종교성의 복잡하고, 다차원적인 면을 제대로 포함하지 못한다고 지적하였다.

이러한 단순한 종교성의 확인이 갖는 한계에서 출발한 종교성의 심층 연구는 종교성을 측정하는 데 있어서 준거를 탐색하고, 진정한 종교인은 어떤 사람인지 확인하며, 각 개인의 종교적 신념, 감정, 행동 수준을 측정하는 노력으로 발전되었다(Schafer & Gorsuch, 1991). 이런 연구 노력은 다음과 같은 장점을 제시한다. 먼저, 종교의 여러 가지 다양한 차원을 측정할 수 있도록 돕는다. 일례로 Glock과 Stark의 '다차원적 종교적 실행'(Dimensions of Religious Commitment) 검사를 들 수 있는데, 이 검사에서는 종교의 다차원성을 종교적 신념, 실천, 감정, 지식, 그리고 효과의 다섯 가지 차원에서 분석함으로써 종교적 실행 구조(schema) 같은 모형을 도출한다. 둘째로, 이러한 척도는 겉으로 드러나는 종교적 행위나 제도보다 각 개인 종교 생활의 '내부적인 면'을 평가하는 데 도움을 제공한다.

잘 알려진 바대로 Allport와 Ross의 '종교성향검사'와 Hood의 '종교적 체험과 일화 측정법'(Religious Experience Episodes Measure)은 대표적인 측정 도구로써, 전자는 신앙을 이용하는 사람(외재적 신앙인)과 신앙을 생활화하는 사람(내재적 신앙인)을 대별할 수 있는 도구이며, 후자는 종교적 체험을 얼마나 주체적으로 경험했는가를 확인하는 심리학적 측정 도구이다. 그리고 이러한 측정 도구의 개발은 요인분석을 통해 아주 다양한 종교적 차원을 보다 엄정하게 분화할 수 있다는 장점을 지닌다. 그러나 이런 측정 도구는 그리스도교 전통에 입각하여 종교성을 측정하는 도구로 제작되었다는 한계를 지닌다. 그래서 이에 대한 대안적 노력으로 Altemeyer와 Hunsberger(1992)는 어떤 종교, 가령 그리스도교, 이슬람교, 불교 등에도 적용 가능한 '종교근본 척도'(Religious Fundamental Scale)

를 개발하였으며, Gorsuch와 Venable(1983)은 어린아이들에게까지 적용
가능하도록 ROS를 보편화시킨 '연령초월 종교성향 검사(Age Universal
ROS)'를 개발하였다.

이러한 측정 도구의 발달을 바탕으로 최근 종교심리학 영역에서는
종교성 측정에 대한 다양한 접근이 시도되고 있다<표 1-2 참고>. 종교
성과 관련된 심리적인 특징에 대한 측정연구는 ① 종교적 신념과 실천
② 종교적 태도 ③ 종교성향 ④ 종교적 성숙과 발달 ⑤ 종교적 관여
⑥ 종교적 체험 ⑦ 종교와 도덕성 ⑧ 종교와 개인의 성격 ⑨ 종교적
문제해결과 극복 ⑩ 영성과 신비주의 ⑪ 종교적 근본주의 ⑫ 죽음과
사후세계 ⑬ 제도적 종교 등 여러 분야에 걸쳐 주제 연구가 진행되고
종합되고 있다(Hill & Hood, 1991).

Hill과 Hood(1999)가 종합한 종교적 측정에는 신뢰도와 타당도가 입
증된 17개 영역 총 126개의 종교성 측정 도구를 제시하였다.

<표 1-2> 종교성 측정 도구 일람표

측정 도구	개발자
Faith Maturity Scale	Benson, Donahue & Erikson, 1993
Dimensions of Religious Commitment	Glock & Stark, 1966
Dogmatism	Robinson & Shaver, 1991
Indiscriminate Proreligious Scale	Pargament et al., 1987
I-E Religious Orientation (Allport & Ross, 1967)	Robinson & Shaver, 1973
Literal, Antiliteral, Mythological Scale	Hunt, 1972
Mysticism	Hood, 1975
Purpose in Life	Crumbaugh, 1968 / Robinson & Shaver, 1991
Quest	Altemeyer & Hunsberger, 1992 /

측정 도구	개발자
	Batson & Ventis, 1993
Religious Experience	Hood, 1970
Religious Fundamentalism	Altemeyer & Hunsberger, 1992
Right-wing Authoritarianism	Altemeyer, 1988
Spiritual Well-Being Scale	Paloutzian & Smith, 1982 / Ellison & Smith, 1991
Value-Survey	Rokeach, 1973
Age-Universal I-E Religious Orientation	Gorsuch & Venable, 1983
Attributions of Responsibility to God	Gorsuch & Smith, 1983
Christian Orthodoxy Scale	Fullerton & Hunsberger, 1982
Death Transcendence	Hood & Morris, 1983
Doubts	Altemeyer, 1988 / Hunsberger et al,. 1983

* 출처: Hill P.C., Hood R.W.(1999), *Measures of Religiosity*. 재구성

5. 종교성 측정의 원리

전술한 Hill과 Hood가 종합한 서구의 종교성 측정 도구를 토대로 한국사회의 다종교상황(그리스도교, 불교, 유교, 신종교 등)에 반영코자 할 때 나타날 수 있는 문제점에 대한 분석은 종교성 측정연구의 토착화(incarnation)와 관련하여 중요한 접근이다. 따라서 본 절에서는 종교성 측정 도구의 이론적 차이를 분석하고, 한국의 종교 지형에 맞도록 범주화(categorization)하여 종교성 측정의 논거를 살펴보고자 한다.

이를 위하여 본 저자는 기독교 국가인 미국보다 종교다원국인 독일에서 종교연구를 진행하는 Zwingmann 등이 제시한 경로 모형을 참조 틀로 삼아 한국의 종교성이 단일 차원이 아니라 복합과정으로 이해함으로써 종교성의 다층성을 확인하고자 한다.

① 종교의 집중 또는 중심(intensity or centrality of religiosity) : 종교에 얼마만큼 초점을 맞추고 생활하는가에 대한 환경적, 개인적 경향성을 분석한다. 환언하면 종교의 생활 반응을 확인하는 접근이며, 관련된 해외 종교성 측정 도구로 ROS(Religious Orientation Scale), C-scale(Central Scale) 등이 있다. 국내 관련 종교성 측정 도구로 종교성향검사(제석봉, 이성배, 1995), 한국판 종교성향 척도(최영민 등, 2002), Quest 척도(강계남, 2004) 등이 있다.

② 자원(Resources) : 종교성을 지지하는 개인적, 사회적 기능을 분석한다. 관련된 해외 종교성 측정 도구로 SBI(System of Belief Inventory), TSOS(Theistic Spiritual Outcome Scale) 등이 있다. 국내 관련 종교성 측정 도구로 다문화 이해척도(장성민, 2012), 유교 가치관 척도(심경섭, 2013), 목회용 서번트 리더십 척도(석창훈, 2020) 등이 있다.

③ 욕구(Needs) : 종교적/영적 욕구에 대한 경험 정도를 분석한다. 관련된 해외 종교성 측정 도구로 SNI(Spiritual Needs Inventory), SpNQ(Spiritual Needs Questionnaire) 등이 있다. 국내 관련 종교성 측정 도구로 종교 생활 척도(석창훈, 2001), 한국인을 위한 영성 척도(이경열, 2003), 불교적 종교성 척도(정승국, 2014) 등이 있다.

④ 대처(Coping) : 인생의 위기나 중병을 경험할 때 대응하는 종교적/영적 전략과 활동을 확인한다. 관련된 해외 종교성 측정 도구로 RCOPE(Religious Coping Scale), RPSS(Religious Problem Solving Scale) 등이 있다. 국내 관련 종교성 측정 도구로 종교적 문제해결 척도(이광형, 2009), 종교적 대처 척

도(조혜윤, 2007), 용서 과정 척도(정성진, 2011) 등이 있다.

⑤ 삶의 질/안녕감(Quality of Life and Well-being) : 종교적/영적 안녕감이 일반적인 신체, 심리 사회적 건강과의 관련성을 확인한다. 관련된 해외 종교성 측정 도구로 SWBS(Spiritual Well-Being Scale), SWBQ(Spiritual Well-Being Questionnaire) 등이 있다. 국내 관련 종교성 측정 도구로 인생 목적 검사 (이대근, 2003), 간이 자기실현척도(석창훈, 2015), 죽음 수용 척도(정하나, 2018) 등이 있다<표 1-3> 참조.

<표 1-3> 종교성 범주 및 정의

구분	범주	분석법
1	종교의 집중/중심성 (intensity/centrality)	종교에 얼마만큼 초점을 맞추고 생활하는가에 대한 환경적, 개인적 경향성을 분석함. 종교의 생활 반응을 확인하는 접근임
2	자원(resources)	종교성을 지지하는 개인적, 사회적 기능을 분석함
3	욕구(needs)	종교적/영적 욕구에 대한 경험 정도를 분석함
4	대처(coping)	인생의 위기나 중병을 경험할 때 대응하는 종교적/영적 전략과 활동을 확인함
5	삶의 질 (quality of life/well-being)	종교적/영적 안녕감이 일반적인 신체, 심리 사회적 건강과의 관련성을 확인함

이러한 선행연구를 참조하여 본 저자는 다음과 같이 종교성을 요인별로 범주화하며, 국내외 연구에서 널리 활용되는 종교성 대표 척도를 제시한다<표 1-4 참조>.

<표 1-4> 요인별 종교성 및 국내외 대표 척도

구분	범주	종교성 대표 척도	
		국외연구	국내연구
1	종교의 강도/중심성	ROS(Allport, Ross), Centrality Scale(Huber)	종교성향검사 (제석봉, 이성배, 1995)
			한국판 종교성향 척도 (최영민 등, 2002)
			Quest 척도 (강계남, 2004)
2	자원	System of Belief Inventory(Holland 등)	다문화 이해 척도 (장성민, 2012)
			유교 가치관 척도 (심경섭, 2013)
			목회용 서번트 리더십 척도 (석창훈, 2020)
3	욕구	Spiritual Needs Inventory(Hermann) Spiritual Needs Questionnaire (Büssing 등)	종교 생활 척도 (석창훈, 2001)
			한국인을 위한 영성 척도 (이경열, 2003)
			불교 신해행증 척도 (정승국, 2014)
4	대처	Religious Coping Scale(Pargament 등) Religious Problem Solving Scale(Pargament 등)	종교적 문제해결 척도 (이광형, 2009)
			종교적 대처 척도 (조혜윤, 2007)
			용서 과정 척도 (정성진, 2011)
5	삶의 질	Spiritual Wellbeing Questionnaire (Paloutzian, Ellison)	인생 목적 검사 (이대근, 2003)
			간이 자기실현 척도 (석창훈, 2015)
			죽음 수용 척도 (정하나, 2018)

제 2 장

한국의 종교와
한국인의 종교성

우리나라는 문화적 배경이 서로 다른 종교가 공존하는 다종교사회이다. 한국은 다민족국가인 중국 등과 달리 단일민족으로 구성된 사회이면서도 다종교사회이고, 다종교사회이면서도 종교들의 상호 공존 정도가 높은 독특성을 지니고 있다. 일명 '종교백화점' 또는 '종교시장'이라고 하는 한국의 종교 다원적 현실은 개개의 색이 어우러져 무지개처럼 조화(cosmos)를 연출할 수도 있고, 혼색의 결과 무질서(chaos)를 나타낼 수도 있다.

한국의 다종교상황에 대해 그 현상을 정확히 파악하고, 한국적 종교 현상의 특성에 관해 다각적인 분석을 수행하는 것은 한국 종교인의 종교성을 이해하는 데 중요한 의미를 갖는다.

본 장에서는 종교성 측정의 원리를 파악하기에 앞서 한국의 종교문화를 형성하는 종교지형도를 확인할 수 있도록 한국인의 종교 현황과 전반적인 종교적 관점을 살펴보고자 한다.

1. 한국인의 종교실태

1) 한국의 종교인구

21세기 세상 속의 종교는 세속화와 개인화라는 시대 조류에 크게 영향을 받고 있다. 그렇다면, 한국의 종교지형도는 어떠한가? 통계청이 실시하는 10년 주기의 인구주택총조사를 통해 한국의 종교인구와 관련된 추이를 살펴보면 <그림 2-1>과 같다.

1985년 우리나라의 종교인과 비종교인의 비율은 42.6% 대 57.4%로 비종교인이 더 많았지만, 1995년에는 50.7% 대 49.3%로 종교인의 비율이 역전하였으며 2005년에는 53.1% 대 46.9%로 종교인이 비종교인보다 더 증가하는 양상을 보여주었다. 그런데 2015년에는 43.9%로 2005년보다 9.0%p 감소하였다.

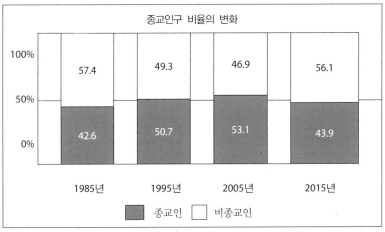

* 출처: 국가통계 포털(www.kosis.kr) 재구성

<그림 2-1> 통계청 종교인구(1985~2015)

그렇다면 종교유형별로 한국의 종교인구 추이는 어떠한가? 통계청의 조사에 의하면, <표 2-1>에서 볼 수 있는 것처럼 2014년 11월 1일 현재 종교를 가지고 있는 인구는 21,554천 명으로 전체 인구의 43.9%이며, 1995년에 비해 6.8% 포인트 감소하였다. 그리고 종교유형별 분포를 보면 개신교가 불교를 제치고 전체 인구 대비 20%에 가까운 9,676천여 명으로 나타난 반면, 불교와 천주교의 종교 인구비율은 2005년에 비해 감소 추세를 보여주고 있다. 기타 종교 유형에 속하는 종교인구는 천도교(65,964명, 0.13%), 대순진리회(41,176명, 0.08%), 대종교(3,101명, 0.01%) 순이며 그 외 기타 종교인(98,185명, 0.20%)으로 조사되었다.

<표 2-1> 종교유형별 인구 추이(1995~2015)

(단위, 천 명, %)

		1995년		2005년		2015년	
		인구	구성비	인구	구성비	인구	구성비
총 인 구		44,551	100.0	47,040	100.0	49,052	100.0
종교인		22,598	50.7	24,970	53.1	21,554	43.9
비종교인		21,953	49.3	22,070	46.9	27,498	56.1
종교유형	불 교	10,321	23.2	10,726	22.8	7,620	15.5
	개신교	8,760	19.7	8,616	18.3	9,676	19.7
	천주교	2,951	6.6	5,146	10.9	3,890	4.0
	유 교	211	0.5	105	0.2	757	1.5
	원불교	87	0.2	130	0.3	841	1.7
	기 타	268	0.6	247	0.5	4,714	9.5

* 출처: 국가통계 포털(www.kosis.kr) 재구성

좀 더 구체적으로 연령대별로 종교인구의 변화 추이를 살펴보면, <표 2-2>와 같다. 한국갤럽(2015)이 발간한 한국인의 종교보고서에 의하

면, 1984년부터 2014년까지 20년간 연령별로 볼 때 불교 인구비율은 2030 세대(10% 내외)와 5060 세대(30% 상회)의 차이가 큰 반면, 개신교인과 천주교인의 연령별 분포는 상대적으로 고른 편이다. 2004년과 비교하면 불교 인구비율은 전 세대에서 대체로 감소했고, 개신교인 역시 20대와 30대에서는 소폭 감소했지만 50대 이상에서는 오히려 늘었다. 지난 30년간 3040 세대의 불교 인구비율은 6% 포인트 이상 감소했고, 5060 세대에서는 3% 포인트 늘었다. 반면 같은 기간 동안 개신교의 경우, 2030 세대에서 20% 선을 계속 유지하고 있으나 40대와 50대에서는 각각 6% 포인트, 10% 포인트 증가했다.

지난 30년간 한국인의 종교인구 변화를 요약하면, 2040 종교인구 감소, 전체 종교인구의 고령화, 불교 인구비율의 증감 반복 현상, 그리고 그리스도교(개신교와 천주교)의 정체라 할 수 있다.

<표 2-2> 연령별 종교인구 추이(1984~2014)

(%)

	19~29세				30대				40대				50대				60세 이상			
	'84	'97	'04	'14	'84	'97	'04	'14	'84	'97	'04	'14	'84	'97	'04	'14	'84	'97	'04	'14
불 교	10	10	15	10	17	15	21	11	28	21	27	21	29	30	35	32				35
개신교	20	19	23	18	19	22	23	20	14	22	21	20	13	18	19	23				24
천주교	5	6	6	3	7	8	8	7	5	8	9	9	6	7	6	5				8
비종교인	64	64	55	69	55	53	51	62	51	47	43	49	47	44	38	40				32

* 1984~2004년의 50대는 50세 이상을 의미, 2014년부터 60세 이상 별도 구분
* 출처: 한국갤럽(2015), **한국인의 종교**, p.20.

한국의 종교인구를 대표적으로 조사하는 통계청의 인구조사를 종교 사회학적 측면에서 살펴보면 다음과 같은 장단점과 의문점이 있다. 1985년부터 실시한 인구주택총조사는 종교에 관한 최초의 전수조사

로, 현재 10년 주기로 자료가 축적되어 있는데 일정한 시계열이 유지된다는 점과 전체 인구에 대한 전수조사라는 장점이 있다. 그러나 종교인구 분포의 공간적 특성이나 종교별 사회·경제적 특성은 파악이 가능하지만 한국 종교인의 심리 사회적 특성에 대해서는 분석이 부족한 편이다. 아울러 다음과 같은 의문을 제기한다.

먼저 종교계에서는 통계청의 종교조사와 관련하여 종교인구의 급격한 감소와 새로운 종교 지형에 대하여 쉽게 수용하지 않는 분위기이다. 그 결과, 어디에도 소속되지 않은 재가불자(불교계), 가나안 신도(개신교), 냉담자(천주교) 등의 답변 태도가 이번 조사와 깊은 관계가 있을 것으로 보고 있다. 그러나 통계청의 조사가 다른 종교조사에 비해 양적인 측면과 전통별 각론에서 좀 다른 양상을 나타내지만 종교인구의 전반적인 추세에는 별반 차이가 없음에 관심을 가질 필요가 있겠다. 최근의 여러 종교조사를 보면, 종교의 전통적인 역할에 대해서 무관심하고 종교의 사회 활동에 대한 기대수준이 점차 감소하는 추세가 현저히 나타나고 있다. 또 개인주의적 성향의 증가로 종교집단에 얽매이지 않으려는 경향도 분명히 드러난다. 그에 더하여 기성 제도종교에 대한 우리 사회의 부정적 여론도 만만찮다. 이 모두는 우리 사회의 탈종교 현상을 야기하는 요인으로 볼 수 있다(윤승용, 2017).

2) 한국의 종교 현황

2015년 인구통계 조사에 따르면, 우리나라의 인구 가운데 종교가 있다고 응답한 경우는 43.9%, 종교가 없다고 응답한 경우는 56.1%이다. 그렇지만 종교가 없다고 응답한 경우에도 주변에서 각종 종교적 실천을 목도하면서 살아간다. 뿐만 아니라 종교가 없다고 응답한 경우에도, 비록 우리가 종교라고 부르지는 않지만, 종교와 유사한 그 어떤 것을 통해서 자신의 삶을 보다 만족스러운 상태로 바꾸기 위해 노력하는 사람들이 적지 않을 것이다. 이렇게 보면 우리나라 사람 가운데 종교 현실과 무관한 경우는 그렇게 많지 않을 것으로 보인다.

이런 사회적 배경 하에 현대 한국종교의 현실은 몇 가지 측면에서 특징을 살펴볼 수 있다(고병철, 2018). 첫째, 현대 한국에는 주도적인 종교가 존재하지 않는다. 한국에는 불교, 개신교, 천주교 이외에도 지구상에 존재하는 거의 모든 종교가 우리나라에서 활동하고 있어서 우리나라는 가히 종교박물관이라고 말할 수 있을 정도이다. 우리나라는 소위 동양종교와 서양종교가 거의 같은 세력을 유지하고 혼재해 있는 세계 유일의 나라이다. 물론 세계 여러 지역에서 종교의 혼재로 인한 종교 갈등이 일어나고 있기는 하지만, 대체로 미국, 유럽, 남미, 서아시아 등 대부분의 나라에는 주도적인 종교가 있는 편이다. 우리나라와 같이 불교와 기독교가 거의 같은 세력으로, 함께 활동하고 있는 나라는 세계 어디에도 없다. 다시 말해 우리나라는 특정의 종교가 사회적, 정치적, 문화적으로 주도권을 잡고 있지 않은 독특한 나라라고 할 수 있다.

둘째, 국가 구성원 전반이 종교 일반에 대해 배울 기회가 거의 없다. 우리나라의 헌법에는 정교분리 원칙이 명시되어 있다. 정교분리가 의미하는 것 가운데 하나는 국·공립학교에서 특정 종교를 가르칠 수 없다는 것이다. 물론 역사 과목 등을 통해 종교 일반에 대해 배울 기회가 있기는 하지만, 그 내용은 매우 비체계적이고, 단편적이다. 그러다 보니 우리는 초·중등, 대학교에서 종교, 특히 한국의 종교에 대해 체계적으로 배울 기회를 거의 갖지 못하고 있다.

셋째, 우리나라는 헌법에 명시된 정교분리 하에서 종교계와의 소통

등 다종교사회의 특수성을 고려하여 종무행정이 이루어지고 있다. 하지만 이 과정에서 불교, 개신교, 천주교가 다른 종교에 비해 정부와 사회로부터 많은 대우를 받고 있다는 평가가 있다. 예를 들어서 국가에서 주관하는 장례식에는 이들 종교의 의식이 거행되며, 이들 종교를 시작한 분들이 태어난 날은 공휴일이다. 그리고 이들 3개 종교가 군대와 경찰 내에서 선교와 포교의 중심을 이루고 있다고 할 수 있다. 또한 조찬기도회의 예에서 볼 수 있듯이, 가끔이기는 하지만 대통령이나 정부 인사, 그리고 정치인들이 이들의 종교행사에 참석하기도 한다. 이 때문에 다른 종교들이 이들 종교에 비해 정부와의 소통 측면에서 상대적으로 소외감을 느끼는 경우가 종종 발생한다는 평가도 나오고 있다. 이런 현상이 생기는 주된 이유는 불교, 개신교, 천주교 등 3개 종교의 종교인구 및 단체가 우리나라 전체 종교인구 비중의 98.3%(2015년 인구통계조사 기준)를 차지하고 있는 데 기인하는 것으로 볼 수 있다는 점이다.

한국의 종교 현황을 좀 더 파악하기 위해서 문화체육관광부에서 2020년 2월 27일 자로 고시한 종교유형별 비영리법인 56개의 목록을 <표 2-3>처럼 유형화해서 살펴볼 수 있다.

<표 2-3> 종교유형별 비영리법인 목록

종교 유형	수	문화체육관광부 소관 종교 분야 비영리법인
연합 및 기타	16	가산불교문화연구원, 겨레얼살리기국민운동본부, 날마다좋은날, 대한불교진흥원, 대한불교청년회, 대한성서공회, 만해사상실천선양회, 순복음선교회, 은정불교문화진흥원, 장경도량고려대장경연구소, 종교평화국제사업단, 한국YWCA연합회후원회, 한국민족종교협의회, 한국불교종단협의회, 한국종교지도자협의회, 한일불교문화교류협의회
불 교	6	대한불교관음종, 대한불교조계종유지재단, 대한불교진각종유지재단, 대한불교천태종, 한국불교총화종유지재단, 한국불교태고종중앙회

종교 유형	수	문화체육관광부 소관 종교 분야 비영리법인
개신교	8	기독교대한감리회유지재단, 기독교대한성결교회유지재단, 대한예수교장로회(백석)총회유지재단, 대한예수교장로회(합동측)유지재단, 대한예수교장로회총회유지재단, 한국기독교연합사업유지재단, 한국기독교장로회유지재단, 한국기독교총연합회
천주교	17	광주구천주교회유지재단, 대구구천주교회유지재단, 대전교구천주교회유지재단, 마산교구천주교회유지재단, 인천교구천주교회유지재단, 전주구천주교회유지재단, 제주구천주교회유지재단, 천주교군종교구유지재단, 천주교부산교구유지재단, 천주교서울대교구유지재단, 천주교수원교구유지재단, 천주교안동교구유지재단, 천주교원주교구유지재단, 천주교의정부교구유지재단, 청주교구천주교회유지재단, 춘천교구천주교회, 한국천주교중앙협의회
유교	2	성균관, 한국서원연합회
신종교	6	대순진리회, 대종교, 세계기독교통일신령협회유지재단, 원불교, 천도교유지재단, 한국에스지아이

* 출처: 문화체육관광부 고시(2020.02.27.)

2) 한국의 종교별 주요 기념일 현황

어느 국가나 사회이든 종교는 국가나 사회의 특성과 문화, 역사와 전통을 반영한다. 한국도 예외 없이 종교와 관련된 의식과 제례가 문화적으로 내면화되어 있다. 한국의 종교 역사에서 가장 오래된 불교의 경우, 2020년에 불기 2564년을 맞는다. 서기 372년 고구려 소수림왕 2년에 불교가 전래된 이래, 불교의 종교기념일 중 대표적인 '부처님오신날'(*저자 주, 2018년부터 기존의 '석가탄신일'에서 명칭을 변경함. 배경으로는 '부처님오신날'이 한글화 추세에 맞는 명칭인 데다 '석가(釋迦)'라는 단어가 '샤카'라는 고대 인도의 특정 민족 이름을 한자로 표기한 것이어서 부처님을 지칭하기에 맞지 않는다는 이유에서임)의 경우를 살펴보면, 불교 신자가 많은 다른 나라의 경우에는 봉축기념일이 서로 다르다는 점에 주목할 필요가 있다.

한국은 봉축일이 음력으로 4월 8일이지만, 일본은 양력 4월 8일을,

중국은 음력 4월 8일이며, 동남아시아의 상좌불교(*저자 주, 과거엔 '소승 불

교'(Hīnayāna, 히나야나)라는 이름으로 부르기도 하였으나 현대에는 소승(小乘)이라는 말 자체가

대승(大乘) 불교와 대비되는 의미로 모욕적인 의미가 담겨있다고 하여 1950년 세계불교도우의회

(World Fellowship of Buddhists)에서 소승 불교 또는 히나야나라는 말은 사용되어서는 안 된다고

선언하였으므로 상좌불교 또는 테라와다 불교라고 부르는 것이 타당한 용어임) 국가에서는

음력 4월 15일이다.

　나라마다 명칭도 가지가지여서 인도는 '붓다 푸르니마(Buddha Purnima)',
네팔은 '붓다 자얀티(Buddha Jayanti)', 태국은 '위사카 부차(Visakha Bucha)' 등
으로 부르며 미국은 싱가포르, 스리랑카, 미얀마, 라오스 등지에서 부
르는 '베삭(Vesak)'이란 명칭을 주로 사용한다. 이처럼 같은 종교 안에서
도 국가나 사회적 배경과 문화양상에 따라 종교 제례나 종교기념일이
다르게 나타난다.

　괴테가 언급한 "외국어를 모르는 자는 자기 나라말도 모른다."라는
말을 종교학의 권위자인 **Friedrich Max Müller**(1823~1900)는 저서 **종교
학 개론**(Introduction to Science of Religion, 1873)에서 "하나만 아는 자는 아무것
도 모른다(He who knows one, know none)"라는 말로 바꾸어 비교종교의 필요
성을 역설한 바 있다. 종교인의 경우, 다른 종교의 전통을 앎으로써 자
기 종교의 모습을 더 잘 알게 되며 비종교인의 경우 종교의 이해에 한
걸음 다가갈 수 있을 것이다(Morreall, Sonn, 2011).

　본 절에서는 한국종교의 현황을 이해할 수 있는 비교 접근으로 각
종교별 주요 기념일을 살펴보고자 한다(고병철, 2018).

　먼저 불교계에서는 일반적으로 불타(佛陀)의 탄생, 출가, 성도, 열반을
중시하여, 부처님 출가일(음 2.8), 부처님 열반일(음 2.15), 부처님오신날(음

4.8), 부처님 성도일(음 12.8)을 4대 명절로 지정한다. 대한불교 조계종에서는 우란분일(盂蘭盆日, 음 7.15)까지 포함하여 5대 명절을 말하기도 한다. 그 외에도 불교계에서는 매년 세알법회 및 신년법회, 동안거 해제와 방생, 입춘 기도와 삼재 소멸 기도, 하안거 결제, 칠석기도, 하안거 해제와 백중, 동안거 결제, 동지기도, 삼짇날과 중양절의 헌다례, 그리고 약사재일, 지장 재일, 관음재일 등을 준수한다.

개신교계에서는 교회력 가운데 특히 강조되는 절기는 성탄절, 부활절, 성령강림절이다. 교회력도 이들 의례를 중심으로 구성된다. 가령 대림절은 성탄절, 사순절은 부활절, 오순절은 성령강림절을 위한 준비 기간에 해당한다. 특히 대부분의 교단에서 강조하는 축제는 성탄절과 부활절이다. 성령강림절 또는 오순절에 대한 강조는 교단에 따라 차이를 보인다.

이외에도 교단에 따라 신년 주일(1월), 어린이 주일과 어버이 주일(5월), 밭에 뿌린 첫 열매에 감사하는 맥추(麥秋) 감사 주일(7월), 종교개혁 주일(10월), 추수 감사 주일(11월 셋째 주일) 등이 지켜진다. 한국 개신교단들이 교회력 가운데 강조하는 것은 종교개혁자들, 스코틀랜드 교회와 17세기 청교도들이 강조한 성탄절과 부활절이다. 개신교의 교회력은 대림절에서 시작되는 전반부와 성령강림절 다음 주인 삼위일체주일에서 시작되는 후반부로 구분된다.

천주교계에서는 '그리스도의 신비'를 기념하는 가톨릭의 일 년 주기 또는 전례주년(典禮周年)은 새해의 시작점인 대림 시기를 시작으로 성탄, 연중, 사순, 부활, 연중 등의 시기로 구성된다. 대림 시기는 주님 성탄 대축일, 사순 시기는 주님 부활 대축일의 준비 기간이다. 대림 시기와 사순 시기는 각각 해당 대축일 직전의 4주간과 6주간이며, 부활 시기는 성령 강림 대축일 직전까지이다. 연중시기는 각 시기에 포함되지 않는 33~34주간으로 성령 강림 이후에 생겨난 교회 공동체가 예수 재림 때까지 순례 여정을 하며 하나님 나라를 선포하는 시기이다.

전례주년은 '교회가 하나님께 바치는 공적 예배'인 전례들이 교회력 또는 전례력에 따라 배치된 것이다. 중심 전례는 주님 성탄 대축일(12.25.)과 주님 부활 대축일(이동 대축일)이다. 전례일에는 대축일, 축일, 기념일 순으로 등급 순위가 있다. 대축일과 축일은 전례일의 변동 여부에 따라 고정 대축일과 축일, 이동 대축일과 축일로 구분된다. 대축일은 신자의 미사 참례 의무 여부를 기준으로 '의무 대축일'과 '의무가 아닌 대축일'로 구분된다.

한국 천주교의 의무 축일은 모든 주일과 천주의 성모마리아 대축일(1.1), 주님 부활 대축일(춘분 후 만월 다음 첫째 주일), 성모 승천 대축일(8.15), 주님 성탄 대축일(12.25)이다. 전례력 규범 제7항에 따라 주님 공현 대축일은 1월 2일과 8일 사이의 주일로, 주님 승천 대축일은 부활 제7주일로, 지극히 거룩하신 그리스도의 성체 성혈 대축일은 지극히 거룩하신 삼위일체 대축일 다음 주일로 옮겨서 경축한다. 그리고 원죄 없이 잉태되신 동정녀 마리아 대축일(12.8), 성 요셉 대축일(3.19), 성 베드로와 성 바오로 사도 대축일(6.29), 모든 성인 대축일(11.1)은 의무 축일로 지내지 않으나 미사 참여는 권장한다. 그 외에 한국에는 한국 성직자들의 수호자 성 김대건 안드레아 사제 순교자 대축일(7.5)과 성 김대건 안드레아 사제와 성 정하상 바오로와 동료 순교자들 대축일(9.20) 등을 준수한다.

유교계에는 정기의례로 석전(釋奠)과 분향례(焚香禮)가 있고, 임시의례로 봉심례(奉審禮)와 고유례(告由禮)가 있다. 석전은 문묘에서 공부자(孔夫子)에게 제사 지내는 의식을 일컫는다. 2007년부터 공부자(孔夫子)의 기신일(忌辰日)을 양력으로 환산한 5월 11일에 춘기석전(春期釋奠)을 봉행하고, 탄강일(誕降日)을 양력으로 환산한 9월 28일에 추기석전(秋期釋奠)을 봉행한다. 분향례는 음력 매월 초하루(朔)와 보름(望) 오전 10시에 공자를 비롯한 선성선현(先聖先賢)에게 향을 피우고 기념한다.

봉심례는 각급 기관장이나 향교에서 성균관 임원으로 임명을 받은 때와 주요행사 때 향을 올리고 축문을 고하는 의례이다. 고유례는 국가나 성균관에 중요한 일이 있을 때 그 내용을 공자에게 고하는 의식인데 현재는 성균관의 중요한 행사가 있을 때, 신임 임원이나 전교(典校)를 임명할 때, 성균관대학교의 입학식과 졸업식 때 올리는 의식이다.

이러한 의식 외에도 한국인에게는 유교의 관혼상제(冠婚喪祭)가 의례 이상의 것으로 영향을 미치고 있다.

원불교계에서는 축일과 재를 사축이재(四祝二齋)라고 한다. 사축은 새해를 기념하는 신정절(新正節, 1.1), 소태산 대종사가 원불교를 개교한 대각개교절(大覺開敎節, 4.28), 석가모니 탄신일인 석존성탄절(釋尊聖誕節, 음 4.8), 초기 9인 제자가 법계 인증을 받은 법인절(法認節, 8.21) 등 4차례의 경축 기념일이며, 이재는 소태산 대종사의 열반일인 육일대재(六一大齋, 6.1)와 공동명절일인 명절대재(名節大齋, 12.1)이다.

천도교에는 7대 기념일이 있다. 대신사의 득도일인 천일 기념일(양 4.5)과 해월신사가 도통을 이어받은 지일 기념일(8.14), 의암성사가 도통을 이어받은 인일 기념일(12.24), 춘암상사가 도통을 이어받은 도일기념일(1.18)을 4대 기념일로 정하여 이를 득도(得道) 및 승통 기념(承統紀念)이라 한다. 그리고 의암성사가 동학을 천도교로 선포한 현도(顯道) 기념일 (12.1), 동학혁명을 선포한 동학혁명기념일(3.21), 3·1 독립운동을 일으킨 3·1절로 정하고 해마다 기념식을 거행한다.

대종교의 4대 기념일은 개천절, 단군이 승천한 날인 어천절(음 3.15), 대종교 창시일인 중광절(음 1.15), 나철이 순교한 가경절(음 8.15)이다. 대종교는 4대 경절 때마다 아침 6시에 천진(天眞)을 모신 천진전(天眞殿, 교궁)에서 홀기(笏記)에 따라 선 의식을 행한다. 이때 선 의식의 "선(示亶)" 자는 "제사 지낼 선"으로, 한얼님(하나님)께 제사 지내는 제천의식(祭天儀式)을 말한다.

대순진리회의 의례에는 크게 입도 의식, 기도 의식, 치성 의식이 있다. 입도 의식은 신자가 되기 위한 통과의례이다. 기도 의식은 평일 기도와 주일 기도로 구분된다. 치성 의식은 정기적으로 주요행사를 기념하면서 상제와 천지신명에게 정성을 바치는 경축 제례의식(慶祝祭禮儀式)이다.

무슬림의 축제와 절기는 합쳐서 다섯 가지이다. 축제는 이드 알피트르(Eid al-Fitr, 라마단 단식 후의 축제 예배, 이슬람력 10.1)와 이드 알아드하(Eid al-Adha 아브라함의 하나님 명령 복종을 기리기 위한 무슬림형제자매들의 축제예배, 이슬람력 12.10)행사이고, 절기는 무하람(Muharrram, 신년의례)과 마울리단-나비(Maulidan-Nabi, 무함마드의 출생 기념일, 이슬람력 3.12-17)와 라일라트 알-미라즈(Laylat ul-Isra wal Miraj, 예언자의 밤 여행을 기념, 이슬람력 7.27)이다.

이외에도 우리에게 널리 알려진 라마단(Ramadan)은 이슬람력으로 9월 한 달 동안 일출에서 일몰까지 금식(음식뿐 아니라 물, 담배, 성관계도 금지하며 병자나 임신부, 여행자 등은 면제)하며, 하루 5차례 기도를 드린다. 이슬람력은 윤달이 없는 12개의 태음력이므로 해마다 라마단 시기가 조금씩 빨라지며, 2020년의 경우 4월 24일부터 5월 23일까지, 2021년의 경우 4월 13일부터 5월 12일까지, 2022년의 경우(한국력 기준) 4월 2일부터 5월 1일까지가 라마단 기간이다.

2. 한국인의 종교적 관점

한국갤럽은 1984년, 1989년, 1997년, 2004년에 이어 2014년 제5차 비교조사를 실시해 한국인의 종교 변화를 30년간 지속적으로 추적하고 있다. 지난 2014년 조사에는 4월 17일~5월 2일(3주간), 전국(제주 제외) 만 19세 이상 남녀 1,500명을 대상으로 2단계 층화 집락 지역 무작위 추출(표본 지점 내 성/연령별 할당 추출)을 통해 면접조사원 인터뷰 방식으로 한국인의 종교실태를 조사하였다. 한국갤럽(2015)의 제5차 비교조사 가운데 한국인의 종교적 관점과 관련된 주요 결과는 다음과 같다.

1) 유교적 성향

한국인의 실제 종교의식을 파악하기 위해서는 평소 가치관이나 다양한 주제에 대한 견해를 추가로 물어 본인이 밝힌 종교 이외 여러 종교적 성향을 함께 봐야 한다. 현대의 다종교사회에서 하나만의 종교적 성향을 지닌 종교인은 별로 없다. 특정 종교를 믿는다 해도 그가 속한 사회의 문화적 전통에 따라 다양한 종교적 성향을 띨 수 있기 때문이다.

현재 우리나라의 3대 종교는 불교, 개신교, 천주교지만, 종교 여부를 떠나 다수 국민이 따르는 관혼상제 저변에는 유교가 깊이 자리한다. 이 조사에서는 한국의 대표적인 종교적 관점을 유교, 불교, 기독교적 성향으로 살펴보았다.

먼저 한국인의 종교의식 중 유교적 성향을 측정하기 위한 문항은 '남녀유별(男女有別)'과 '충효(忠孝)' 두 가지다. 한국갤럽이 2014년 4월 전국(제주도 제외)의 만 19세 이상 남녀 1,500명에게 '남편과 아내가 해야 할 일은 구별되어야 한다'라는 말에 관해 물은 결과, 43%가 '그렇다', 54%는 '아니다'라고 답했고, '자식은 자기 생각보다 부모의 뜻에 따라야 한다'라는 데 대해서는 '그렇다' 32%, '아니다' 64%로 나타났다.

종교별로 보면 불교인의 유교적 성향 측정 항목 긍정률이 높은데, 이는 현재 타 종교에 비해 불교인에 고령층이 많기 때문에 나타나는 현상으로 보인다. 이처럼 유교적 성향의 유무는 종교보다 연령별 차이가 더 뚜렷하다. '남편과 아내의 역할 구별'에는 20대의 26%, 60세 이상의 63%가 동의하며, '자식은 부모의 뜻에 순종'에는 20대의 20%, 60세 이상의 49%가 동의해 고연령층일수록 유교적 성향이 강했다.

'남편과 아내의 역할 구별'에 '그렇다'라는 응답은 1984년 73%에서 1997년 62%, 2004년 39%로 감소했고 2014년은 43%로 10년 전보다 더 줄지는 않았다. '자식은 부모의 뜻에 순종' 긍정률은 1984년 48%에서 2014년 32%까지 줄었다. 요약하면 유교적 성향은 1980년대부터 2000년대 초까지 급격히 쇠퇴했고 그 후 10년간은 변화의 정도가 크지 않았다.

2) 불교적 성향

다음으로 불교적 성향 파악을 위해서는 '윤회설(輪廻說)'과 '해탈설(解

脫說)'에 대한 의견을 물었다. '사람이 죽으면 어떤 형태로든지 이 세상에 다시 태어난다'라는 윤회설에 대해서는 28%가 '그렇다', 53%는 '아니다'라고 답했고, '누구나 진리를 깨달으면 완전한 인간이 될 수 있다'라는 해탈설에 대해서는 '그렇다' 35%, '아니다' 51%로 나타났다.

윤회설 긍정률은 1984년 21%에서 1997년 26%로 늘었고 그 후로는 비슷하며(2004년 27%, 2014년 28%), 해탈설 역시 1984년에는 한국인의 절반(49%)이 '그렇다'라고 답했으나 1997년에는 그 비율이 35%로 감소했고 이후로는 30% 초중반에 머물고 있다(2004년 30%, 2014년 35%).

불교 사상에 기반을 둔 두 항목에 대해 불교인의 약 40%가 긍정했고(윤회설 38%, 해탈설 42%), 이는 1997년이나 2004년과도 크게 다르지 않다. 이번 조사에서 눈에 띄는 부분은 개신교인의 윤회설(34%)이나 해탈설(43%) 긍정률이 2004년에 비해 10% 포인트 이상 늘어 불교인과 거의 비슷한 수준에 이른 점이다.

비종교인의 경우, 윤회설에 대해서는 지난 30년간 긍정률이 20% 내외로 유지됐으나 해탈설 긍정률은 1984년 48%에서 2004년 28%로 감소했고 2014년은 27%로 10년 전과 비슷했다. 요약하면 불교적 성향은 지난 30년간 불교인-비불교인 차이보다 불교인을 포함한 종교인-비종교인 격차가 커졌다.

3) 기독교적 성향

기독교적 성향을 알아보기 위해서는 '창조설'과 '절대자의 심판설'에 관해 물었다. '이 세상은 그냥 만들어진 것이 아니라 초자연적인 힘을 가진 누가 만들었다'라는 말에는 34%가 '그렇다', 52%는 '아니다'라고 답했고 '앞으로 이 세상의 종말이 오면 모든 사람은 절대자의 심판을 받게 되어 있다'라는 말에 대해서는 '그렇다' 25%, '아니다' 60%로 나타났다.

종교별로 보면 기독교적 성향 항목에 대해서는 개신교인의 긍정률이 가장 높았고 그다음은 천주교인, 불교인, 비종교인의 순이었다. 창조설은 개신교인의 59%가 믿으며, 천주교인은 45%, 불교인 34%, 비종교인은 21%에 그쳤다. 절대자의 심판설에 대한 긍정률 역시 개신교인이 61%로 가장 높았고, 그다음은 천주교인 38%였으며 불교인(16%)과 비종교인(12%)은 20%를 넘지 않았다.

창조설과 심판설 모두 지난 30년간 긍정률은 10% 포인트 남짓 감소한 반면 부정률은 20% 포인트 넘게 증가해 기독교적 성향은 전반적으로 약화한 것으로 볼 수 있다. 이는 특히 기독교인에서 두드러진다. 1984년 개신교인과 천주교인의 창조설 긍정률은 모두 80%에 달했으나 30년간 개신교인 59%, 천주교인 45%로 감소했으며, 심판설 역시 1984년 76%에서 2014년 개신교인 61%, 천주교인 38%로 바뀌며 개신교인-천주교인 간 차이가 커졌다.

4) 초자연적 존재 긍정률

종교적 교리의 중심을 이루는 초월적 존재에 대한 인식에 따라 개인의 신앙 형식과 내용, 즉 개인의 신앙생활이 달라질 수 있다. 여러 종교에서 말하는 초자연적인 개념들에 대해 각각 존재한다고 보는지 물은 결과, '존재한다'라는 응답은 '기적'이 56%로 가장 많았고 그다음은 '죽은 다음의 영혼'(47%), '극락/천국'(42%), '귀신/악마'(41%), '절대자/신'(39%) 순으로 나타났다.

종교별로 보면 여러 초자연적 개념의 존재를 믿는 사람은 개신교인 중에 가장 많았고(5개 개념 모두에 대해 70% 이상) 그다음은 천주교인(각 개념별로 60% 이상), 불교인(최저 '절대자/신' 44%, 최고 '기적' 57%) 순이었다. 비종교인은 42%가 '기적'이 있다고 봤고 '죽은 다음의 영혼'은 28%, '귀신/악마' 22%, '극락/천국' 18%, '절대자/신' 16% 등 나머지 개념을 믿는 사람은 30%를 넘지 않았다.

지난 30년간 각 개념의 존재 긍정률 추이 또한 달랐다. '절대자/신'의 존재를 믿는 사람은 지속적으로 감소했지만(1984년 51%; 2014년 39%) '극락/천국'을 믿는 사람은 30년간 꾸준히 40% 내외, '죽은 다음의 영혼'은 50% 내외, '기적'은 60% 내외로 유지돼 변화가 크지 않았다.

최근 10년간 변화만 보면, 불교인의 경우 '극락/천국' 존재를 믿는 사람이 36%에서 51%로 많아지는 등 여러 초자연적 개념 긍정률이 대체로 늘었고 개신교인과 천주교인은 비슷하거나 상대적으로 변화가 적었다. 한편, 비종교인은 10년 전에 비해 각 개념별 긍정률이 감소했다.

5) 진리관, 여러 종교의 교리는 결국 비슷한 진리를 담고 있다.

종교의 교리 차이에 대한 관용성, 즉 '여러 종교의 교리는 결국 비슷한 진리를 담고 있다'라는 말에 대해 '그렇다' 70%, '아니다' 24%였으며 6%는 의견을 유보했다. 역대 조사에서 '그렇다'라는 응답이 모두 70%를 상회해 한국인은 대체로 서로 다른 종교 교리도 결국은 통한다는 견해를 취했다. 그러나 지난 30년간 긍정률은 소폭 감소(1984년 78%; 2014년 70%)한 반면 부정률은 배로 늘어(1984년 12%; 2014년 24%) 종교

간 차별성(배타성)이 강화된 것으로 보인다.

종교별로 보면 불교인과 천주교인의 79%, 그리고 비종교인의 74%가 '그렇다'라고 답한 반면 개신교인은 그 비율이 49%에 그쳤다. 개신교인은 1984년 첫 종교조사 때부터 타 종교인이나 비종교인에 비해 종교적 관용성을 인정하는 비율이 낮은 편이었고(개신교인 65%; 비개신교인 80% 이상) 그러한 경향은 5차 조사까지 이어졌다. 바꿔 말하면, 자신이 믿는 종교만을 절대 진리로 보는 사람들이 점차 늘고 있으며 특히 개신교인에서 가장 두드러졌다.

6) 구원관, 비종교인이라도 선하다면 구원받을 수 있다

'아무리 선한 사람이라도 종교를 믿지 않으면 극락이나 천국에 갈 수 없다'라는 말에 대해서는 67%가 '아니다', 20%가 '그렇다'라고 답했고 13%는 의견을 유보했다. 역대 조사에서 '아니다'라는 응답, 즉 '비종교인이라도 선하다면 구원 받을 수 있다'라고 보는 사람은 모두 70% 내외였다.

그러나 종교별 차이, 특히 개신교인과 비개신교인 간 입장은 상반됐다. 우선 비종교인의 76%가 비종교인이라도 구원 가능하다고 답했고 불교인(75%)과 천주교인(67%)도 가능성을 높게 봤으나, 개신교인은 그 비율이 36%에 그쳤으며 이러한 경향은 지난 30년간 비슷하게 유지되어 왔다.

이번 종교의식 관련 조사 결과 중 가장 주목되는 부분은 우리 사회에서 종교인과 비종교인 간 경계보다 개신교인과 비개신교인 간 경계가 더 명확히 나타난 점이라 할 수 있다.

요약하면, 한국갤럽(2015)의 종교보고서는 1984년 이후 2014년까지 총 5차에 걸쳐 한국인의 종교 현황, 실태, 종교 생활, 종교 관련 의식 구조, 종교단체에 대한 여론 평가 등이 조사되어 통계청이 실시하는 인구주택총조사의 보완적 자료로 가치가 높다는 장점이 있다. 하지만, 종교인의 현황과 의식에 치중해 한국의 전반적인 종단이나 포교/선교 실상, 종교 간 상호 역동성은 다루지 않은 한계가 있다.

제2부

자기(self)와
종교성

"知彼知己　百戰不殆"

(孫子)

제 3 장
종교성향

　종교성 측정과 관련하여 국내외적으로 가장 많이 연구되고 활용되는 것이 종교성향 연구이다. 종교성향에 대하여 경험적 연구를 처음 시도한 Allport 이래, 종교성향과 관련된 측정연구는 계속 발전하고 있다.

　본 장에서는 종교성향과 관련된 국내외 연구를 비평적으로 총설하면서 국내에서 개발된 종교성향 관련 척도 3가지(종교성향검사, 종교성향 척도, Quest 척도)를 구체적으로 제시한다.

1. 종교성향의 이해

　종교는 인간의 역사와 더불어 시작되었다. 즉 인간의 역사는 바로 종교의 역사라고 바꾸어 말할 수 있다. 인간이 숨 쉬고 생활하는 그 기반에는 '종교적'인 것이 확산되어 항존(恒存)한다. 이러한 것은 여러 가지 문화 형태 안에서, 즉 '종교적 체험', '종교 현상', '종교심', '성스러움', '토템', '타부'라는 용어가 주는 의미 속에서 쉽사리 그 증거를 찾을 수 있다(윤주병, 1985). 특히 최근 2세기에 걸쳐 인류학, 현상학, 사회학, 심리학 등의 학문을 통해 인간의 행동이 '종교적'인 그 무엇으로 채색된 복합적인 행동으로 파악할 수 있었음은 인간의 도덕적, 종교적 행동 태도를 실증적 관찰방법으로 고찰함으로써 가능하게 되었다(Crapps, 1986).

종교에 대한 경험적 연구를 수행하는 과정에서 종교성을 측정하는 것은 아주 중요하다. 왜냐하면 종교성 측정은 종교성의 준거를 탐색하고, 진정한 종교인은 어떤 사람인지 확인하며, 각 개인의 종교적 신념, 감정, 행동 수준을 측정하는 노력으로 발전할 수 있기 때문이다. 종교 심리학의 태두인 William James 이래 종교성을 탐색하고, 종교성의 다차원성을 측정하기 위한 학문적 접근에 큰 영향을 끼친 종교성 연구로는 Gordon W. Allport의 '종교성향'(religious orientation)(* 저자 주: Gordon W. Allport의 intrinsic religious orientation과 extrinsic religious orientation 개념을 우리말로 옮긴 주요 선행연구를 보면, 종교사회학 분야에서 오경환(1990)은 '내재적 종교성'과 '외재적 종교성'으로, 이원규(1997)는 '본래적인 종교성'과 '비본래적인 종교성'으로, 한내창(2002)은 '본질적 종교성'과 '비본질적 종교성'으로 옮겼다. 한편 종교심리학 분야에서 김동기는 '내면적, 외면적 종교 정향'이라는 표현(1991)에서 '내재적, 외재적 종교 정향'(2003)에 이어 최근(2005)에는 '내적, 외적 종교 정향'이라는 말로 바꿔 사용하고 있으며, 최영민 등(2002)은 신경정신의학적 시각에서 '내재적 종교성향'과 '외현적 종교성향'이라는 말을 사용하였으며, 제석봉(1996)은 '내재적 종교성향'과 '외재적 종교성향'이란 용어를 사용하였다. 본 연구에서는 '정향'(定向)이라는 표현이 고정성을 함축하고 있으며, '본질과 비본질' 또는 '본래와 비본래'라는 표현은 개인의 종교성에 대해 차별적인 의미를 담고 있는 것으로 판단되어 Allport가 제안한 지향성의 의미를 그대로 나타내는 '성향'(性向)과 구별적 의미를 담고 있는 '내재적'과 '외재적' 개념을 사용하고자 함) 연구를 들 수 있다.

2. 종교성향 국외연구 총설

종교성향을 경험적 연구를 통해 처음 구별한 사람은 Allport(1897-1967)이다. Allport가 종교성향에 대한 측정에 관심을 가진 연구 배경은 제2차 세계대전 이후 시대적인 분위기에서 출발하였다. 전후 북미지역에 팽배한 인종 차별과 같은 편견에 대해 Allport는 교회에 다니지 않는 사람보다 교회에 다니는 사람들이 더 현저한 편견 태도를 나타낸다는 사실을 발견하였다. 이것은 동정과 연민을 가지고 네 이웃을 네 몸같이 사랑하라는 종교적 가르침과 반대되는 것으로 '대역설(grand paradox)'이라고 지적하고, 그 원인을 분석한 결과, 종교인의 성숙성과 미성숙성을 확인하는 의미에서 처음에는 '제도화된 종교'와 '내면화된 종교'로 구분하였으나, 나중에 '외재적 종교성향'과 '내재적 종교성향'이라는 용어를 개발하기에 이르렀다. 외재적인 종교성향을 가진 사람은 자기 개인의 목적을 위해 종교를 '이용'하려고 한다. 외재적 가치는 항상 도구적이고 실용적이다. 이러한 성향을 가진 사람은 안정감과 위로, 사교와 친목, 지위와 자기 합리화 등에서 종교의 유용성을 발견한다. 그러나 내재적인 종교성향을 가진 사람은 종교에서 삶의 중심적인 동기를 발견한다. 다른 욕구들이 아무리 강하더라도 최우선으로 삼지 않으며, 가능한 한 자기 종교적 신념이나 계명과 조화시키려고 한다. 그리고 자기가 신봉하는 교의를 내면화시키고 이를 충실히 실현하려고 한다. 이러한 의미에서 내재적 종교성향을 가진 사람은 종교를 '생활화'하는 것이다(제석봉, 1992).

이러한 성향을 재는 척도를 최초로 개발한 사람은 Wilson(1960)이다. 열다섯 개의 항목으로 구성된 '외재적 종교 가치(Extrinsic Religious Values)'

의 측정 질문은 내재적 종교성에 대한 구체적인 묘사 없이 외재적인 경향만 측정하였다. Wilson은 여기에서 자신의 도구는 '종교적 신앙의 내용을 측정하는 것이 아니고, 종교적 체제의 동기에 관한 측정'이라고 설명했다. Wilson의 도구 개발에 이어 외재적인 종교성향과 내재적인 종교성향을 동시에 측정할 수 있는 척도를 개발한 사람은 J. Feagin(1964) 이다. Feagin은 Allport의 강의에 기초를 두고 21개의 내, 외재적 도구를 개발하였다. Feagin에 의하면 자신의 도구 중 12개 항목은 '외재적으로 묘사된' 항목이며, 6개 항목은 '내재적으로 묘사된' 항목이며, 나머지 3개는 잔여 항목이라고 설명했다.

Feagin은 요인분석 결과 Allport의 가정과는 달리 외재적 성향과 내재적 성향이 단일 선상의 양극단에 위치하는 것이 아니라, 서로 관련이 없는 분리된 두 가지 요인이라는 사실을 발견하였다. 이처럼 외재적 성향과 내재적 성향이 분리된 두 가지 차원이라는 사실은 두 변인 간의 관계를 요인분석을 통해 밝힌 여러 연구에서 입증되었다. 이러한 종교성향에 대해 측정 척도로 가장 많이 사용되는 것이 Allport와 로스가 개발한 20개 문항의 종교성향검사(ROS)이다.

Allport와 로스(1967)는 Feagin의 21개 항목 중 하나를 제외한 20개 문항을 사용하여 종교성향검사를 개발하였다. 309명의 대학생을 대상으로 한 자료 조사를 토대로, 그들은 나중에 두 개의 영역을 추가로 덧붙이게 된다. 하나는 '무조건적 선호, 종교적'인 집단으로 이들은 외재적 종교성향과도 구분하지 않고 50% 이상의 내재적 종교성향 반응을 보이는 편이었다. 또 다른 하나는 '무조건적 배타, 종교적'이거나 '무종교적'인 집단으로서 내재적이건 외재적이건 간에 양측의 모든 항목에 거부 반응을 보였다. Allport와 로스에 의하여 개발된 ROS는 현재까지 가장 오랫동안 그리고 가장 많이 사용되어 온 도구인 셈이다.

그런데 ROS는 주로 성인들의 종교성향을 측정하는 데 사용되어 왔기에 Gorsuch와 Venable(1983)은 '보편 연령의 내, 외재적 종교성향 척도(Age Universal I-E Scale, AUS)'를 개발하였다. 그들은 이 척도가 아동과 청소년층에까지 사용될 수 있는 보편적인 적용도를 높인 도구라고 주장한다. 또한 이 척도는 종교성에 있어서 동기적 요소를 강화한 것으로 인정한다. 다른 연구자들은 Allport의 척도에 나타난 언어적 난해성을 줄임으로써 응답자들이 판독하는 과정에서 발생할 수 있는 오류를 줄이는 효과가 있다고 인정하고 있다.

'보편 연령의 내, 외재적 종교성향 척도'의 도구 분석은 내연속성 신뢰도의 계수가 외재 항목에 대하여는 .66 그리고 내재 항목에 대하여는 .73으로 나타났다. 또한 ROS와 AUS 간의 상관계수는 외재 항목이 .79, 내재 항목이 .90으로서 알파 상관도에 있어서는 고도의 수치에 해당하는 것이다. 그리고 ROS의 내재와 외재 항목 간의 상관도가 -.38인 것과 비례하는 AUS의 내재와 외재 항목 간의 상관도는 -.39로 나타났다. 이러한 결과들은 '보편 연령의 내, 외재적 종교성향 척도'가 Allport의 ROS 척도에 상응하는 유효성을 확증시켜 주는 것으로 간주할 수 있다.

이러한 연구결과 외에도 종교성향을 측정하기 위해 다양한 도구가 개발, 시행되었는데 ROS와 달리 Hoge(1972)는 그리스도교 맥락에서 벗어난 타 종교에 대해서도 종교성향을 측정할 수 있도록 '내적 종교 동기유발 척도(Intrinsic Religious Motivation Scale)'를 개발하였는데, 이 척도는 내재적 성향과 외재적 성향을 서로 다른 두 차원이 아니라 하나의 차원에서 동기유발을 측정하는 데 유익한 10문항으로 이루어져 있다. 또

Koneig와 동료들(1997)은 Hoge의 IRMS에서 외재적 성향 측정 문항을 제거하고 내재적 성향을 조직적 종교성과 비조직적 종교성의 두 차원으로 나누어 측정하는 5문항의 '듀크 종교 인덱스(Duke Religion Index)'를 개발하였다. 그리고 Gorsuch와 McPerson(1989)은 Allport와 로스의 ROS를 수정, 보완하여 외재적 변인을 개인 지향과 사회 지향의 두 변인으로 나누어 측정하는 14 문항의 도구를 개발하였는데, 미국의 갤럽연구에서도 이 척도를 사용하고 있다.

Batson과 Ventis(1982)는 ROS에서는 융통성 있는 성숙한 종교성향을 측정할 수 있는 측면이 결여되어 있다고 비판하고, 개인이 인생의 모순과 비극에서 제기되는 실존적 물음에 대한 개방적이고 반응적인 대화의 정도를 반영하여 성숙한 종교성향을 잴 수 있는 '탐구(Quest)'라는 하위척도를 추가하여 '종교 생활 척도(Religious Life Inventory)'를 개발하였다. 가장 최근의 개정판에는 12문항의 Quest Scale이 제작되었다. 그러나 Batson의 탐구 지향이 청소년이나 성인 초기의 일시적 상태에 지나지 않는다는 비판과 함께 Dudley와 Cruise(1990)는 11문항의 '종교 성숙 척도(Religious Maturity Scale)'를 제시했다. 한편, Ryan(1993) 등은 ROS 틀에서 벗어나 그리스도인의 믿음 정도를 내면화 대 내투사 정도로 평가하는 12문항의 '그리스도인 종교 내면화 척도(Christian Religious Internalization Scale)'를 개발하였다.

Allport와 Ross의 ROS가 개발된 이후 종교성향과 인간의 여러 가지 심리적인 특성에 대한 경험적 연구가 본격적으로 연구되기 시작했다. 종교성향과 관련된 심리적인 특징에 대한 연구는 편견, 도그마에서부터 최근에는 인생의 목적, 종교적 체험에 이르기까지 다양하다.

1) 종교성향과 편견

종교성향에서 외재적 성향과 내재적 성향을 구별하기 시작하면서부터 가장 먼저 연구된 분야가 종교성향에 따라 편견이 얼마나 심한가 하는 연구였다. 종교성향과 편견에 대한 연구는 1967년 Allport와 Ross, 1973년 Hoge와 Carroll, 1976년 Batson에 의해 꾸준히 이루어져 왔다. 이러한 연구결과들은 메타-분석한 결과, 내재적인 종교성향은 편견과 관련이 없거나 부적 상관을 맺고 있고, 외재적인 종교성향은 편견과 정적 상관을 맺고 있음을 보여줌으로써 Allport의 주장을 경험적으로 입증한다고 하겠다. 그러나 외재적 종교성향을 가지고 있어도 Allport 의 예측과 같이 편견과 높은 상관관계는 맺고 있지 않다.

그런데 Goursuch와 Aleshire(1974)는 25개의 연구를 종합하여 인종적 편견을 가진 종교인 가운데 교회에 적극적으로 참여하는 신앙인과 마음 내키면 참여하는 신앙인, 그리고 교회에 다니지 않는 사람 간의 상관을 조사한 결과, 교회에 다니지 않는 사람과 교회에 적극적으로 참여하는 사람들 간에 편견에 있어서 유의미한 차이를 발견하지 못한 반면, 마음 내키면 교회에 다니는 사람들에게서 가장 높은 편견을 발견하였다. 이 연구결과는 교회 참여의 빈도 혹은 동기유발 같은 종교적 변인의 수준 차이에 대한 계속 연구의 중요성을 나타내는 것이라고 할 수 있다.

2) 종교성향과 도그마티즘

Allport는 내재적 종교성을 가진 사람은 개방적이지만, 외재적 종교성을 가진 사람은 폐쇄적이라고 주장하였다. 내재적인 종교성향과 외재적인 종교성향을 종합 연구한 Hoge와 Carroll(1973)은 내재적 성향과 도그마티즘의 상관관계가 .04이며 평균 .06이었고, 외재적 성향과 도그마티즘은 .66에서 .08로 나타났으며 평균이 .36이었다. 이처럼 내재적인 종교성향을 가진 사람은 도그마티즘과 상관관계가 아주 낮지만, 외재적인 종교성향을 가진 사람은 도그마티즘과 상관관계가 상당히 높은 것으로 나타났다.

3) 종교성향과 건강한 지각 및 감정 표현

이 차원은 타인에게 민감하고 개방적이고 타인의 감정을 수용하는 것을 말한다. Watson, Morri와 Hood(1988)는 외재적 종교성향을 가진 사람은 공감적 관심과 자각과 부적인 상관을 맺고 있지만, 내재적 종교성향을 가진 사람은 정적 상관을 맺고 있다는 사실을 발견했다. 그리고 내재적 종교성향을 가진 사람은 자애적 성격 장애와 부적 상관을 맺고 있지만, 외재적 종교성향을 가진 사람은 정적 상관을 맺고 있음을 발견했다. Chau, Johnson, Bowers, Darvill과 Danko(1990)의 연구에서 내재적 종교성향이 높을수록 이타적이고 상대방의 감정에 공감적이고 개방적이라는 사실을 발견했다.

4) 종교성향과 자유, 자주성 및 책임

정신건강 전문가들은 건강한 성격의 소유자는 의사결정을 할 때 다양한 대안을 마련할 줄 알고, 자기통제 능력이 발달해 있고, 자기 행동에 책임을 질 줄 안다고 한다. Pargament 등(1979)은 내재적 종교성향을 가진 사람은 생활 상황에 대처하는 데 적극적이고 유연성이 높다는 사실을 발견하였고, Bergin 등(1988)은 내재적 점수가 높은 사람이 인내심, 자기통제와 정적 상관을 맺고 있는 반면에 외재적 점수가 높은 사람은 부적 상관을 맺고 있다는 것을 발견했다. Wiebe와 Fleck(1980)은 내재적 종교성향을 띤 사람이 외재적 종교성향을 띠고 있거나 비종교적인 사람보다 도덕 기준, 양심 및 책임감에 높다는 사실을 발견하였다. 한편 Bergin(1988) 등은 캘리포니아 심리검사(california psychological inventory)로 검사한 결과, 내재적 종교성향과 책임감은 .44의 정적 상관을 맺고 있음을 발견했다.

5) 종교성향과 인생 목적

내재적인 종교성향을 가진 사람에게 있어서 종교는 인생에 있어서 최고의 동기인 셈이다. 그러나 외재적인 종교성향을 가진 사람에게 있어서 종교란 단지 다른 욕구를 충족시키는 수단이다. 이를 바탕으로 종교성향과 인생의 목적을 연관시킨 연구에서 Bolt(1975)는 내재적 종교성향을 가진 학생은 '인생 목적 검사(Purpose In Life test)'의 평균 점수가 115.6점이었고, 외재적 종교성향을 가진 학생은 평균 점수가 102.3점으로 통계적으로 유의미한 차이를 입증하였다. 이것은 내재적 종교성향과 외재적 종교성향에 따라 인생의 의미를 가지는 데 유의미한 차이가 있음을 보여주는 것이다.

6) 종교성향과 종교적 체험

Allport에 있어서 종교성향은 신앙에 있어서 '경험적 의미'를 말한다. 따라서 내재적인 종교성향을 가진 사람은 외재적인 종교성향을 가진 사람보다 더 많은 종교적 체험을 경험할 것이라고 추정할 수 있다. 이를 검증하기 위해 1970년 Hood는 James의 '종교적 체험의 다양성'에서 추출한 15개 종교적 체험 변인으로 '종교적 체험 에피소드 측정법(Religious Experience Episode Measure, REEM)'을 개발하였다. Hood는 무조건 종교 적대 집단, 무조건 종교 우호 집단, 내재적 종교성향 집단, 외재적 종교성향 집단의 4개 집단 대학생을 대상으로 REEM을 측정한 결과, 내재적 종교성향 집단에서 가장 높은 점수를 관찰하였고, 나머지 세 집단에서는 별 차이 없음을 보고하였다. 이러한 결과는 내재적인 종교성향을 가진 사람들에게서 종교적 체험이 많음을 입증하였다.

7) 종교성향과 자각 및 개인적 성장

건강한 사람은 자기 자신의 동기, 성격 유형 및 행동을 있는 그대로 지각한다. 기존의 여러 연구에서는 종교성향과 자기 존중감, 자기 효율성, 자기 강도 등의 관계를 많이 연구했다. 1988년 Bergin 등은 대학생들을 대상으로 ROS와 '테네시 자기개념 척도(Tennessee Self-Concept Test)'를 측정한 결과, 내재적 종교성향을 가진 사람이 긍정적 자기개념을 가지고 있다는 사실을 발견했다. Pargament 등(1979)은 내재적 종교성향을 가진 사람이 자기 존중감과 자기 효율성에서 높은 점수를 나타내고 있다는 사실을 발견했다. Baker와 Gorsuch(1982)는 외재적 종교성향은 자기 강도와 부적 상관을 맺고 있는 반면에 내재적 종교성향은 정적 상관을 맺고 있다는 사실을 발견했다.

8) 종교성향과 성숙한 정향의 틀

심리치료자들은 뚜렷한 삶의 목표를 가지고 있는 높은 수준의 원리에 따라 생활할 때 심리적으로 건강하다고 말한다. Erikson이 통합 대 절망의 단계로 본 노년기에 종교에 대한 관심이 높아진다. Van Haitsma(1986)에 의하면, 노년기에 내재적 종교성향이 높은 사람일수록 인생 만족 지수(life satisfaction index)가 높았다고 한다. 그리고 여러 다른 연구에 의해서도 내재적 종교성향을 띤 사람일수록 인생의 목표가 뚜렷하고 만족도가 높다는 사실이 발견되었다. 그뿐만 아니라 노년기에 내재적 종교성향을 띤 사람은 죽음에 대한 공포도 적다는 사실이 여러 연구에서 입증되었다. 예를 들어, 종교성향과 죽음에 대한 공포를 연구한 Minton과 Spilka(1976)는 내재적인 종교성향과 공포는 -.06, 외재적인 종교성향과 공포는 .36의 상관관계가 나타났다고 보고하였다.

9) 종교성향과 통합 및 대처

Pargament, Steele과 Tyler(1979)는 내재적인 종교성향이 높은 사람은 그렇지 못한 사람보다 스트레스에 대해 긍정적인 대처 기술을 가지고 있다는 사실을 발견했다. 또 Watson(1988), Bergin(1988) 등의 연구에 의하면 외재적 종교성향을 가진 사람은 비합리적 신념을 많이 가지고 있지만, 내재적 종교성향을 가진 사람은 비합리적 신념이 적다는 사실을 발견했다.

종교성향과 기타 여러 가지 심리적 특성과의 관계에 대한 연구를 요약하면 <표 3-1 참조>, 내재적인 종교성향을 가진 사람은 외재적인 종교성향을 가진 사람들보다 특성 불안이 낮고, 인간 본성을 긍정적으

로 지각하며, Kohlberg의 도덕 발달 단계와 Fowler의 신앙 발달 단계
에서 상위 단계에 도달한 사람이 많다는 사실이 발견하였다. 또한 외
재적인 종교성향을 가진 사람은 내재적인 종교성향을 가진 사람보다
지각된 무력감이 더 심하다는 사실도 발견하였다.

한편 Baker와 Gorsuch(1982)는 ROS와 Cattell 등이 개발한 IPTA 불
안 척도를 사용하여 종교성향에 따라 특성 불안에 어떠한 차이가 있는
지 조사하였다. IPTA 불안 척도의 하위척도로는 자신 내에서 정서적
세력의 균형을 찾지 못하는 자기 약화(ego weakness), 자기 행동을 건강한
사회적 규범에 맞추려는 동기의 결여를 나타내는 '자기 감성 결여'(lack
of self-sentiment), 의혹적이고 불안정을 나타내는 '편집성 불안정성'(paronoid
type insecurity), 자기 자신을 무가치하게 지각하고 죄스러움을 느끼는 '죄
의식 경향'(guilt proneness), 충족되지 못한 욕망과 충동으로 받는 압력을
나타내는 '좌절 긴장'(frustration tension)이라는 다섯 가지 하위척도로 구성
되어 있다.

이 연구에서 종교성향에서 외재적 성향을 가진 사람은 불안과 정적
상관(r=.35, p<.05)을 맺고 있지만, 내재적 성향을 가진 사람은 부적
상관(r=-.33, p<.05)을 맺고 있다는 사실이 드러났다. 그리고 다섯 가지
하위척도 중 죄의식 경향과 좌절 긴장에서는 외재적 종교성향과 내재
적 종교성향 간에 유의미한 상관관계가 나타나지 않았지만, 자기 약화
와 자기 감성 결여와 편집성 불안정성이라는 세 가지 하위척도에서는
모두 유의미한 차이가 있음이 입증되었다. 따라서 외재적 종교성향을
가진 사람은 불안이 심하지만, 내재적 종교성향을 가진 사람은 불안
수준이 낮다고 하겠다.

<표 3-1> 종교성향과 적응에 관한 선행 연구결과

연구자	표본	종교성향 측정	결과
Acklin, Brown, & Mauger(1983)	26명의 남성 암 환자	내재적 대 외재적	내재적 성향일수록 비탄 체험 척 도 중에서 분노, 적대감과 부적 상관(-.34)
Acklin, Brown, & Mauger(1983)	18명의 시한부 인생 을 선고받은 환자	내재적 대 외재적	내재적 성향일수록 비탄 체험 척 도 중에서 거부와 정적 상관(.52), 외재적 성향일수록 비개인화와 부적 상관(-.48)
Newmann & Pargament (1990)	최근 3년 동안 심각 한 문제에 부딪힌 327명의 대학생	내재적	내재적 성향일수록 문제해결 측 면에서 종교의 도움을 아주 많이 받았음(.27에서 .62)
Pargament et al.(1990)	부정적인 생애 사건 과 부닥친 적이 있 는 586명의 백인 (평균연령 46세)	내재적, 외 재적, 탐구	내재적 성향을 가질수록 심리 상 태에 관한 모든 측정치에서 외재 적 성향을 가진 사람보다 나았다. 탐구는 무관함을 보여줌
Park & Cohen (1993)	최근에 친한 친구가 사별한 적이 있는 96명의 대학생	내재적과 외재적	내재적 성향만 개인의 성장과 관 련 있었음.(r=.20)
Astin, Lawrence & Foy(1993)	53명의 학대당한 경 험이 있는 여성	내재적	내재적 성향일수록 PTSD 증상과 정적 상관(.21)
Pargament et al.(1994)	걸프 전 스트레스를 경험한 271명의 대 학생	내재적	전쟁 전후의 정신건강 측정에 있 어서 무관함을 보여줌
Pargament et al.(1995)	1993년 대홍수를 경 험한 225명의 개신 교 신자와 가톨릭 신자	내재적	내재적 성향을 가질수록 더 나은 정신 자세(r=.14), 종교적 결과 (r=.39)를 보여준 반면 부정적 영 향을 덜 나타냄.(r=.19)
Bivens 등. (1994-1995)	에이즈에 감염된 167명의 남자 동성 애자	내재적 대 외재적	죽음에 대한 공포 측정에서 무관 함을 보여줌
Harris & Spilka(1990)	136명의 알코올 중 독자, 대부분 백인 남, 평균연령 43세	내재적 대 외재적	금주 성공에 있어서 무관함을 보 여줌
Johnson & Spilka (1991)	103명의 유방암 환 자, 평균연령 53세	내재적과 외재적	내재적 성향만 종교의 도움과 정 적 상관을 보여 줌(r=.70)

연구자	표본	종교성향 측정	결과
McIntosh, Inglehart & Pacini (1990)	117명의 대학교 편입 개신교 학생	내재적	내재적 성향이 높을수록 주관적인 안녕, 자기 존중감, 행복감, GPA에서 더 나은 점수를 보여줌
Mickle & Soeken (1993)	유방암을 앓고 있는 50명의 히스패닉 여성	내재적과 외재적	내재적 성향은 영적, 종교적, 실존적 측정에서 아주 높은 정적 상관(.63에서 .77)을 보여준 반면 외재적 성향은 무관함을 보여줌
Rutledge & Spilka (1993)	41세에서 50세 사이의 독신 남녀 174명	내재적과 외재적	외재적 성향이 우울증과 .17의 정적 상관을 보여주었고 내재적 성향은 무관함을 보여줌

그리고 자기 분화 수준과 종교성향의 관계를 연구한 제석봉의 연구에서는 외재적 종교성향을 가진 사람은 자기 분화 수준이 낮은 반면, 내재적 종교성향을 띤 사람은 자기 분화 수준이 높다는 사실(r=.38, p<.001)이 발견되었다. 또한 심리적으로 건강한 사람일수록 문제해결 능력이 높다고 하겠다. 따라서 종교성향과 문제해결 능력을 비교해본 결과, 외재적 종교성향은 공협 양식 및 자기 주도 양식과 부적 상관을 맺고 있는 반면, 책임 전가 양식과는 -.35의 유의미한 부적 상관을 맺고 있었다. 그러나 내재적 종교성향은 책임 전가 양식과는 부적 상관을 맺고 있는 반면에 공협 양식 및 자기 주도 양식과는 각각 .71, .58의 높은 수준의 정적 상관을 맺고 있다는 사실을 발견하였다. 이처럼 내재적 종교성향을 띤 사람은 문제 상황에 봉착했을 때 하나님의 뜻을 생각하면서 자기 주도적으로 문제를 해결하지만, 외재적 종교성향을 띤 사람은 자기 스스로 문제를 해결하지 못하고 책임을 전가하려고 한다. 이러한 연구결과를 토대로 할 때 종교가 무조건 심리적 성장과 성숙에 해롭다고 여기는 것은 옳지 못하다고 하겠다. 따라서 종교 현장에서는

내담자가 특정 종교를 가지고 있어도 목회자는 그의 종교성향이 외재형인가 내재형인가 구별할 필요가 있다고 하겠다.

3. 종교성향 국내연구 총설

1) 종교성향 국내연구 동향

심리학적 측면에서 종교를 어떻게 믿는 것이 참된 신앙인지 또는 참된 신앙이 무엇인지 연구를 시도한 Allport의 종교성향 연구는 국외에서뿐 아니라 국내에서도 그 어느 종교성 측정연구보다 활성화되어 왔는데, Allport의 종교성향을 종교 사회학적 관점에서 접근한 오경환(1979) 이래 학위논문의 연구주제로 처음 시도한 이정화(1986)부터 최근(* 저자 주, 2018년까지 수집된 연구자료를 분석하였음)의 최금순(2018)에 이르기까지 종교사회학, 종교심리학, 종교 교육학, 사회복지학 등 여러 분야에서 많은 연구자들이 다루어 왔다.

종교성향을 주제로 삼아 연구를 시도한 학위논문으로는 총 5편의 박사학위 논문과 83편의 학위논문을 수집하게 되었다. 수집한 자료를 연도별, 전공별로 1차 분류하면 <표 3-2>와 같다.

종교성향을 주제로 한 학위논문의 연도별, 전공별 연구의 경향성을 분석하기 위해 먼저 연도별로 살펴보면, 이정화(1987)의 연구를 필두로 1992년부터는 해마다(2002년만 제외) 종교성향 관련 연구가 꾸준히 진행되어 왔는데, 1990년대에는 10년 동안 25편의 논문이 연구된 반면 2000년대에 들어서는 6년 동안 1990년대와 상응하는 연구 결과(총 33편)가 나타나, 종교성향 연구에 대한 관심이 지속될 뿐 아니라 2003년에는 5편, 2004년에는 4편, 2005년에는 8편으로 종교성향 관련 연구가 점증하다가 2009년에는 1편으로 감소하였으나 2010년과 2011년에는 다시 4편으로 점증하는 추세를 보여주었다. 특히 유향순(2010)은 박사학위 논문에서 이혼을 고려하는 기독교인을 중심으로 종교성향에 따른 분노와 용서 및 갈등 대처 양식이 이혼 의도에 미치는 영향을 연구하였으며, 박성기(2010)는 박사학위 논문에서 소그룹 리더를 대상으로 종교성향 및 종교대처에 따른 주관적 행복감과 종교적 헌신도의 상관관계를 연구하였으며, 한인옥(2014)은 박사학위 논문에서 교회 내 소그룹 지도자의 종교성향과 사역만족도의 관계를 연구하는 등 주제별로 전문성을 심화하였다.

그리고 전체 전공별 연구 동향을 살펴보면, 상담심리 전공이 28.9%(24편)로 가장 높았으며, 이어 심리학과 사회복지전공이 각 12.1%(10편), 기독교 상담학 8.4%(7편)와 상담교육 7.2%(6편)로 그 뒤를 이었다. 이러한 전공별 연구 동향 가운데 주목할 점은 다음 두 가지로 분석할 수 있다.

첫째, 종교성향 연구가 1990년대 중반 이전에는 그리스도인을 주 대상으로 하여 상담 및 교육적 함의를 발견하는 연구를 시도한 반면, 1990년대 중반을 기점으로 다양한 학문 분야에서 종교성향을 연구주제로 다루어 관련 변인을 탐색하였다는 점이다. 예를 들면, 보호행정학에서는 김임화(1999)가 비행 청소년의 종교성과 자기개념의 관련성을 연구하였으며, 국방관리학에서는 김종택(1997)이 종교성향이 군 직업윤리에 미치는 영향을 연구하였고, 경영학에서는 최한권(2001)이 종업원의 종교성향과 귀인과의 관련성을 연구하였으며, 사회복지학에서는 최경숙(2005)이 노인의 종교성향과 생활만족도의 관련성을 연구하였고, 국제보건학에서는 최승주(2005)가 북한이탈주민의 종교성향과 우울의 관련성을 연구하였다. 아울러 전술한 유향순, 박성기 외 외 2편의 박사학위 논문으로는 불교학 전공에서 백준흠(2001)이 청소년의 종교성이 삶의 질에 미치는 영향을 연구하였으며, 사회복지학 전공에서 석말숙(2003)은 중도지체장애인의 종교적 특성이 심리적 적응에 미치는 영향을 연구하는 등 여러 영역에서 종교성향의 관련 변인을 연구하였다. 이처럼 종교성향의 관련 변인에 대한 연구가 다양해짐은 종교성향 연구의 지평을 확대하는 긍정적 시도로 판단된다.

둘째, 일부 대학의 전공별로 종교성향 연구의 집중 경향성이 나타난 점이다. 대표적으로 고려대학교 교육대학원 상담심리전공에서는 신혜진(1992)의 내적-외적 종교성향과 편견과의 관계 연구를 필두로 이윤미(2012)의 내재적 종교성향과 교직 헌신도와의 관계에 이르기까지 총 18편(21.7%)의 학위논문을 통해 상담심리학 분야에서 종교성향의 관련성에 대한 연구를 주도적으로 수행하였으며 그 뒤를 이어 가톨릭대학교 상담심리대학원에서는 서민규(2003)의 기독교인의 종교성향과 통일 이미지연구를 필두로 최정윤(2014)의 종교성향이 외상 후 성장에 미치는 영향 연구에 이르기까지 총 7편(8.4%)의 학위논문이 수행되었다. 그리고 최근 들어 호남신학대 기독교 상담 대학원에서는 기독교 상담학 분야에서 2003년 이후 4편의 학위논문을 발표하였는데 가장 최근 최금순(2018)은 종교성향이 용서에 미치는 영향과 관련하여 영적 안녕감의 매개 효과 검증을 시도하였다.

<표 3-2> 종교성향연구 학위논문의 연도별, 전공별 통계

전공＼연도	1987	1992	1993	1994	1995	1996	1997	1998	1999	2000	2001	2003	2004	2005	2006	2007	2008	2009	2010	2011	2012	2013	2014	2015	2016	2017	2018	계
상담심리	3	3	1		1		1	2			1	2	2				1	1	1	1	2	2						24
심리학			1	1		1		1		1	2		1	1	1													10
사회복지학										1		1	2					2	3						1			10
상담교육				1	1	1								1						1		1						6
기독교상담학										1			2					1	1						1	1		7
교육심리	1		2								1																	3
영성상담															1	2	1											4
신학						1				1			1						1			1						5
종교사회학										1				1														2
기독교교육학				1	1																							2
아동학										1								2										3
국제보건학															1													1
경영학										1																		1
의학						1																						1
군상담						1																	1					2
불교학										1																		1
보호행정									1																			1
계	3	3	4	2	4	3	3	3	2	4	5	4	8	5	3	3	1	6	6	2	2	3	1	0	2	1		83

2) 종교성향 주요 연구자의 연구 동향 총설

종교성향 연구에 관심을 기울인 연구자 가운데 종교성향을 연구주제로 전국 규모의 학술지에 연구결과를 2차례 이상 발표한 학자를 종교성향 주요 연구자로 보고 자료를 수집한 결과, <표 3-3>과 같이 확인할 수 있었다. 이들 세 연구자는 서로 다른 전공에 기반을 두고 종교성향 연구를 진행하고 있기에 연구결과 역시 다양하게 나타나고 있다. 먼저 김동기는 심리학 전공자이면서 종교심리학 저서를 처음으로 출간하였으며, 1991년 **한국심리학회지, 사회**에 종교성향에 따라 사회적 현상의 부적 결과에 대한 귀인의 차이 여부를 검증한 이래, 2005년 **종교연구**에는 개신교, 불교, 천주교 신자를 대상으로 종교성향과 종교적 내재성이 심리적 안녕감(행복)에 미치는 영향을 연구하기까지 종교성향에 대한 심리학적 이해를 높이는 다수의 연구결과를 이끌었다. 그리고 한내창은 사회학 전공자의 입장에서 1999년 **원불교학**에 Allport와 Ross의 I/E 종교성 척도 평가를 시작으로 2004년 **종교연구**에서 제시한 동서양 문명에서의 종교성 연구에 이르기까지 서구의 종교성향 연구가 우리 문화에 그대로 적용하여 해석하는 것이 합당하지 않다는 다수의 연구결과를 제시하였다. 특히 서구의 종교 문화에서는 내재적 종교성향과 외재적 종교성향이 부적 상관관계를 나타내는 다수의 연구가 존재하는 반면, 우리 문화에서는 내재적/외재적 종교성향이 대립적이고 배타적인 개념이 아니라 상호보완적인 개념이라는 주장은 토착화된 종교성향 연구의 필요성을 제안하는 것이었다. 한편, 제석봉은 교육학 전공자로서 종교성향검사(ROS)를 개발하여 부적응, 자기 분화, 종교적 문제해결, 불안 등의 변인과의 관련성을 연구하였다. 특히 종교성향과 자기 분화와의 관련성 연구는 가족 간의 성숙한 인간관계 형성에 기여하는 종교교육과 사목(목회) 상담 자료로 ROS의 활용도를 제고하는 연구결과를 보여주었다.

이들 주요 연구자 외에도 특기할 만한 종교성향 연구로는 최영민 등(2002)이 **신경정신의학**에 발표한 '한국판 내재적-외현적 종교성향 척도의 개발 및 표준화 예비연구'와 신건호(2005)가 **종교교육학**에 발표한 '청소년의 자기개념, 불안, 희망과 낙관성이 종교 정향 발달에 미치는 효과'가 있으며, 한국심리학회 상담 및 심리치료에는 서영석 등(2006)이 발표한 '성 역할 태도, 종교성향, 권위주의 및 문화적 가치가 대학생의 동성애 혐오에 미치는 영향', 조혜은과 손은정(2008)이 발표한 '종교성향과 불안과의 관계에서 종교적 대처와 낙관성의 매개 효과'에 관한 연구가 있으며, **한국심리학회 사회문제**에는 송욱, 김윤주, 한성열(2009)이 발표한 '기독교인의 종교성향에 따른 수치심과 죄책감의 차이에 대한 연구', **한국심리학회: 건강**에는 신재은, 현명호(2010)가 발표한 '종교성향, 종교적 대처와 상황적 용서의 관계' 등이 있다.

<표 3-3> 종교성향 주요 연구자 연구논문 리스트

연구자	논문명	학술지	발표년도
김동기	종교 정향과 사회현상의 부적 결과에 대한 귀인연구	한국심리학회지, 사회	1991
	Allport와 Batson의 종교 정향 척도에 대한 실증적 분석과 비평	강남대학교논문집	1992
	종교 정향에 따른 종교인의 유형 연구, 천주교인을 중심으로	한국심리학회지, 사회	1994
	종교 정향에 다른 신앙심과 스트레스 상황의 신앙적 대처에 대한 연구	강남대학교논문집	1996

연구자	논문명	학술지	발표 년도
	신앙적 경험에 의한 종교 정향들 간의 상관성 연구, 요인 분석적 접근	강남대학교논문집	1998
	종교 정향 척도의 표준화를 위한 접근, 기독교인을 중심으로	강남대학교논문집	1999
	가톨릭 청년의 종교 정향, 영성, 신앙 태도 그리고 생활의 상호 관련성에 대한 연구	종교연구	2003
	수도권 지역 개신교인, 불교인, 천주교인의 종교적 내재성 비교	종교 교육학연구	2004
	종교인들의 심리적 안녕감에 대한 종교적 내재성 및 종교 정향의 상호작용 연구	종교연구	2005
	가톨릭 신자의 성격특성과 종교 행동을 통한 하나님의 이미지 분석	종교연구	2010
	Marcia의 청소년 자기 정체성 발달모형에 따른 가톨릭 청년의 종교적 자기 정체성과 종교성 관계 연구	종교 교육학연구	2011
한 내 창	Allport & Ross의 I/E 종교성 척도 평가	원불교학	1999
	종교성에 대한 경험적 논의	원불교사상	2001
	우리 문화에서 I/E 및 기타 종교성 척도	한국사회학	2001
	종교성이 정신건강에 미치는 영향에 관한 연구	한국사회학	2002
	종교가 청소년들의 종교적 편견에 미치는 영향	종교 교육학연구	2000
	우리 문화와 본질/비본질적 종교성	원광대학교논문집	2002
	노인들에게 있어서 종교와 삶의 질	종교연구	2002
	동서양 문명에서 종교성	종교연구	2004
	가정의 종교환경과 자녀의 종교성	종교연구	2005
	종교성과 종교적 배타성과의 관계	한국사회학	2010
제 석 봉	종교성향검사(ROS)의 개발과 종교적 성향이 적응 및 종교적 문제해결에 미치는 영향	종교연구	1995
	외재적-내재적 종교성향과 불안 및 부적응과의 관계	대구가톨릭대학교 논문집	1996

3) 종교성향 국내연구의 내용 분석

Allport와 Ross가 ROS를 개발한 이래 종교성향과 인간의 여러 가지

심리적 특성에 대한 경험적 연구가 본격적으로 연구되기 시작했다. 경험적인 종교심리학 연구에서 **Allport**의 내재적/외재적 종교성향만큼 큰 영향을 미친 주제는 없었다. 그런데 종교성향과 관련된 심리적 특징에 대한 국외연구는 주로 편견, 도그마티즘, 죽음에 대한 공포, 기타 다양한 측면에서의 성숙 등으로 구별해 볼 수 있지만 본 절에서는 연구자가 수집한 학위논문 및 학술지 논문의 연구결과에 대해 관련 변인을 중심으로 내용 분석을 시도하였다.

① 종교성향과 인생 목적

종교성향을 처음 연구주제로 삼은 이정화(1987)는 서울, 경기지역 대학생 428명을 대상으로 인생 목적(Purpose In Life)과 종교성향의 관련성을 조사한 결과, 내적 동기집단(I 유형의 PIL총점, 115점), 친종교집단(P-R유형의 PIL 총점, 102점), 외적 동기집단(E 유형의 PIL 총점, 89.95점) 순으로 종교성향과 인생 목적 간에 유의미한 차이가 있다는 연구결과를 밝혀냈다. 한재희(1992)는 서울, 경기지역 개신교 신자 520명을 대상으로 인생 목적과 종교성향의 관련성을 조사한 결과, 내재적 종교성향(PIL총점, 107.47점), 무분별한 친종교 성향(PIL총점, 105.68점), 무분별한 비종교적 성향(PIL총점, 95.70), 외재적 종교성향(92.23점) 순으로 종교성향과 인생 목적 간에 유의미한 차이가 있다는 연구결과를 보고하였다. 김진원(1995)은 서울, 경기, 강원 지역의 대학생 490명을 대상으로 인생 목적과 종교성향의 관련성을 조사한 결과, 내적 동기집단(I 유형의 PIL총점, 109점), 친종교집단(P-R유형의 PIL 총점, 99.97점), 외적 동기집단(E 유형의 PIL총점, 94점) 순으로 종교성향과 인생 목적 간에 유의미한 차이가 있다는 연구결과를 제시하였다. 뿐만 아니라 오승은(1994), 이대근(2004)의 연구에서도 인생 목적은 종교성향에 따라 차이 나는 결과를 보여주었다. 특히 인생 목적의 하위요인 가운데 인생 목적, 목표 달성, 생활 만족, 실존적 공허 요인이 주요하게 영향을 미치는 것으로 조사되었다.

이러한 연구는 Bollt(1975)의 연구에서 내재적 종교성향 학생집단(22명)의 인생 목적 점수가 평균 115.6점이었으며, 외재적 종교성향 학생집단(20명)의 인생 목적 점수가 평균 102.3점으로 통계적으로 유의미함을 입증한 결과와도 일치하였다.

② 종교성향과 자기개념 및 자기실현

김임화(1999)는 서울, 경기지역에 소재한 소년원 원생 297명을 대상으로 종교성향과 자기개념의 관련성을 연구한 결과, 내재적 종교성향은 도덕적 자기, 성격적 자기, 자기 수준과는 통계적으로 유의한 정적 상관을 나타냈으며, 외재적 종교성향은 사회적 자기, 도덕적 자기에서 유의한 정적 상관을 보고하였다. 이대근(2004)은 서울, 충남 지역 천주교 신자 429명을 대상으로 종교성향과 자기실현의 관계를 조사한 결과, 간이자기실현검사(SISA)에서 내재적 종교성향 집단(평균 41.94점)은 외재적 종교성향집단(평균 37.11점)보다 통계적으로 유의하게 높은 자기실현 수준을 보여주었다. 김수영(2004)은 서울, 경기지역의 고등학생과 성인 기독교인 504명을 대상으로 한 종교성향과 자기개념의 상관 연구에서 내재적 종교성향 집단(35명)과 외재적 종교성향 집단(92명) 간에 자기 존중감 변인에서는 통계적으로 유의미한 차이가 있었지만, 정서 안정성, 대인관계 능력, 문제해결 능력, 대인 신뢰감과 총 자기개념에서는 통계적으로 유의미한 차이가 나타나지 않았음을 보고하였다.

이러한 연구결과는 종교성향이 내재적 종교성향이 협력적 대처를 매개로 하여 자기 존중감에 영향을 준다는 지형기(2000)의 연구와 내재적인 종교성향의 사람이 자기 정체감 성취 수준과 높은 상관을 나타냈다는 박재연(1994)의 연구와 일치하였으며, 1987년 Bergine 등이 대학생을 대상으로 ROS와 테네시 자기개념 척도를 측정한 결과, 내재적 종교성향을 가진 사람이 긍정적 자기개념을 가지고 있다는 연구결과와 Pargament 등이 1979년 내재적 종교성향을 가진 사람이 자기 존중감과 자기 효율성에서 높은 점수를 나타냈다는 사실과 일치하였다.

③ 종교성향과 편견

종교성향 연구의 출발점은 종교성향에 따라 편견이 얼마나 심한가에 대한 Allport의 연구에서 비롯되었는데 미국의 기독교 중심의 문화적 배경과 우리나라의 다종교 문화는 상당한 차이가 있기에 우리나라에서는 편견에 관한 연구가 미국처럼 많이 나타나지는 않았다.

이와 관련해서 국내 종교성향연구의 초기에 신혜진(1992)은 서울지역 천주교 신자 중고생 655명과 주일학교 교사 199명을 대상으로 한 연구에서 학생과 교사 모두 내재적 종교성향, 친종교적 종교성향, 외재적 종교성향 순으로 편견이 높게 나타났으며 통계적으로 유의미하였다. 그리고 이승구(1993)는 제주도 지역 개신교 성인 416명을 대상으로 한 종교성향과 타 교파에 대한 배타성에 관한 연구에서 내재적 종교성향, 친종교적 종교성향, 외향적 종교성향, 반종교적 종교성향 순으로 타 교파에 대한 배타성이 높게 나타났다. 이러한 국내연구 결과는 종교성향 연구에 대한 메타분석 결과, 내재적 종교성향은 편견과 -.05,

외재적 종교성향은 편견과 .34의 정적 상관을 나타냈다는 Donahue(1985)의 연구와 일치하였다. 이처럼 종교성향에 따라 타 종교에 대한 이해와 관용에서 차이 난다는 연구는 향후 종교 간 대화 연구에 시사점을 던진다고 보인다.

그런데 한내창(2000)과 백준흠(2001)은 전북지역 중고생 827명을 대상으로 하여 종교가 청소년의 편견에 미치는 영향을 조사한 결과, 여타 종파보다 개신교 학생이 높은 종교적 편견을 가지고 있었으며, 본질적 종교성(내재적 종교성)이 오히려 편견에 유의미한 긍정적 순효과를 보였다고 밝혔다. 이런 연구는 본질적 종교성과 비본질적 종교성이 서구문화권 연구자들의 가정처럼 대립하는 배타적 차원(즉 부정적 상관관계)이 아니라 긍정적 상관관계라는 점을 보여준 것으로써 서구문화권에서 개발된 종교성향 척도를 기계적으로 우리 상황에 적용하는 것에 대한 부적절성을 제기하였다.

④ 종교성향과 생활만족도

종교성향과 생활만족도의 관계 연구에서는 연구의 특수성이 잘 나타나 있는 군대, 노인을 대상으로 한 연구를 분석하고자 한다. 먼저 전후방 3개 부대의 병사 281명을 대상으로 종교성향과 군 생활만족도를 연구한 박순관(2004)은 종교성향과 군대 생활만족도 사이에는 통계적으로 유의미하지는 않지만 내재적 종교성향보다 외재적 종교성향이 만족도와 상관관계가 더 높았다고 보고하였는데, 이 연구결과는 군인들의 직업윤리를 연구한 김종택(1997)이 내향적 종교성향의 집단이 직업윤리가 강하고 그 외의 종교성향의 집단에서는 별다른 차이가 없는 연구와 상반되는 결과를 보여주었다. 여기에는 의무복무라는 강제성을 띤 군대 문화의 특수성이 잘 나타나는 것으로 보이는데, 실제로 자기의 의지와 무관한 군대 생활에서 종교라는 수단을 통하여 스트레스에 대처하여 보다 만족스러운 군 생활을 하려는 성향이 강하게 작용한 것으로 추측할 수 있다. 그리고 대구지역 노인 267명을 대상으로 종교성향과 생활만족도를 조사한 최경숙(2006)은 내재적 종교성향을 가진 노인의 생활만족도(평균 17.88점)가 외재적 종교성향을 가진 노인의 생활만족도(평균 16.43점)보다 약간 높았으나 통계적으로 유의미한 차이를 보이지는 않았다고 보고하였으며, 박병권(1997)은 내재적이거나 친종교적인 노인의 생활만족도가 외재적이거나 반종교적인 노인의 생활만족도보다 상대적으로 높다고 밝혔다. 이처럼 노인을 대상으로 이루어진 종교성향과 생활만족도 연구는 노인을 위한 종교사회 복지적 측면에서 앞으로 추가적인 연구가 요구된다.

⑤ 종교성향과 불안 및 공포

Allport(1963)는 외재적인 종교성향을 가진 사람은 '신경증적 경향'과 '불안에 대한 방어'를 나타내지만, 내재적 종교성향을 가진 사람은 심리적으로 건강하다고 추정했다.

이에 대해 김승희(1993)는 557명의 성인 불교 신자를 대상으로 종교성향과 죽음에 대한 불안 태도를 연구하였는데, 종교성향이 내재적(227명)이거나 반종교적(27명)인 경우 죽음에 대한 불안 정도가 낮았으며, 외재적(27명)이거나 친종교적(276명)일 때 죽음의 불안 정도가 높았다고 밝혔다. 특히 내재적 종교성향을 가진 불교 신자들은 사후 불안, 임종 불안, 존재 정지 및 심리 불안에서 모두 낮게 나타났다. 제석봉과 추진규 (1996)는 서울, 부산, 대구의 천주교 및 개신교 신자 350명을 대상으로 한 종교성향과 불안(T-Anxiety)의 관계 연구에서 외재적 종교성향을 띤 사람은 T-Anxiety와 .34의 정적 상관을 맺고 있는 반면에, 내재적 종교 성향을 띤 사람은 T-Anxiety와 -.16의 부적인 상관관계를 맺고 있음으로 보고하였다. 이 연구는 종교성향 연구를 메타분석한 Donahue(1986)의 연구에서 외재적 종교성향과 공포는 .36의 정적 상관을, 내재적 종교성과 공포는 -.06의 부적 상관을 보여준 연구와 일치하였다.

⑥ 종교성향과 심리적 적응

종교성향과 심리적 적응에 대한 연구는 정신건강 측면에서 다양하게 접근이 가능하지만 본 연구에서는 연구대상의 특수성이 잘 나타나는 장애인과 북한 이탈주민, 실직자의 심리적 적응을 중심으로 살펴보고자 한다.

먼저 석말숙(2003)은 중도지체 장애인이며 기혼의 기독교인 112명을 대상으로 한 연구에서 종교적 동기 가운데 사회적 동기가 스트레스에 미치는 영향을 유의하지는 않지만 부적 관계를 보여주는데 이는 중도지체 장애인의 신앙생활을 하는 목적이 개인적인 정서적 안정을 취하든, 사회적인 친분과 역할획득을 지향하든 이러한 종교모임과 활동을 통하여 스트레스를 감소시키면 궁극적으로 심리적 적응에 기여함을 보고하였다. 그리고 최승주(2005)는 149명의 북한이탈주민을 대상으로 하여 종교성향과 우울 정도를 분석한 결과 내재적 종교성향과 외재적 종교성향 모두 우울과는 상관관계가 유의하지 않은 것으로 나타났다.

이러한 연구는 심각한 우울증과 내재적 종교성향이 부적 상관관계(-.06)를 보이고, 외재적 종교성향과는 정적 상관관계(.15)를 보인다는 한내창(2002)과는 다른 결과를 보여주었다. 그리고 박혜정(1999)은 IMF 이후 실직 기간이 16개월 미만이며 65세 미만의 실직자 총 425명을 대상으로 한 조사에서 종교성향이 실직 이후의 반응에 영향을 미치는 요인으로 나타났는데, 본질적(내재적) 종교성향이 강할수록 덜 우울감을 느끼며, 비본질적(외재적) 종교성향이 강할수록 우울감이 더 큰 것으로 보았으며, 경기전망에 대해서는 두 종교성향 모두 정적 성향을 보였고, 재취업에 대한 태도에 있어서는 본질적 종교성향만이 정적으로 유의한 영향력을 부여하는 것으로 나타났다. 이를 통해 종교성향의 차이와 그에 따른 심리적 결과가 관련됨을 볼 수 있었다. 한편 Pargament는 종교성향과 적응에 대한 선행연구를 종합하여 내재적인 종교성향을 가진 사람은 외재적인 종교성향을 가진 사람들보다 특성 불안이 낮고, 인간 본성을 긍정적으로 지각하며, Kohlberg의 도덕 발달 단계와 Fowler의 신앙 발달 단계에서 상위 단계에 도달한 사람이 많다고 주장하였다.

⑦ 종교성향과 귀인

일반적으로 사회적 사상이나 현상의 부적 결과에 대한 책임을 내적으로 귀인(attribution) 하느냐 혹은 외적으로 귀인 하느냐에 따라 책임 귀인이 달라지는데 신앙을 가진 사람의 경우 개인적 귀인에 영향을 크게 미치는 요인 중 하나가 종교적 경험과 종교적 태도이다.

이런 출발점에서 김동기(1991)는 서울과 수원시에 거주하는 개신교 신자(51명), 천주교 신자(52명), 개신교 신학대생(50명) 등 153명의 성인을 대상으로 종교성향에 따라 사회적 현상의 부적 결과에 대한 귀인 차이를 조사하였는데, 연구결과, 종교 경력이나 연령 등에서는 귀인의 차이가 나타나지 않았지만, 외재적 종교성향을 가진 사람은 사회적 현상의 부적 결과에 대해 외적(그들의 탓)으로 귀인 하며, 내재적 종교성향을 가진 사람은 내적(우리의 탓)으로 귀인 하는 성향이 있다고 해석하였다. 한편 최한권(2001)은 124명의 개신교 신자와 120명의 불교 신자, 81명의 천주교 신자를 대상으로 종교성향이 성공과 실패 귀인에 미치는 영향을 조사한 결과, 실패 귀인의 경우 아무런 상관성이 없는 것으로 조사되었으나, 성공 귀인의 경우 종교성향은 내적으로 귀인 하는 경향을 발견하였다.

⑧ 종교성향과 자기 분화

자기 분화란 정신 내적 및 대인 관계적 측면에서의 분화를 가리킨다. 정신 내적 측면에서의 분화란 정서(또는 본능적 충동)에서 사고가 분화된 정도를 가리키고, 대인 관계적 측면에서의 분화란 어린이가 부모로부터 분화 또는 독립되어 개성화된 정도를 가리킨다. Bowen의 이론에서 자기 분화가 성숙과 적응의 관건이 될 뿐만 아니라, 자기의 미분화가 모든 심리적 장애의 원천이 된다는 사실을 강조하고 있다.

심수명(1993)은 서울 경기지역 개신교 성인 신자 930명을 대상으로 자기 분화와 종교성향의 관계를 조사하였는데, 내재적 종교성향 집단(243명), 외재적 종교성향 집단(296명), 친종교적 종교성향 집단(170명), 비종교적 종교성향(221명) 사이에서 내재적 종교성향 집단이 가장 자기 분화 수준이 높게 나타났다. 아울러 내재적 종교성향은 자기 분화와 정적 상관(.15)인 반면, 외재적 종교성향과는 부적 상관(-.17)을 보고하였다. 그리고 제석봉(1996)은 자기 분화수준과 SCL-90-R 검사 결과를 통해 외재적 종교성향을 띤 사람이 SCL-90-R의 전체 하위척도에서 내재적 종교성향을 띤 사람보다 높게 나타남으로써 외재적 종교성향을 가진 사람이 내재적 종교성향을 가진 사람보다 역기능적 행동이 많다는 가설을 검증하였다. 김인아(2003)는 광주지역 개신교 신자(184명), 천주교 신자(123명), 불교 신자(85명), 유교 신자(5명)를 대상으로 한 연구에서 개신교 집단에서 가장 내재적 종교성향이 높게 나타났다고 보고하였으며, 개신교 어머니의 종교성향과 자기 분화 사이에는 유의한 차이를 발견하지 못하였다고 밝혔다.

4. 종교성향 척도(Religious Orientation Scale: ROS)

1) 종교성향검사

(1) 척도 소개

Allport와 Ross(1967)가 창안하고 제석봉, 이성배(1987)가 그리스도인의 종교성향을 확인하기 위하여 26개의 문항, 2 요인으로 구성된 척도를 개발하였다.

(2) 척도의 이론적 배경

종교가 인간의 성숙에 미치는 영향은 다룰 수 있다. Allport에 따르면 외재적 종교성향을 가진 사람은 개인의 목적을 위해 종교를 '이용(use)'한다. 외재적 가치는 도구적이고 실용적이다. 이러한 성향을 가진 사람은 안정감과 위로, 사교와 친목, 지위와 자기 합리화를 위해 종교 생활을 한다.

이에 반해 내재적 종교성향을 가진 사람은 종교에서 삶의 중심적인 동기를 발견한다. 이들은 자기가 신봉하는 교회를 내면화하고 이를 충실히 실현하려고 '생활화(live)'한다.

이러한 성향을 잴 수 있는 척도를 처음 개발한 사람은 Wilson(1960)이다. 그러나 그는 외재적인 경향만 측정하였다. 외재적 측면과 내재적 측면을 동시에 측정할 수 있는 도구를 개발한 사람은 Feagin(1964)이다. 그는 12개 문항 척도를 개발하였고, 이를 토대로 Allport와 Ross(1967)는 20개의 ROS를 개발하였다.

(3) 척도 개발과정

내재적 종교성향과 외재적 종교성향을 하위척도로 삼아 각 30개씩 총 60개의 사전문항을 제작하였다. 대학생 이상 그리스도교인(천주교, 개신교) 700명 대상으로 조사를 실시하였으며, 불성실한 응답지를 제외한 524명을 최종분석 대상으로 삼았다. 재검사신뢰도 조사를 위해 1주일 후 50명을 재검사하였다.

(4) 신뢰도

하위요인	내적 일치도 (Cronbach's α)	재검사 신뢰도	반분 신뢰도	SDS
외재적 종교성향	.75	.86	.73	-.29
내재적 종교성향	.91	.89	.90	.21

(5) 타당도

내용 타당도는 3인의 심리측정이론과 **Allport** 이론에 정통한 전문가에게 의뢰하였으며, 요인분석으로 구인타당도를 조사하였다. 준거 관련 타당도를 위해서 SCL-90-R과의 상관관계를 분석하였다.

(6) 채점방법

① 4점 Likert식 척도

② 하위요인별 문항은 다음과 같다.

하위요인	문항 수	문항 번호
내재적 종교성향	13	1, 2, 3, 5, 8, 9, 11, 13, 15, 17, 19, 21, 24
외재적 종교성향	13	4, 6, 7, 10, 12, 14, 16, 18, 20, 22, 23, 25, 26

(7) 해석방법

하위요인	의미
내재적 종교성향	종교에서 삶의 중심적인 동기를 발견하며, 자기가 신봉하는 교회를 내면화하고 이를 충실히 실현하려고 함
외재적 종교성향	안정감과 위로, 사교와 친목, 지위와 자기 합리화를 위해 종교 생활을 함

척도는 '전혀 그렇지 않을 때'에서 '거의 항상 그러할 때'까지 4점 리커트 형식으로 구성되어 있으며 이 척도에서의 높은 점수는 해당 요인별로 종교성향이 강하다는 의미를 지닌다.

(8) 척도의 출처

제석봉, 이성배(1995). 종교성향검사(ROS)의 개발과 종교적 성향이 적응 및 종교적 문제해결에 미치는 영향, **종교연구** 11, 245~280.

(9) 이론적 배경에 대한 참고문헌

Allport, G.W. Ross, J. M.(1967). "Personal religious orientation and prejudice", *Journal of Personality and Social Psychology* 5, 432~44.

Batson, C. D., Ventis, W. L.(1982). *The Religious Experience, A Social-Psychological Perspective*, N.Y.: Oxford Press.

Feagin, J. R.(1964). "Prejudice and religious types, A focused study of southern fundamentalists", *Journal for the Scientific Study of Religion* 4. 3~13.

Goursch, R. L., Venable, G. D.(1983), "Development of an Age-universal I-E scale", *Journal for the Scientific Study of Religion* 22, 181~187.

Hunt, R. A., King, M.(1971). "The intrinsic and extrinsic concepts", *Journal for the Scientific Study of Religion* 10. 339~356.

(10) 종교성향검사 문항

번호	문항	전혀 그렇지 않을 때	거의 그렇지 않을 때	가끔 그러할 때	거의 항상 그러할 때
1	나는 친구를 만나는 것이 좋아서 교회(성당)에 간다.	1	2	3	4
2	내가 도덕적이기만 하면 되지 무엇을 믿든 그리 문제가 되지 않는다.	1	2	3	4
3	내가 기도하는 이유는 주로 위로와 보호를 얻기 위해서이다.	1	2	3	4
4	나는 나의 모든 생활을 내 종교적 신념에 따라 살려고 노력한다.	1	2	3	4

번호	문항	전혀 그렇지 않을 때	거의 그렇지 않을 때	가끔 그러할 때	거의 항상 그러할 때
5	내가 종교를 가지고 있는 것은 무엇보다 슬픔과 불행이 닥쳤을 때 위로가 되기 때문이다.	1	2	3	4
6	나는 종교가 삶의 의미에 대한 해답을 주기 때문에 중요하게 여긴다.	1	2	3	4
7	나의 일상생활에는 종교적 믿음이나 신념이 깔려있다.	1	2	3	4
8	내가 교회(성당)에 가는 것은 친구들과 시간을 보낼 수 있기 때문이다.	1	2	3	4
9	내가 교회(성당)에 나가는 주된 이유는 많은 사람들을 사귈 수 있기 때문이다.	1	2	3	4
10	나는 살면서 겪게 되는 문제들을 신앙인의 관점에서 보려고 한다.	1	2	3	4
11	나는 종교를 가지고는 있지만 인생에는 이보다 더 중요한 것도 많이 있다고 생각한다.	1	2	3	4
12	나는 일상생활 속에서도 성서나 교회의 가르침을 실현하려고 한다.	1	2	3	4
13	교회(성당)에 나가는 중요한 이유는 나가지 않을 때 편하지 않거나 마음이 찜찜하기 때문이다.	1	2	3	4
14	나는 기도드릴 때 주님께서 베풀어주신 은혜에 감사드리는 일이 많다.	1	2	3	4
15	교회(성당)에 가 있을 때에는 신앙인이란 느낌이 들어도 그 외에는 일반 사람과 아무 차이를 느끼지 못한다.	1	2	3	4
16	나는 주님께 신뢰감을 느낀다.	1	2	3	4
17	종교가 현실 생활에 방해가 된다고 여겨질 때도 있다.	1	2	3	4
18	내가 종교를 가진 이유는 종교가 진정한 삶의 방향을 제시하기 때문이다.	1	2	3	4
19	내가 종교를 가진 이유는 없는 것보다 낫다고 생각하기 때문이다.	1	2	3	4
20	나는 성서나 교회의 진정한 가르침을 현재의 생활에 실천하려고 한다.	1	2	3	4
21	내가 교회(성당)에 나가는 것은 주로 습관 때문이다.	1	2	3	4
22	고통이나 위험이 따르더라도 진리라고 생각하면 이를 실천하려고 한다.	1	2	3	4

번호	문항	전혀 그렇지 않을 때	거의 그렇지 않을 때	가끔 그러할 때	거의 항상 그러할 때
23	나는 일상생활 속에서도 이웃에게 사랑을 베풀려고 애쓴다.	1	2	3	4
24	교회(성당)에 나가지 않으면 불행이나 벌을 받지 않을까 하는 걱정이 인다.	1	2	3	4
25	일상생활 속에서도 어떻게 사는 것이 주님의 뜻일까 하고 생각한다.	1	2	3	4
26	나는 신앙인으로서 성장을 항상 추구한다.	1	2	3	4

2) 한국판 내재적-외현적 종교성향 척도

(1) 척도 소개

Allport와 Ross(1967)가 창안하고, 최영민, 김영미, 이정호, 이기철(2002)은 기독인의 종교성향을 확인하기 위하여 26개의 문항, 2 요인으로 구성된 척도를 개발하였다.

(2) 척도 개발과정

외국에서 내재적-외향적 종교성향으로 가장 널리 사용되고 있는 Allport와 Ross의 IE 척도 20문항, Feagin의 E 척도 21문항, Hoge의 I 척도 30문항, Gorsuch와 McPherson의 IE 척도 14문항을 수집하여 총 85문항을 기반으로 유사문항을 제외한 후 43문항의 사전문항을 제작하였다.

사전문항은 기독교 목회자 2인과 장로 1인, 평신도 3인에게 문항검토를 실시하여 26개 문항을 선정하였는데, 문항의 번역은 영어에 능통한 심리학자와 의논하였으며, 문항의 의미가 명확하게 전달되는지 이해도를 검토하기 위하여 평신도 4인에게 의뢰한 결과, 의미 왜곡이 크게 나타나지 않았다.

연구대상은 범교파적 종교모임에 참석한 기독교인 230명을 대상으로 조사를 실시하였으며, 불성실한 응답자를 제외한 209명을 최종분석 대상으로 삼았으며, 6주 후 재검사를 실시하였다.

(3) 신뢰도

전체문항의 신뢰도 범위는 .61에서 .67 사이에 분포하여 중등도의 문항 변별도를 보였으며, 내재적 종교성향의 내적 일관성 신뢰도는 .87, 외현적 종교성향의 내적 일관성 신뢰도는 .65였으며, 전체문항의 내적 일관성 신뢰도는 .65였다. 검사-재검사 신뢰도를 위해 집단 내 상관계수를 알아본 결과, 집단 내 상관계수는 .07에서 .71까지 분포하였다.

(4) 타당도

내용 타당도는 기독교 목회자 2인과 장로 1인, 평신도 3인에게 전문가에게 의뢰하였으며, 요인분석으로 구인타당도를 조사하였다. 준거 관련 타당도를 위해서 영적 안녕, 우울, 불안과의 상관관계를 분석하였다.

(5) 채점방법

① 5점 Likert식 척도
② 하위요인별 문항은 다음과 같다.

하위요인	문항 수	문항 번호
내재적 종교성향	16	1, 2, 3, 4, 7, 8, (9), 10, 13, 16, 17, (20), 21, 23, 24, 26
외현적 종교성향	10	5, 6, 11, 12, 14, 15, 18, 19, 22, 25

* ( ) 역 채점

(6) 해석방법

하위요인	의미
내재적 종교성향	성숙하고 건강한 종교성
외현적 종교성향	미숙하고 건강하지 못한 종교성

척도는 '확실히 그렇지 않다'에서 '확실히 그렇다'까지 5점 리커트 형식으로 구성되어 있으며 이 척도에서의 높은 점수는 해당 요인별로 종교성향이 강하다는 의미를 지닌다.

(7) 척도의 출처

최영민, 김영미, 이정호, 이기철(2002). 한국판 내재적-외현적 종교 성향 척도의 개발 및 표준화 예비연구, **신경정신의학 41(6)**. 1197~ 1208.

(8) 한국판 내재적-외현적 종교성향 척도 문항

번호	문항	확실히 그렇지 않다	그렇지 않다	잘 모르 겠다	그렇다	확실히 그렇다
1	불가피한 사정이 없는 한 주일예배에 참석 한다.	1	2	3	4	5
2	나는 종교가 나의 모든 생활에 영향을 미치 게 하려고 노력한다.	1	2	3	4	5

번호	문항	확실히 그렇지 않다	그렇지 않다	잘 모르겠다	그렇다	확실히 그렇다
3	나는 자주 하나님의 실재함을 느낀다.	1	2	3	4	5
4	나의 신앙을 위해 종교와 관련된 서적을 읽는다.	1	2	3	4	5
5	기도의 일차적인 목적은 고통을 줄이고 보호를 얻기 위함이다.	1	2	3	4	5
6	교회는 좋은 사회적 관계를 형성하기에는 아주 중요한 장소이다.	1	2	3	4	5
7	나의 종교적 신념이 내 삶의 태도를 이루는 실제적인 기본이 된다.	1	2	3	4	5
8	나의 종교적 신념이 내 삶의 태도를 이루는 실제적인 기본이 된다.	1	2	3	4	5
9	도덕적인 삶을 살아간다면, 내가 무엇을 믿는가 하는 것은 중요하지 않다.	1	2	3	4	5
10	만약 교회 모임에 참가한다면, 사회적 교제를 나누는 친목 단체보다는 성경공부 모임에 먼저 가입하고 싶다.	1	2	3	4	5
11	종교에 대해 관심을 가지는 일차적인 이유는 교회에서 마음에 맞는 활동을 할 수 있기 때문이다.	1	2	3	4	5
12	주로 기도를 하도록 교육을 받았기 때문에 관습적으로 기도를 한다.	1	2	3	4	5
13	나는 기독교 신앙을 갖고 있지만, 일상생활에는 종교가 반영되지 않는 편이다.	1	2	3	4	5
14	종교의 가장 중요한 역할은 슬프거나 불행한 일이 닥쳐올 때 위안을 주는 것이다.	1	2	3	4	5
15	종교가 내 삶의 균형과 안정을 유지할 수 있도록 도와주는 방식은, 친구 관계나 사회관계가 내 삶의 균형과 안정을 유지할 수 있도록 도와주는 방식과 똑같다.	1	2	3	4	5
16	종교적인 사고나 명상을 위해서 개인적인 시간을 내는 것이 중요하다.	1	2	3	4	5
17	비기독교인들에게 나의 신앙을 설명할 기회를 갖게 된다면, 그렇게 하겠다.	1	2	3	4	5
18	내가 기도하는 목적은 행복하고 평안한 삶을 이루기 위한 것이다.	1	2	3	4	5

번호	문항	확실히 그렇지 않다	그렇지 않다	잘 모르 겠다	그렇다	확실히 그렇다
19	내가 종교집단에 참여하는 이유는, 신앙공동 체의 일원이 되게 해주기 때문이다.	1	2	3	4	5
20	비록 종교를 믿을지라도 나의 삶에는 종교 보다 더 중요한 것이 많이 있다고 생각한다.	1	2	3	4	5
21	기도가 내가 다른 사람들과 교제나 거래하 는 데 영향을 미친다.	1	2	3	4	5
22	내가 교회를 가는 주된 이유는 교회에서 아 는 사람들과 지내는 것이 좋기 때문이다.	1	2	3	4	5
23	나의 신앙이 때때로 나의 행동을 제한할 때 가 있다.	1	2	3	4	5
24	중요한 결정을 내릴 때마다 사람들은 하나 님의 인도함을 구해야만 한다.	1	2	3	4	5
25	친구를 사귀는 데 도움이 되기 때문에 나는 교회를 간다.	1	2	3	4	5
26	최선을 다해서 하나님을 섬기는 것보다 나 에게 더 중요한 것은 없다.	1	2	3	4	5

3) Quest 척도

(1) 척도 소개

Batson과 Schonerade(1991)가 창안하고 강계남(2004)이 기독교 대학생의 종교성향을 확인하기 위해 개발한 척도로 총 8개의 문항, 단일 요인으 로 구성되었다.

(2) 척도의 이론적 배경

Batson과 Ventis(1982)는 ROS에서는 융통성 있는 성숙한 성향을 측정 할 수 있는 측면이 결여되어 있다고 비판하고, "개인이 인생의 모순과 비극에서 제기되는 실존적 물음에 대한 개방적이고 반응적인 대화의 정도"를 반영하여 성숙한 종교적 성향을 잴 수 있는 '탐구(Quest)'라는 하위척도를 추가하여 '종교 생활 질문지(Religious Life Inventory)'를 개발하였다. '탐구'라고 명명된 제3의 종교적 성향은 덜 독단주의적이며, 덜 편파적이고, 내적인 성향보다 타인의 필요에 더 적극적으로 대처하는 성향이다(Donahue, 1985).

Batson과 Ventis(1982)에 의해 개발된 '탐구(Q)' 척도는 6문항을 포함하고 있으며, 한 측면에 2개 문항씩 포함하는 3개의 측면을 측정한다. 첫째 측면은 복잡성을 유지하면서 실존적 질문들에 직면하는 준비성이고, 둘째는 긍정적인 면에서의 종교적 의심과 자아비판과 지각에 관한 것이며, 마지막으로 변화에 대한 개방성에 관한 것이다.

(3) 척도 개발과정

Batson과 Ventis(1982)가 개발한 '탐구' 척도의 신뢰도 계수가 낮은 점에 출발하여 Batson과 Schonerade(1991)는 기존의 6문항에서 12문항의 척도를 개발하였다. 이 척도를 기초로 한국판 '탐구' 척도를 타당화하고자 강계남(2004)은 기독교계 대학생 161명, 천주교 14명, 불교 9명, 기타 4명, 무교 35명으로 총 221명을 대상으로 연구를 수행하였다.

(4) 신뢰도

요인	내적 일치도 (Cronbach's α)
Q	.84

(5) 타당도

척도의 수렴 타당도를 입증하기 위하여 영적 안녕 척도(SWI), 영적 성숙 척도(SMI), 신앙 성숙 척도(FMS), 영성 경험 척도(SEI)를 활용하였으며, 척도의 변별타당도를 입증하기 위하여 영적 안녕 척도의 하위척도인 실존적 안녕 척도(EWB)와의 상관관계를 분석하였다.

(6) 채점방법

① 6점 Likert식 척도

(7) 해석방법

요인	의미
Q	삶의 모순과 비극에 의해 제기된 실존적인 질문에 열린 자세로 반응하는 대화를 포함하는 정도

점수가 높을수록 질문에 열린 자세로 반응하는 경향이 높음을 나타낸다.

(8) 척도의 출처

강계남(2004). 한국어판 Quest 척도 타당도 검증, **기독교 교육정보** 8, 293~316.

(9) 이론적 배경에 대한 참고문헌

Batson, C. D., Schoernade P. A.(1991). Measuring Religion as Quest, *Journal for the Scientific Study of Religion* 30(4). 430~447.

Batson, C. D., Ventis, W. L.(1982). *The Religious Experience, A Social-Psychological Perspective*, N.Y: Oxford Press.

Donahue M. J.,(1985). Intrinsic and Extrinsic Religiousness Review and Meta-analysis, *Journal of Personality and Social Psychology* 48(2). 400~419.

(10) '탐구(Q)' 척도 문항

번호	문항	전혀 아니다	대체로 아니다	별로 아니다.	조금 그렇다	대체로 그렇다	매우 그렇다.
1	나의 주변 환경에서 긴장감을 느낄수록 종교적 질문을 하게 된다.	1	2	3	4	5	6
2	나의 삶의 경험은 내가 가진 종교적 신념에 대해서 다시 생각하게 만들었다.	1	2	3	4	5	6
3	나의 믿음 생활에서 의심과 불확실성을 경험하는 것은 의미 있는 일이다.	1	2	3	4	5	6
4	나의 경우, 의심은 종교적인 사람이 되는 데 중요한 역할을 한다.	1	2	3	4	5	6
5	어떤 주어진 답을 듣는 것보다 질문을 갖는 것은 신앙 경험에 더욱 중요하다.	1	2	3	4	5	6
6	내가 성장하고 변하면서, 나의 종교도 성장하고 변화되기를 기대한다.	1	2	3	4	5	6
7	나의 종교적 믿음에 대해 끊임없이 질문을 던진다.	1	2	3	4	5	6
8	나의 견해를 변화시키고 있는 종교적 논쟁거리가 많이 있다.	1	2	3	4	5	6

제 4 장

영성

1999년 WHO(세계보건기구)는 건강(health)이란 질병이 없는 상태가 아니라 신체적, 심리적, 사회적 및 영적 안녕(well-being) 상태로 개념을 재정립하였다. 이는 인간의 삶에 영성의 중요성을 강조한 것이다 또한, 1992년 미국심리학회 윤리강령에서도 종교 변인을 중요한 개인차 변인으로 포함했을 정도로 종교성 영역에 영성은 큰 비중을 차지한다.

이처럼 인간을 단순히 생리적 존재로 보는 것이 아니라 신체적, 심리적, 사회문화적, 영적으로 통합된 다차원적인 존재로 본다면, 영성 개념을 적용한 연구와 영성을 확인하는 측정연구는 인간 삶의 질 향상뿐 아니라 종교심리학의 발전에도 기여할 것이다.

이를 위하여 본 장에서는 그리스도교 영성의 개념과 영적 안녕을 살펴보고, 영성측정 관련 척도를 구체적으로 제시한다.

1. 그리스도교 영성

그리스도교 영성 개념의 이해를 돕기 위해서 먼저 일반적으로 다른 종교에서 사용하는 영과 그리스도교의 영의 차이점을 살펴보아야 한다(장유근, 1991). 구약성경에 표기된 루아흐(rûah)는 호흡으로 생명의 표시이며, 본질이란 뜻이고, 신약 성경에 기록된 프뉴마(pneuma)는 바람, 호흡, 생명을 뜻한다. 또한 바울 서신에서 "우리가 세상의 영을 받지 아니하고 오직 하나님께로 온 영을 받았으니"(고전 2:12) 하는 말씀과 "누구든지 그리스도의 영이 없으면 그리스도의 사람이 아니라"(롬 8:9)라는 말씀에서 보면 하나님의 영은 세상의 영과 구별되며, 그리스도교의 영은 일반적인 영과 다른 것으로, 그리스도의 영은 그리스도인의 생명과 성장의 본질이 되며, 성령은 우리를 인(印)침으로 그리스도인임을 확증하는(요 1:33, 6:27, 엡 1:13) 관계에서 나타난 것처럼 그리스도교의 영은 하나님의 영 즉 성령을 의미한다.

그리스도교 영성에 대한 정의는 관점에 따라 다양하게 표현된다. K. Rahner는 "영성이란 인간이 창조 때부터 창조주 하나님으로부터 지음 받은 초자연적인 생명이며, 세례로 말미암아 죽었던 속사람의 생명이 다시 소생하여 살아난 은총의 생명으로 성체성사를 통하여 끊임없이 성장, 성숙하는 실제적인 초자연적 불멸적 생명이다"라고 하였다(정대식, 1983).

1984년 12월 WCC에서는 그리스도교 영성에 대한 논문을 요약하여, ① 영성의 주도권과 근원은 하나님의 성령으로 하나님이 선취권을 가지고 있다. ② 영성은 공동체 속에 있다. ③ 영성이란 형성의 과정이요, 제자화의 과정이다. 또한 영성은 삶의 추구요, 우리가 영향을 받는 활동과 성찰의 역동적 관계에 의해서 형성된다. ④ 영성은 충만한 기쁨이요 소망이다. 왜냐하면 영성은 성육신, 십자가의 수난 부활의 방법을 따르기 때문이라고 밝혔다.

학자들 간에 약간의 차이가 있지만 그리스도교 영성이 포괄해야 하는 5가지의 요소가 있다(오삼열, 1992).

① 그리스도교 영성은 본질적인 용어에서 보다 관계적인 용어로 설명할 수 있다.

② 그리스도교 영성은 하나님과의 인격적 관계에 기초한다.

③ 그리스도교 영성은 하나님과의 만남을 통해 초월적인 체험과 새로운 의식을 얻는다.

④ 하나님과의 체험의 실체는 역사적인 삶의 상황 속에서 공급받는다.

⑤ 그리스도교 영성은 하나님과의 관계의 체험을 통하여 얻는 새로운 힘을 사용하여 주체적인 참여의 삶을 결단한다. 그러므로 그리스도교 영성은 무엇보다 성령 안에서 예수 그리스도와의 만남의 삶을 의미한다. Cunningham과 Egan(1996)은 현대 그리스도교 영성의 특징을 다음과 같이 기술하고 있다.

첫째, 현대의 진정한 그리스도교 영성은 전체론적(holistic) 견해를 취하고 있기 때문에 인간의 몸과 영혼, 영성적인 측면과 인간적인 측면을 분리하는 이원론적 입장을 배격하고 있다. 현대의 그리스도교 영성은 영성 생활이 오로지 "초월적" 또는 "내면적" 세계에만 관심을 두고 있다는 사상을 배격한다. 이원론적 입장에서는 우정, 성, 건강, 가족 간의 유대 등 건강한 삶의 본질적인 측면들을 그리스도인의 삶에 통합시킬 수 없다. 특정 영성이 인간으로서의 발달에 얼마나 기여하는가를 보면 얼마나 전체론적 입장을 띠고 있는가를 판단할 수 있다. 그리스도교 영성의 역사에서 영성 생활에 대한 일부의 특정 접근 방법은 인간의 성장과 성숙을 저해하는 경우도 없지 않았다. 그러나 그리스도교 전통에서 성 프란체스코나 아빌라의 성녀 데레사 등 영성의 대가들은 그리스도교 영성이 인간성을 파괴하는 것이 아니라 완성하는 것이라는 사실을 강조하였다.

둘째, 현대 그리스도교 영성은 개인주의적인 '영혼의 배려'에만 골몰하지 않는다. 그리스도의 사도가 되는 길은 공동체를 통해서이다. 영성의 길이 '한 분이신 그 분과 홀로(*Solus cum solo*)' 걷는 길이라는 과거의 금언은 현대에 와서 적절한 방법이 될 수 없다. 현대의 영성가들은 예수 그리스도의 제자가 된다는 것은 우리가 몸담은 공동체뿐만 아니라 인류 전체에게로 관심을 돌려야 한다는 사실도 강조하고 있다. 사도 바오로의 말과 같이 하나님과 이웃에 대한 사랑이 "가장 좋은 길"(고전 13:1)이다.

셋째, 그리스도교 영성은 초월성과 내재성 간에 적절한 균형이 이루어져야 한다. 초월적인 세계에만 관심을 기울이다 보면 인간 세상으로부터 도피하고, 영성을 하나님과의 관계에만 제한시키고, 공동체를 무시하고 자기 개인에게만 골몰케 할 오류에 빠지게 된다. 그렇다고 해서 그리스도 안에 계시된 하나님의 궁극적 실재를 무시하고 이 세상에서의 삶에만 관심을 기울인다면 진정한 영성의 길에서 벗어나게 된다. 왜냐하면 그리스도교 영성이란 어디까지나 그리스도 안에서 그리스도에 의해 형성되는 과정(process of formation)으로서 그 이니시어티브는 그리스도가 쥐고 있고, 그 목적은 그리스도인으로서의 성숙에 있기 때문이다. 따라서 그리스도교의 진정한 영성은 초월성과 내재성 양 세계에 대한 관심에 적절한 균형을 유지할 수 있어야 한다.

넷째, 진정한 그리스도교 영성은 식별(discernment)을 필요로 한다. 식별이란 무엇이 이롭고 무엇이 해로운지, 무엇이 가치 있고 무엇이 덧없는 것인지 깨닫고 판단케 하는 영성적 비판능력을 말한다. 이러한 판단은 전적으로 개인의 경험에만 의존할 수는 없다. 올바른 식별을 하기 위해서는 개인의 경험뿐만 아니라 양심, 교회의 건전한 가르침, 보다 상위 공동체의 도움, 과거 영성 대가들의 전통의 도움이 필요하다. 건전한 영성은 건전한 신학을 토대로 한다.

결국 영성적인 건강한 삶이란 우리 자신의 부패한 삶의 방법과 수단으로 삼는 신앙생활이 아니라 우리로 하여금 예수 그리스도를 닮는 삶을 살게 하려는 것이다(엡 4:13). 그렇다면 주님을 닮는 영성을 갖추기 위해서는 어떤 영성을 형성하고 발전하여야 하는지 살펴보면,

첫째, 영적 영성(spiritual spirituality), 영적으로 예수를 구세주로 모셔 들일 때 영은 죽음의 무덤을 헤치고 성령의 밝은 빛으로 살아난다. 인간이 영적으로 자기 존재를 발견하고 인식하는 과정을 거쳐서 성숙할 때 하나님과의 바른 교제가 이루어지고 전지전능하신 하나님의 손길을 체험할 수가 있다. 영적 영성이 이루어지지 않으면 그 영은 죽어 있기 때문에 아무것도 이룰 수가 없다.

둘째, 혼적인 영성(spirituality of soul), 혼적인 영성이 잘 이루어지지 않으면 삶에 실패할 뿐만 아니라 신앙생활도 실패할 것이다. 영이 어두우면 그 혼도 어두우므로 마음 역시 어둡고 평안치 않을 것이다. "자기의 마음을 잘 다스리는 자가 성을 빼앗는 자보다 낫다"(잠 16:32).

셋째, 도덕적 생활의 영성(spirituality of ethical life), 영적 영성이 갖추어지면 그 영혼이 밝아지면서 도덕적으로는 물론 생활적으로도 강건하고 풍요로운 삶을 살게 될 것이다. 사람은 태어나면서부터 육신적으로 길드므로 대부분 사람들이 자기 자신의 지혜나 수단과 방법에 의존하여 살려고 한다. 그러나 올바른 삶의 영성이 갖추어지면 이 모든 생사회

복이 하나님 안에 달려 있다는 것을 알고 내가 나의 주인이 아니라는 사실을 알게 된다. 그때부터 모든 생활을 하나님께 맡기며 살아가게 되므로 스스로 도덕적 영성이 정착할 뿐만 아니라 삶의 복도 이때부터 시작된다고 할 수 있다.

넷째, 육적 영성(spirituality of flesh), 사람의 육체는 근원적으로 본능적이요 세상적이요 정욕적이요 마귀적이다(약 3:15). 이러한 육체에 성령의 능력과 권능의 옷을 입혀 주시면 신령한 사람으로서 하나님이 주신 능력의 은사로 은혜의 삶을 영위할 수 있을 것이다. 육적 영성이란 하나님께서 우리에게 주신 능력이 현실적으로 나타나는 것이라 할 수 있다.

2. 영적 안녕

Cully(1984)는 영성이 모든 사람에게 똑같은 형태로 이루어질 수 없으며 성장과 관계가 있음을 지적하면서 "하나님과 함께하는 생활은 다른 모든 관계에서 있어서와 같이 양육되는 것으로 하나님께서 이 생활을 시작하시는 분이지만 인간의 반응이 필요하다."라고 하였다. 예수 그리스도 안에서 구체화한 하나님의 형상을 본받는 생활에서 성령의 역사를 전적으로 인정하면서, 인간들은 자신의 영적 삶을 성장시켜가고 영적으로 나약한 사람을 도와야 할 책임이 있음에 대하여 전통적 신학자들은 글의 의견에 일치하고 있다.

전통적인 신학의 입장은 영적 성장을 "칭의에 근거한 성화"의 과정으로 보아 경건 훈련에 의한 내면적 영성에 기초한 외적인 영적 사람의 총체로써 이해한다. 자기 자신만을 위한, 자신의 욕구와 의욕을 억제하는 경건의 훈련(벧후 1:4-11)은 성화의 방편이며, 성화는 그리스도인의 성장 동인(agent)인 성령에 의한 신인 협동의 회심 과정으로 옛 습관을 버리고 새로운 피조물이 되는 실제상의 변화로 그리스도를 닮아 가는 과정을 의미한다. 이러한 영적 성장에 대한 이해는 신학적 입장에 따라 조금씩 차이 난다.

첫째, 루터와 칼빈의 전통에 있는 개혁주의 신학은 영적 성장을 오직 영원 속에서나 성취될 그리스도교적 완전을 향한 일생 동안 지속하는 과정으로 보아 불완전한 형태로 정의하고, 경건을 성장을 위한 기본적 태도로 보며, 플라톤의 이원론적 구조(물질적인 것과 비물질적인 것, 육체와 영혼, 불완전함 과 순수함 등) 안에서 출발한 성숙을 향한 진보일 뿐 완전한 거룩함에 들어가지 못한다는 견해이다.

둘째, 웨슬레주의 신학은 현실적이며 실제적인 거룩함의 추구로 인간적 노력에 의해 하나님을 아는 지식과 완전한 사랑으로 계속 성장하여 성숙하므로 전적인 성화를 이룰 수 있다고 주장한다.

셋째, 세대주의 신학에서는 성령 안에서 회심하고 새로운 본성 가운데 살아가는 영적인 사람은 영성과 비영성 사이를 옮겨 다니는 체험 속에 육적인 길보다는 영적인 길에서 더 많이 살아감으로써 성숙한 그리스도인으로 성장해 간다고 주장한다.

영적 성장을 위한 교육에 있어서 영성과 영적 성장에 대한 전통적인 견해와 신학적 입장의 견해에서 볼 때, 영성의 정의에 대해 일치한 것은 없으나, 영성에 대해 일치한 것은 영성을 예수께서 세상에 와서 하나님과 연합한 삶을 사신 생활의 제 측면을 해석하는 관점에서 파악하며, 영적 삶의 계속적 유지를 위한 영성 개발에 성령 사역이 관여한다는 사실이다. 영적 성장에 있어서 하나님과 인간의 역할이 있음을 <표 4-1>을 통하여 설명하였다(지상우, 1989).

<표 4-1>에 기록된 열매, 성장, 성숙, 성화, 거룩, 사랑 등은 영성 자체와는 다르나 영성 이해를 돕기 위한 영적 표상들로, 강조하는 핵심이 서로 다르며 신적 근원과 인간의 책임에 있어서 조금 차이 남을 알 수 있다.

영적 성장이란 영적 삶을 향한 영성화라고 표현할 수 있다. 그리스도의 성육신의 모범을 자신의 생활에 실천하므로 이루어지는 내면적 성숙에서 영성화는 시작되며, 외면적 행동으로 표현되는 영적 삶의 모습에서 구체화된다. 이렇게 구체화된 상태를 계속 유지하므로 영적 성장이 이루어진다.

자신을 영성화할 때에 다른 사람의 약한 영성이 강하게 되도록 도와주는 온전한 삶을 살 수 있으며, 이러한 삶은 예수와 친밀한 관계에서 하나님께 순종하므로 사랑과 기쁨, 평안과 인내 등 풍성한 성령의 열매(갈 5:22-23)를 맺는 삶이 된다. 성령의 열매는 그리스도 안에서 우리 자신의 내적 생활을 유지하고, 타인과의 관계를 유지할 수 있는 자질이다.

<표 4-1> 영적 안녕에 있어서 신적 근원과 인간의 역할

이미지	핵심 또는 강조점	신적 근원	인간의 책임
열매	의로운 성품과 행동	예수와 성령과의 관계	순종
성장	과정, 개발	하나님	말씀, 신자들의 공동체
성숙	목표, 성취		말씀 적용, 시련 중의 인내, 공동체와의 연합
성화	과정	성령	
거룩	역동적이며 내적인 선	성령	선하고 사랑이 넘치는 생활
사랑	핵심적 자질	하나님	사랑의 삶을 사는 것

3. 그리스도교 영성과 성숙의 관계

인간의 성장과 성숙에 대한 이론은 심리학자들에 따라 다르지만 대체로 기본 욕구의 충족, 타고난 능력과 가능성의 실현, 자주성과 독립성의 발달을 통해 이루어진다. Fromm이 말한 권위주의적 종교에서와 같이 인간으로 하여금 맹목적인 순종과 의존을 요구하고, 현세에서의 삶을 무시하고 오로지 자기 부정, 자기희생, 자기 포기만을 요구한다면 이러한 영성은 분명히 인간의 성장과 성숙을 저해할 수 있다. 그러나 앞에서 살펴보았듯이 영적 성장에 대한 이해를 바탕에 둔다면 영성은 인간의 성숙을 촉진하는 중요한 요인이 될 수 있다. 즉 심리적인 성숙은 영성발달을 촉진하고, 영성의 발달 또한 심리적인 성장과 성숙을 촉진할 수 있다.

현대 심리학에서 정신건강과 연관하여 영성에 대한 관심은 최근에 시작된 것이 아니다. Westgate(1996)는 심리학과 영성이라는 주제에 대하여 다음과 같은 고찰을 하였다. 영성은 환상일 뿐이고 오히려 현실 직면을 방해한다고 믿었던 Freud와 달리 Jung은 내적 초월 경험 없이 세상의 감언들(blandishments of the world)을 견디어 낼 자원이 없다고 하였다. Jung은 지적, 도덕적 통찰만으로는 불충분하고 35세가 넘는 내담자들의 진짜 문제는 영성적 조망을 추구하는 것이라고 하였다. Allport도 "개인이 우주와 협의(treaty)를 맺지 않고 통정을 얻을 수 있을까?"라고 질문하였다. Maslow의 초월적 자기실현은 영성적 의미를 지닌다. 진선미와 통합에 대한 감상, 생명의 신성함에 대한 인식을 포함한다.

인간 성장과 자기실현에서 영성의 긍정적 역할뿐만 아니라 영성적 조망이 없을 때 정신건강에 미치는 영향도 질문해 볼 수 있다. Frankle

은 현대의 주요 실존적 신경증은 존재적 진공이라고 명명되는 무의미라고 하였고, Rollo May도 사회가 상징, 신화, 가치와의 연결이 끊어지면서 심리치료의 필요가 증가한다고 보았다. 인본주의 심리학자가 아닌 Seligman도 무력감, 절망이 증가하는 현상과 우리 시대의 자기애, 자기중심성과 연결 지었다.

여기서 영성과 종교, 영적 안녕의 의미를 살펴보기로 한다. 1989년 미국상담협회에서 상담전문가들은 우리 사회의 모든 개인들을 위해 최상의 건강과 안녕을 위한 대변자가 되어야 한다는 결의를 하였다. 이후 안녕(wellness)에 대한 논문이 자주 등장하고 관심이 많이 표현되고 있다. 여기서 안녕은 Gage에 의하면 신체-마음-영성을 포함하여 인간의 최대 가능성을 추구하고 성취하려는 과정으로 정의된다.

Myers, Sweeney와 Witmer는 안녕을 개인의 신체, 마음, 영성이 통합되어 인간으로서, 또 공동체 안에서 최적의 건강과 안녕을 추구하며 좀 더 완전히 살려고 하는 삶의 한 양식이라고 정의 내렸다. 이들은 전인적 건강을 위하여 영성(spirituality), 자기 방향(self direction), 일과 여가(work and leisure), 우정(friendship), 사랑(love) 이렇게 서로 연관된 5개의 인생 과업을 제시하였는데 영적 안녕(spiritual wellness)이 개인의 안녕에 가장 중요한 핵심에 자리 잡고 있다.

Westgate는 영적 차원은 인간 심리 기능의 내적 부분으로 다른 영역을 통합한다고 하며, 영성적 안녕은 영적 차원의 개방, 다른 삶의 차원들과 통합됨으로써 성장과 자기실현의 잠재력을 극대화한다고 보았다. <표 4-2>는 여러 연구에서 영성적 안녕을 비교한 것이다.

Category	Banks (1980)	Chandler, Holden & Kolander (1992)	Hinterkopf (1994)	Ingersoll (1994)	Myers (1990)
의미/목표	삶의 의미 부여	의미	의미	의미	의미
내적 가치	살아갈 원칙들				신념 체계
초월적 신념/경험	- 우주의 숨은 힘에 대한 믿음 - 신비감 - 신앙 - 초자연적 - 초이성적 - 초월에 투신	- 자기 초월 능력과 성향 - 자기통제	초월 차원의 자각	- 영적/초월적 경험 - 신의 개념 - 신비, 모호성의 수용	우주 심연에 대한 감상
공동체	무아감	사랑의 증가		자신, 타인, 무한자와의 관계	
관계	이타심				
기타	- 생존 - 유쾌	- 성장 - 현존감	- 통합 - 유희		

Westgate는 영성의 구성요인을 삶의 의미와 목적, 내적 가치, 초월적 신념·경험, 공동체·관계로 보고 각 요인과 우울증과의 관계를 연구하였다. 영성적으로 건강한 개인은 삶의 의미와 목적은 갖고, 내적 가치에 근거하여 삶의 여러 가지 결정을 하고, 초월적 조망을 가짐으로써 인생의 신선함, 생명과 우주의 신비함을 음미할 줄 알고, 공동체의 다른 사람과 함께 기도하고 명상하고 찬미하며 서로 가치를 공유하고 상호지지하며 산다. 반면에 영성적 공백의 특징은 무의미, 공허, 절망감과 함께 가치로부터의 소외, 자기애적, 자기중심적이며, 타인과 사

회와의 접촉이 끊기는 경험을 하는 등이다. 이러한 특징은 우울증의 특징과 같다. 그러므로 우울증 환자의 치료에서 영성 차원의 중요성에 특별히 관심 두어야 할 필요가 있다.

한 개인의 안녕을 다룰 때 그 개인의 삶에 의미 있는 부분인 영성이나 종교를 무시한다면 효과적인 상담 관계 형성 자체부터 문제가 될 수 있다. 내담자가 자신의 적응문제가 영성/종교 생활과 관계있기 때문만이 아니라 종교나 영성의 이해가 있는 상담자를 찾는 경우도 많고 그런 경우 연결이 잘되면 관계 형성과 상담 성과가 특히 좋을 수 있다. 또한 개인적으로 재미있다고 보는 현상은 상담을 하는 많은 분들이 신앙을 갖고 있거나 영성에 특히 관심이 많다는 사실이다. 개인의 정신건강을 위하여 필요한 인간적으로 가능한 모든 방법을 동원하는 것은 바람직하다고 생각한다.

종교라는 개념과 마찬가지로 정신건강을 이해하고 정의하는 데에도 다양한 방법이 있다. Bergin 등(1992)은 정신건강의 개념을 밝히기 위해 미국 전역의 정신건강 전문가 425명을 대상으로 하여 정신건강의 특징을 조사한 결과, 다음과 같이 정리하였다.

① 자신이 유능하다는 지각과 감정의 표현
② 자유, 자주성, 책임감의 발달
③ 통합과 대처 능력
④ 자기유지와 신체적 건강
⑤ 자각과 개인적 성장
⑥ 인간관계와 타인에 대한 헌신
⑦ 성숙한 정향의 틀
⑧ 용서 등

또한 Malony는 정신건강의 개념을 행동 장애의 결여, 효율적인 적응과 대처, 심리적 성숙이라는 세 범주로 나누었다.

사미자(2001)는 영적 성장을 이해하기 위해 성숙한 신앙과 건강한 성격의 관련성을 그 준거로 제시한다. 먼저 성숙한 신앙에 대해서 Allport의 주장을 들어 다음과 같이 설명하고 있다. 성숙한 종교성은 잘 발달한 판별력을 가지고 있어서 자기 성찰적인 경향과 자기 비평적인 측면이 포함된다. 판별력과 함께 동기에서 역동적인 성질을 지니고 있어서 더 이상 충동이나 두려움, 죄책감과 같은 갈등에 지배받지 않으며 이기적인 관심을 넘어서는 목적의 성취를 위하여 그러한 갈등이나 충동들을 조정하고 통제할 수 있다. 그러므로 성숙한 신앙은 맹목적인 열광주의나 어떤 것에 강요당하는 상태가 아니라 그 자체의 동기를 가지고 있다. 다음으로 성숙한 신앙은 도덕적인 행위에 있어서 일관성을 추구한다. 신앙이 추상적인 개념이 아니고 언제나 실제적인 삶과 밀접한 관계를 맺고 매 순간 개인의 사고와 선택과 행위에 영향을 주는 것이라면 그것은 필연적으로 행위와 연결될 수밖에 없다. 이 외에도 포괄적인 인생철학과 통전성, 그리고 자발성을 성숙한 신앙의 범주에 포함하고 있다.

이에 대해 건강한 성격의 특별한 특징에 대해서는 Allport는 다음과 같은 7가지 측면을 언급하고 있다.

① 자기감(sense of self)의 확장, 인간 능력의 어떤 중요한 국면에 있어서의 자신의 진정한 참여

② 타인과 우호 관계를 맺은 자기, 타인에 대하여 친밀감(intimacy)과 연민력(capacities of compassion)을 가짐

③ 정서적 안정감, 자기 수용과 좌절에 대한 관용을 가짐

④ 현실적 지각, 세계를 객관적으로 봄

⑤ 기술과 연구과제, 일에 대한 능력과 책임감이 있음

⑥ 자기 객관성(self-objectification)

⑦ 일관성 있는 생의 철학, 미래 지향적이고 긴 안목의 목표와 계획
에 의해 동기가 유발된다고 보고 있다.

4. 영적 안녕 척도

그리스도상담은 인간 혹은 인간 심성을 이해하는 이론적인 내용에
서 일반적인 심리학과 다르다. 즉 Freud의 정신분석적인 이해나 Jung
의 분석심리학적인 이해 그리고 행동주의적인 인간 이해 등등과는 다
른 그리스도교적인 인간 이해를 바탕으로 한다. 그리스도상담의 이론
이 다른 심리학과 다르다는 의미는 그러한 이론들과 배타적으로 상충
한다는 뜻이라기보다는, 그러한 이론들을 충분히 수용하면서 그러한
이론들의 제한점을 극복하고 넘어선다는 것을 의미한다. 그래서 그러
한 이론들을 그리스도교적인 관점에서 통합하는 것을 목표로 한다.

정신분석이론이 주장하듯이, 내담자는 비록 과거 경험에 의해 결정
되는(determined) 존재이고, 무의식에 의해 많은 영향을 받는 존재이지만,
사람은 이 세계 안에서 항상 새로워지는 존재이다. 즉 내담자는 비록
지금 생리적, 심리적 갈등과 문제와 상처를 갖고 있지만, 그는 하나님
의 형상으로 창조되었기에 여전히 엄청난 잠재력이 있다. 다만 그러한
잠재력들을 발휘하지 못할 수밖에 없는 상태에 있거나 혹은 그러한 잠
재력들을 그릇되게 사용하고 있을 뿐이다.

그런 의미에서 정신분석적인 심리학이 오직 자기중심적인 인간 심리이해에 초점을 두고 있거나, 혹은 자기중심적인 대상 관계에 초점을 두고 있다면, 그리스도상담은 하나님과 관계성 속에 있는 자기중심적인 인간 심리이해에 초점을 두는 것이다. 다시 말해서 그리스도상담은 일반심리학을 하나님과 관계 안에 통합하는 심리학이라고 할 수 있다.

그러므로 그리스도교 상담은 신앙을 인간 심성의 본질적인 본성으로 여기며 신앙이 내담자의 문제와 고통에 본질적으로 중요한 역할을 한다고 생각한다. 즉 내담자의 문제를 다룰 때 신앙을 심리의 이차적인 파생물로 생각하지 않는다. 그렇기 때문에 그리스도교 상담에서는 내담자 평가 시에 신앙의 평가를 중요하게 생각하고 세밀하게 평가할 필요가 있다. 그러나 성격 평가나 정신병리 평가 등에 비하면, 종교성이나 영성의 평가는 이론이나 측정 도구 면에서 걸음마 수준에 머물고 있다고 지적하고 있다(최영민, 2002).

여기에서는 제한적이지만 그동안 이루어진 영성에 대한 척도 개발과 평가 방법에 대해 살펴보고자 한다.

먼저 영성 평가에는 세 가지 유형의 접근 방법을 소개할 수 있다. 한 가지는 Bergin에 의한 '영적 정체감' 이론이고, 다른 하나는 Paloutzian과 Ellison 등에 의한 '영적 안녕' 모델이며, 나머지는 Hall과 Edward의 '영성평가척도' 모형이다.

먼저 영적 정체감이란 신과 관계에서 혹은 우주 속에서 개인의 위치에 관한 정체감과 가치감을 의미한다. 유신론적인 영적 조망에 따르면, 긍정적인 영적 정체감과 가치감을 가진 사람들은 자신을 신이 창조한 영원한 영적인 존재로 믿는다. 그렇기 때문에 그들은 신성한 가치와 가능성을 가지고 있다고 믿고, 신의 사랑과 영적으로 연결되어 있음을 느낀다. 그들은 그들의 영원한 잠재력은 무한하고, 인생의 목적은 이 커다란 가능성의 실현과 충족을 추구하는 것이라고 믿는다. 이러한 사람들은 그들의 내적 영혼, 혹은 핵심적 정체성이 영원하다고 믿고, 그들의 정체성과 의식이 육신의 죽음을 뛰어넘어 지속할 것이라고 믿는다.

긍정적 정체성이 결핍된 사람은 신성한 가치 혹은 가능성을 가졌다고 느끼지 않는다. 그들은 자신들이 신의 창조물이라는 것을 이성적으로 믿을 수도 있고, 믿지 않을 수도 있는데, 두 경우 모두에서 이들은 하찮고 가치 없다고 느낀다. 이들은 인생에서 신의 사랑을 느끼지 못하고, 그들이 특별한 가능성, 가치, 혹은 목적을 가지고 있는 것인가에 대해 의심한다. 또한 내세를 넘어서는 내적 영혼의 존재에 대해서도 의심한다.

Bergine 등에 의하면, 개인의 영적 정체성과 가치에 대한 긍정적인 감각을 가지는 것은 건강한 발달과 생활양식 기능에 결정적이다. 강한 영적 정체성을 가진 사람은 정서적으로, 대인 관계적으로, 정신적으로 보다 잘 기능하는 경향이 있다. 몇몇 예비적인 증거들은 영적 정체성과 가치의 확언을 받은 종교인들은 보다 빠르고 완전하게 치유하는 것으로 보였고 또한 건강하고 지속적인 생활양식의 변화를 만들어내는 경향이 있는 것으로 보인다.

또 다른 측면에서 영적인 건강과 안녕을 측정할 수 있는 방법으로 Paloutzian과 Ellison(1991)의 영적 안녕 모델(Two-Dimensional Model of Spiritual Well-Being)을 들 수 있다. 이들은 영적 안녕 모델을 종교적 안녕(Religious Well-Being)과 실존적 안녕(Existential Well-Being)으로 구분하였다.

종교적 안녕은 영적인 안녕의 수직 차원을 이룬다. 종교적 안녕을 가진 사람은 하나님과 가까이 있음을 느끼고 하나님과의 관계가 그들의 안녕감에 도움을 준다고 믿는다. 하나님이 자신을 사랑하고 돌보아 주심을 느낀다. 또한 하나님이 그들에게 힘과 위로를 주시고 그들의 문제에 관심을 두고 염려해 주신다는 것을 느낀다.

실존적 안녕은 영적인 안녕의 수평 차원을 이룬다. 실존적 안녕을 가진 사람은 그들의 삶의 방식에 대해서 안녕감을 느낀다. 그들은 그들의 삶에서 의미와 목적과 삶의 방향을 느끼고 그들의 미래를 긍정적으로 기대하고 그렇게 될 것이라고 신뢰한다. 그리고 그들이 살아가고 있는 방식에 대해서 만족하고 행복감을 느낀다.

그리고 최근에 Hall과 Edwards(1996)가 연구한 '영성 평가 척도(Spiritual Assessment Inventory, SAI)'는 상호 의존적인 두 차원(자신과 하나님과의 관계를 자각하는 차원 즉, 각 개인이 일상생활에서 하나님과의 관계를 자각하는 정도가 얼마나 되는가와 하나님과 개인 간의 관계에서 경험한 질적인 수준에 관한 것)을 포함하는 영적 성숙 모형을 제안하였다. 이러한 이론적 배경 하에 강계남(2001)은 우리나라 대학생 123명을 표집 대상으로 Hall과 Edwards의 SAI의 타당성을 경험적으로 입증하고자 요인분석을 시도하였으나 선행연구와 불일치하는 부분이 발생하여 다시 자료를 수집하여 타당도 검증이 필요함을 제안했다.

5. 한국인의 영성 척도

1) 척도 소개

본 척도는 영성의 구성요인에 근거하여 영성의 정도를 양적으로 측정하기 위하여 이경열(2003)이 개발하였으며, 총 30문항, 6 요인으로 구성되어 있다.

2) 척도의 이론적 배경

SQ는 영성지수(Spiritual Quotient)를 지칭하는 것으로, Zohar와 Marshall (2001)은 "SQ란 우리가 의미와 가치의 문제를 다루고 해결하려 할 때 사용하는 인간지능, 우리의 행동과 삶을 광범위하고 풍부한 의미의 맥락에 자리매김할 수 있게 하는 지능, 어떤 일련의 행동이나 삶의 경로가 다른 것보다 의미 있다고 평가할 수 있게 하는 지능을 말한다. SQ는 IQ와 EQ가 효과적으로 기능하는 데 기본이 되는 인간의 궁극적인 지능이라고 할 수 있다."라고 하였다. 영성에 대한 기존의 평가도구는 서양의 문화적 배경을 중심으로 개발된 것으로서, 동양적 사고를 하는 한국인에게 그대로 적용하는 것은 무리가 있다.

본 척도에서는 한국인의 영적 구성요소로 6가지 차원이 적절하다는 결론을 내렸으며, 영성의 각 구성요소는 삶의 의미와 목적, 자비심, 내적 자원, 자각, 연결성, 초월성이다. 삶의 의미와 목적은 개인의 가치와 희망, 삶의 이유를 알게 하는 일이다. 자비심은 기본적으로 타인의 기쁨을 같이 기뻐하고 타인의 슬픔을 같이 슬퍼하는 마음을 의미한다. 내적 자원은 인생을 이해하는 틀을 제공하며 외적인 상황에 관계없이 삶을 안정적으로 안내한다. 자각은 개체가 개체-환경의 장에서 일어나는 중요한 내적, 외적 사건들을 지각하고 체험하는 것을 의미한다. 연결성은 우주와 우주적 존재를 포함하는 자기, 타인 및 모든 삶의 관계를 포함한다. 마지막으로 초월성은 더 높은 존재나 힘, 의식적 존재 혹은 우주의 창조자와의 관계에 초점을 맞춘다.

3) 척도 개발과정

예비문항 선정을 위해 서양 척도 번안, 심리학과 대학원생 대상으로 한 '영성 체험 나누기' 집단 토론, 영적 체험 질문지를 통해 내용 분석한 문항, 이론적 배경을 근거로 한 문항들을 통해 총 62개의 예비문항이 선정되었다. 62개의 영성 척도 예비문항은 5점 척도로 응답하도록 구성되었으며, 대학생 및 성인 570명에게 실시한 후 요인 분석한 결과 총 30개의 문항이 최종 선정되었다.

4) 신뢰도

하위요인	내적 일치도(Cronbach's α)
삶의 의미와 목적	.79
자비심	.75
내적 자원	.77
자각	.72
연결성	.74
초월성	.83
전체	.93

5) 타당도

해당 자료는 제시되지 않았다.

6) 채점방법

- 5점 Likert식 척도
- 하위요인별 문항은 다음과 같다.

하위요인	문항 수	문항 번호
삶의 의미와 목적	5	1, 7, 13, 19, 25
자비심	5	2, 8, 14, 20, 26
내적 자원	5	3, 9, 15, 21, 27
자각	5	4, 10, 16, 22, 28
연결성	5	5, 11, 17, 23, 29
초월성	5	6, 12, 18, 24, 30

7) 해석방법

하위요인	의미
삶의 의미와 목적	삶에 방향과 목적을 제공하는 인생 목표가 있으며, 주어진 모든 일에서 의미를 발견하고 인생 경험의 의미를 생각하며 사는 이유와 삶의 의미와 목적이 있음을 의미한다.
자비심	자신보다 못한 사람을 잘 보살피고 타인을 배려하고 봉사하는 것을 즐기며 상대의 잘못에 대해 불쌍하고 측은하게 느끼는 것을 말한다.
내적 자원	삶에서 일어나는 일들을 통제할 수 있고 자신이 뜻하는 대로 삶을 이끌어 갈 수 있으며, 힘든 상황에서도 마음을 고요하게 할 수 있는 내적 힘이 있다. 그리고 자신감이 있고 무한 능력이 있음을 말한다.
자각	현재 벌어지는 상황을 잘 이해하고 파악하며 지금 자기 생각과 느낌을 알아차리고 자신에게 일어난 일이 자신에게 어떤 영향을 미치는지 알아차리는 것을 말한다.
연결성	자신이 사는 공동체가 연결되어 있음을 느끼고 타인을 친근하게 느끼며, 행복과 충만함을 느낀다.
초월성	자신의 내부로 안내해 주는 영적 차원으로 갈 수 있으며, 우주와 하나로 연결되고 우주(하나님, 부처님, 참나, 존재)와 함께하며, 자신의 내적 힘은 높은 힘에 대한 믿음과 관련되고 자기를 넘어 더 큰 나를 발견함을 말한다.

8) 본 척도의 출처

이경열(2003). 한국인을 위한 영성 척도의 개발, **상담 및 심리치료** 15(4), 711~728.

9) 이론적 배경에 대한 참고문헌

김정규(1995). 게슈탈트 심리치료, 학지사.

Zohr D, Marshall I. 조혜정 역(2001). SQ-영성 지능, 룩스.

Allport, G. W.(1960). *The Individual and his Religion,* N.Y.: Macmillan.

Banks, R.(1980). Health and spiritual dimensions, Relationships and implications for professional programs, *Journal of School Health 50,* 195~202.

Ellison, C. W., Smith, J.(1991). Toward an integrative measure of health and wellness, *Journal of Psychology and Theology* 19. 35~48.

Howden, J. W.(1992). Development and psychometric characteristics of the spirituality assessment scale. Doctoral Dissertation, Texas Woman's University.

10) 한국인을 위한 영성 척도

번호	문항	전혀 그렇지 않다.	그렇지 않은 편이다.	보통 이다.	다소 그런 편이다.	매우 그렇다.
1	나는 내 삶에 방향과 목적을 제공하는 인생 목표가 있다.	1	2	3	4	5
2	나는 나보다 못한 사람을 잘 보살핀다.	1	2	3	4	5
3	나는 나의 삶에서 일어나는 일들을 통제할 수 있다.	1	2	3	4	5
4	나는 대인관계가 미치는 영향을 알아차린다.	1	2	3	4	5
5	나는 타인을 친근하게 느낀다.	1	2	3	4	5
6	나는 내 자신의 영적 차원(참마음)으로 갈 수 있다.	1	2	3	4	5
7	내 삶은 의미와 목적이 있다.	1	2	3	4	5

번호	문항	전혀 그렇지 않다.	그렇지 않은 편이다.	보통 이다.	다소 그런 편이다.	매우 그렇다.
8	나는 자비심이 있다.	1	2	3	4	5
9	나는 내가 뜻하는 대로 내 삶을 이끌어 갈 수 있다.	1	2	3	4	5
10	나에게 일어난 일이 나에게 어떤 영향을 미치는지 알아 차린다.	1	2	3	4	5
11	나는 내가 사는 공동체와 연결되어 있음을 느낀다.	1	2	3	4	5
12	나는 우주와 하나로 연결되어 있음을 안다.	1	2	3	4	5
13	나는 내가 사는 이유를 안다.	1	2	3	4	5
14	나는 타인에게 봉사하는 것을 즐긴다.	1	2	3	4	5
15	나는 힘든 상황에서도 마음을 고요하게 할 수 있는 내적 힘이 있다.	1	2	3	4	5
16	나는 지금 나의 생각과 느낌을 알아차린다.	1	2	3	4	5
17	나는 사람을 대할 때 연결되어 있음을 느낀다.	1	2	3	4	5
18	나의 내적 힘은 높은 힘에 대한 믿음과 관련된다.	1	2	3	4	5
19	나는 주어진 모든 일에서 의미를 발견한다.	1	2	3	4	5
20	나는 타인을 배려한다.	1	2	3	4	5
21	나는 자신감이 있다.	1	2	3	4	5
22	나는 육체적, 정신적 현상을 분명하게 알아차리는 힘이 있다.	1	2	3	4	5
23	나는 행복하다.	1	2	3	4	5
24	우주(부처님, 하나님, 존재, 참나)는 나와 함께 있다.	1	2	3	4	5
25	나는 항상 내 인생 경험의 의미를 생각한다.	1	2	3	4	5
26	나는 상대의 잘못에 대해 불쌍하고 측은하게 느낀다.	1	2	3	4	5
27	나는 내 안에 무한 능력이 있음을 믿는다.	1	2	3	4	5
28	나는 현재 벌어지는 상황을 잘 이해하고 파악한다.	1	2	3	4	5
29	나는 충만하다.	1	2	3	4	5
30	나는 자기를 넘어 더 큰 나를 발견한다.	1	2	3	4	5

제 5 장
종교와 삶의 의미

    자신이 보는 눈앞에서 부모와 아내, 동생들이 처참하게 생을 마감하는 것을 보면 종교인이라면 신에게 '왜?'라는 질문을 던지지 않을 수 없다. 그만큼 삶의 무의미와 존재의 무력감에 대하여 전지전능한 신에게 불만스럽고, 절망의 구렁텅이에 빠진 자신의 처지에 대해 한없이 고통스럽기 때문이다.

    이러한 한계상황을 직접 경험한 V. Frankle은 기존의 Freud식 인간 이해와 정신치료를 버리고 죽음의 강제수용소 경험을 기억하면서 1946년 **Man's Search for Meaning: an Introduction to Logotherapy**(죽음의 수용소에서)를 출간하면서 의미치료를 소개하였다.

    Frankle이 죽음의 수용소에서 생존할 수 있었건 것은 절망 속에서도 삶의 의미를 찾았기 때문이라 밝히며, 우리가 겪는 고통에 대해 선택지는 우리 자신에게 있음을 강조하였다. 본 장에서는 종교와 의미를 파악하고, 의미치료의 관점에서 종교성을 이해하기 위하여 인생 목적 검사 척도를 소개한다.

1. 종교와 의미

Frankle(1984)에 의하면 인간은 의미를 추구하는 동물이라 할 수 있다. 의미추구가 강하고 계속될수록 그는 건강하며, 의미추구가 중단되거나 좌절되면 건강하지 못하게 된다는 것이다. 인간은 쾌락이나 권력을 추구하고 싶고, 출세나 남의 인정도 받아보고 싶어 하지만, 다른 어떤 욕구보다도 가치 있는 것은 삶의 의미를 추구하는 것이다(김상원, 2000). 이런 끊임없는 의미에의 추구는 삶의 방식이나 행동 양식을 방향 짓게 하는 원동력이 될 수 있을 것이다.

Freud의 정신분석과 Adler의 개인심리학에 이은 정신요법 비엔나 제3학파, 즉 로고테라피 학파의 창시자인 Frankle은 2차대전 당시 나치수용소에서의 극한 경험을 토대로 의미치료(Logotherapy)라는 정신치료법을 창안했다.

Frankle(1965)에 의하면 의미치료란 실재에 근거해 스스로 생의 의미와 가치를 찾도록 도와주는 것이며 이는 인간이 그 의미를 충만시키려고 모색함으로써 수많은 가치 있는 잠재력을 실제화하려는 노력에 의해 동기화된다고 한다.

인생의 의미에 대한 의구심이나 삶의 목적 추구는 모든 인간에게 본질적이고 보편적인 동기로서 세상에서 유일무이한 존재이므로 독특한 의미로 이해되어야 한다. 각 개인은 반복되거나 누구도 대신할 수 없는 자신의 삶에 정신적 주체성을 자각하고 책임을 져야 한다는 것이다.

Frankle(1962)는 인간을 자신을 지각하고 의식할 수 있는 잠재력이 있으며 스스로 선택하고 결정하고 책임지는 일회적·절대적인 존재로 보고, 실재적 존재로서의 속성을 정신성·자유성·책임성으로 세분하여 설명하고 있다. 인간은 이 3가지 속성을 소유하기 때문에 삶의 의미와 목적을 발견하려고 한다(김애경, 1990).

Frankle은 이런 의미치료의 인간관을 삼중개념 즉 의지의 자유·의미에의 의지·삶의 의미에 바탕을 두고, 실존의 본질이면서 인간의 독특한 능력인 '자기 초월성'을 강조했다. Frankle이 제시한 주요 개념들을 차례로 살펴보면 다음과 같다.

1) 의지의 자유(freedom of will)

Frankle의 차원적 존재론(dimensional ontology)에 의하면 인간은 신체적(Somatic)·심리적(Psychic) 차원뿐만 아니라 정신적(Noetic) 내지 영적(Spiritual) 차원을 포함한 세 차원을 가진 통일체라 하였다. 또한 Frankle은 실존의 본질적인 특징인 자유의지가 심리 역동적 인간 해석인 범결정론(pan-determinism)에 의해 간과되었다고 보고 사회적 환경·유전적 재능·본능적 충동이 인간의 자유의 범위를 제한할 수 있지만, 인간이 그것들에 대하는 '태도'는 자유롭다고 주장한다(김경숙, 1984).

로고테라피가 가르치는 바에 따르면 인간의 자유란 어떤 상태로부터의 자유가 아니라 상태에 대한 어떤 태도를 보일 수 있는 자유이다. Frankle은 이 상태를 '자기 이탈(self-detachment)'이라는 용어로 바꾸어 설명하였다. 즉 자기 이탈은 독특한 인간 능력으로서 이 능력은 어떤 상황으로부터 뿐 아니라 자신으로부터도 이탈할 수 있게 하고, 그래서 인간은 자신에 대한 자기의 태도를 선택하고 자신의 신체적·정신적 상태와 결정인자들에 대한 태도를 보이며 나아가서 신체적·심리적 현상에 대한 태도의 결정 수준을 넘어서 새롭고 정신적 현상의 차원인

심령학적(noological) 차원을 열어나간다. 이것이 독특한 인간 현상들이 존재하는 차원이며 그것은 의지의 자유에 의한 결과이다(한재희, 1992).

이처럼 인간은 더 높은 세계를 향해 그의 환경을 초월하고 또한 되어야 할 자기인 당위(ought)를 향해 현 존재를 초월한다. 이러한 과정이 바로 Frankle이 인생의 최고 목표로 삼는 자기 초월(self-transcendence)을 의미한다.

2) 의미에의 의지(will to meaning)

Frankle은 인간의 기본 동기로서 의미와 목적을 추구하고 충족시키기 위한 기본적인 노력으로 의미에의 의지를 강조하였다. Frankle은 Freud 정신분석학의 동기이론 중에서 극히 일반적인 쾌락원리와 아울러 개인심리학에서 결정적인 역할을 하는 권력에의 의지라는 두 개념을 자기 발견적인 지나친 단순화라고 보고 이들과는 상반된 태도를 보여 왔다.

Schopenhauer의 삶의 맹목적 의지에서, Freud의 쾌락에의 의지(will to pleasure), 그리고 Nietzche의 뒤를 이은 Adler의 권력에의 의지(will to power)에 대하여 그는 인간으로서 한 개인을 자신이 경험하는 가운데서 의미감(feeling of meaning)을 찾으려는 존재로 보고 의미에의 의지(will to meaning)를 내세웠다.

그러나 오늘날 대부분의 사람들은 의미에의 의지 대신 쾌락에의 의지·권력에의 의지를 추구해 왔으며 오늘날 야기되는 많은 사회문제는 내적 공허감을 벗어나기 위한 도피 기제로 일어난다고 하였다(Frankle, 1962). 일반적으로 이해되고 있는 바와 같이 쾌락원리는 불쾌의 회피를 내

포하며 그것은 긴장 감소의 원리와도 일치한다. I. Kant나 Max Scheler
의 견해처럼 쾌락은 근본적으로 삶의 성취 목적이 아니라 하나의 결과,
말하자면 부차적인 효과다. 즉 쾌락은 사람이 의미를 실현하고 가치를
인식하면 자동으로 확립된다(Frankle, 1960). 다시 말해 쾌락에의 의지나 권
력에의 의지는 자기 패배의 원리(self-defeating principle) 때문에 그것을 얻으려
고 애를 쓰면 쓸수록 얻을 수 없게 된다고 하며 사람이 의미를 찾으려
는 욕구는 그의 삶에 있어서 근본적인 힘이 되기 때문에 의미에의 의
지를 쾌락에의 의지나 권력에의 의지 위에 두었다(Frankle, 1963). 결국 의
미에의 의지란 인간 실존의 목적을 발견하려는 노력으로서 자신의 독
특한 임무감 혹은 대의를 발견하려는 것이며 생에 방향을 제시해 주고
생을 이해할 수 있게 하는 것이다(Crumbaugh, 1963).

3) 삶의 의미(meaning of life)

인생의 의미와 목적을 묻는 질문에 대해 Frankle은 사람들이 이 일
반적인 질문에 대답할 수 있을 것인지 의심스럽다고 하며 인생의 의미
와 목적이란 사람마다 다르고 매일 매일 다르고 매시간 다르다고 했다
(Frankle, 1962). 즉 인생의 의미란 상대성과 독자성을 가진다. Adler(1958) 역
시 사람의 수만큼이나 많은 인생의 의미가 있다고 했다(김경숙, 1984).

삶의 참된 의미는 가치실현을 통해 찾을 수 있는데 인간은 다음과
같은 3가지 가치를 실현함으로써 삶에 의미를 부여할 수 있다(Frankle, 1984).

첫째, 창조적 가치(creative values)라고 부르는 것을 실현함으로써 자신에
대한 삶의 의미를 부여하게 된다. 창조적 가치는 "삶에 무엇을 줄 것
인가"와 관련되는 것으로 자신의 행위·작업·창조 등 창조적 행위를

통해서 실현이 가능한 것이다. 예를 들면 가정주부가 집을 잘 가꾸고, 가족을 잘 돌보며, 음식을 정성 들여 만드는 일에 의미와 가치를 부여하면 그것이 바로 창조적 가치가 되는 것이다, 그러나 그것을 의미 없는 일로 귀찮게 여기면 창조적 가치 대신에 그 일에서 공허·무의미·절망을 경험하게 되는 것이다.

둘째, 경험적 가치(experiential values)를 실현함으로써 삶에 의미를 부여할 수 있다. 경험적 가치란 "세상에서 무엇을 취하느냐" 하는 것으로, 자신이 직접 창조해 내지는 않지만 타인이 창조해 놓은 것을 경험함으로써 가치를 느끼는 것을 말한다. 우리는 미술·음악·문학 등의 작품이나 운동경기를 감상하고 관람함으로써 삶의 가치와 의미를 경험할 수 있다.

셋째, 태도적 가치(attitudinal values)를 실현함으로써 삶의 의미를 경험할 수 있다. 이는 "변경할 수 없는 운명이나 고통에 대해 어떤 태도를 보이느냐"와 관계된 것으로, 인간은 극한 상황에 처하여 창조도 경험도 하기 힘들 경우라도 그의 태도적 가치를 통하여 삶에 의미를 부여할 수 있다. 비록 피할 수 없는 극도의 절망적인 상황에 처하더라도 그 운명을 어떻게 맞이하느냐 하는 태도는 인간의 자유의지에 의하여 선택할 수 있기 때문이다. 즉 우리는 그 운명적인 상황을 품위와 용기로 맞이할 수 있고, 반대로 절망과 분노의 태도로 맞이할 수 있다. 고통이나 고난뿐 아니라 심지어 죽음의 순간조차도 인간에게 의미를 부여해 줄 수 있다. 그러므로 인간의 의미추구는 고난의 상황뿐만 아니라 죽는 순간까지 계속되는 것이다(김상원, 2000).

4) 자기 초월(self-transcendence)

삶의 궁극적 목적에 대해서는 여러 가지 견해가 있었다. Krech와 Crutchfield는 인간의 모든 행동이란 생존·안전·만족·자극 수용의 4가지 목표를 달성하기 위해서 일어나는 것이라 하였고, E. Fromm(1955)은 인간 존재의 조건으로부터 인간 행동이 동기화되는 것이라 하며 인간의 모든 열망과 노력은 그의 존재를 찾으려는 시도라 하였다.

Maslow(1954)는 인간에게는 누구나 잠재해 있는 창조성이 있으며 이러한 잠재력을 최고로 발휘하여 삶을 의미 있고 가치 있게 만드는 최고의 개인적 목표를 추구하려는 경향이 있다고 하였으며, 환경은 이러한 인간의 최고 목표를 추구하려는 목적에 대해 단순한 수단에 지나지 않는다고 하여, 인생의 가장 높은 목표를 자기실현(self-actualization)에 두었다.

C. Rogers(1942)도 Maslow와 같은 인본주의 심리학자로서 인간을 단순히 기계적인 특성을 가진 존재나 무의식적 욕망의 포로로 보지 않고 자신을 창조하는 과정 중에 생의 의미를 발견하여 주체적 자유를 실천하는 존재로 보았다. 즉 Maslow와 Rogers는 인간이라는 유기체는 항상 자신의 잠재력을 실현하고자 하는 경향이 있다고 하며 인간을 근본적으로 성장과 자기실현을 끊임없이 추구하려는 존재로 보았다.

Buhler(1959)에 의하면 자기실현 개념은 Nietzsche와 Jung으로부터 Horney, Fromm, Goldstein, Maslow, Rogers 등 삶의 궁극 목적에 대한 포괄적인 이론을 탐구하는 사람들에 의해 여러 가지 형태로 변형되어 왔다.

그러나 Frankle은 자기실현도 인간의 궁극적인 목적지는 아니라고 보았다. 자기실현은 하나의 결과 즉 의미 성취의 결과이다. 그는 "인간의 본질은 자기 자신의 고유한 것을 만드는 대의를 통해서 궁극적으로 인간이 된다"라는 Karl Jaspers의 말에 동의하면서, 인간은 오히려 자기 자신을 넘어선 어떤 것, 즉 자기보다 위대한 대의에 자신을 위탁함으로써 자기동일성을 발견한다고 하였다(Frankle, 1983).

Frankle이 이야기하는 자기 초월성은 자기를 이탈하여 객관적으로 볼 수 있는 능력으로 자기중심적인 관심이나 주의에서 탈피할 수 있다는 뜻에서 인간은 자신으로부터 물러서는 존재이며, 이때 비로소 진정한 존재 양식을 획득하게 된다. 즉 인생의 의미란 유기체의 잠재성의 충족과 같은 자기실현에서 오는 것이 아니라, 세계와의 관계 속에서 그 자신을 넘어선 목적을 발견하는 자기 초월에 둔다. 권력이나 쾌락이나 자기실현 등은 의미추구의 결과인 부산물로 얻어지는 것에 불과하며 '자기 초월'이야말로 건강한 사람이 도달할 수 있는 최고의 상태로서 자기를 초월해 갈수록 더욱 인간다워진다는 것이다(김경숙, 1984).

5) 실존적 공허(existential vacuum)

인간의 깊은 마음속에는 항상 실존에 대한 보다 높고 궁극적인 의미를 위한 노력과 투쟁이 있는데 이러한 의미에의 의지가 좌절될 때 인간은 개인적 창의성을 상실하게 되고 그 결과 그의 생활에 독지한 정체감(sence of unique identity)을 부여하는 인생의 의미나 목적을 찾지 못하게 되어 사람들은 차차 삶에 공허감을 느끼게 된다(Frankle, 1969).

Frankle은 이런 심리적 상태를 '실존적 공허(existential vacuum)'라 부르고 20세기에 널리 퍼진 현상이라 했다. 이것은 공허한 느낌·권태감·무가치 그리고 무의미 등으로 나타난다(Frankle, 1963). 오늘날 현대인을 가장 위협하는 것은 이러한 삶의 무의미성 즉 실존적 공허로, 실존적 공허는 인간의 동물적 생명을 둘러싼 본능적 안정감이 상실된 경우와 예전에 인간의 생활을 지배하고 있던 전통이 상실된 경우에 특히 나타난다고 한다(Frankle, 1967).

Rollo May(1972)에 의하면 오늘날 현대인들은 자기 자신을 상실한 채 기계의 노예가 되었고 그로 인해 방황하면서 살아가고 있으며, 마침내 공허감과 그리고 불안에 억압되어 존재자로서의 의미를 상실하고 말았다는 것이다. Tillich(1952)는 우리 시대의 지배적인 불안은 존재에 대한 회의와 삶의 무의미에 대한 불안이며, 인간은 자기 실존의 의미를 잃을 수밖에 없었고 또 잃어왔던 것을 두려워한다고 하였다. Maslow(1970)도 우리 시대의 궁극적인 병은 삶에 대한 무가치라고 진단했다. Fabry(1968)는 현대인은 전환기 속의 심각한 상태에 직면하고 있지만 사회적 습관이나 제도적 · 정신적 지침으로서의 신에 대한 거절과 실존의 내적 책임감을 확고히 하는 능력의 결핍 때문에 외롭고 흔들리어 절망 상태에 빠진 느낌을 갖게 된다고 하였다(김경숙, 1984).

현대의 급격한 과학의 발달과 산업화는 인간에게 새로운 가치를 형성할 여유를 주지 않았으며, 그 결과 많은 사람들이 인생에 대한 의미와 목적을 상실한 채 살아 왔다. Frankle은 현대인의 실존적 공허의 현상과 그 원인으로서 4가지 집단 노이로제 증후를 다음과 같이 말했다. 즉 현대인은 ① 미래에 대한 장기적인 계획이 없이 그날그날 살아가는 하루살이의 생활 태도, 즉 삶에 대한 무계획적 태도 ② 환경이란 외적 상태와 본능이란 내적 상태에 대해 자기의 인생을 내던지는 운명론적 태도 ③ 자기의 인격을 거부하고 책임지기를 싫어하며 집단 속으로 자신을 숨기기 위해 자기의 정체를 버리는 동조주의적 태도와 전체주의적 태도 ④ 타인의 인격·타인의 의견을 무시하고 자기의 의견이나 인격만이 인정되기를 바라는 광신 등의 정신적 징후를 드러내고 있다.

이러한 실존적 공허가 오래 지속될 때 인간 존재의 의미를 찾고자 하는 노력에 대한 욕구 불만, 즉 실존적 욕구 불만에 빠지게 되어 이것이 다른 원인과 더불어 신경증의 원인이 되어 정신 인성 신경증(noogenic neurosis)으로 발전하게 된다(Frankle, 1985).

결국 실존적 공허감이란 인간이 인생에 있어서의 가치 있는 의미를 발견하지 못하고, 실존적 욕구 불만에 빠질 때 나타나는 정신적 진공상태로 개인의 정신건강은 물론 사회적인 문제로까지 발전한다. 따라서 이들 증상이 모두 자유와 책임감으로부터의 도피에 기인한 것이라면(Pervin, 1960), 인간은 실존적 자기 삶에 직면해 보다 진지하고 충실한 태도로 적극적인 도전적 의지가 요망된다고 볼 수 있다(김애경, 1990).

6) 의미치료와 그리스도교 신앙

의미요법은 비록 심리학적 영역에 머물고 있지만 인간의 유한성과 삶의 허무성에 직면하게 되므로 종교학의 영역에까지 접근하게 된다.

Frankle은 물론 종교와 정신의학 사이의 분명한 한계를 그었지만, 두 영역이 서로 배타적이 아님은 분명히 하고 있다. 그는 무엇보다도 정신의학과 종교의 목적에 있어서 차이가 있음을 말한다. 즉 심리요법·정신의학 및 일반 의료의 목적은 건강이지만 종교의 목적은 이들과는 본질적으로 다른 것 곧 구원이다. 그러나 종교가 정신건강을 직접적인 목적으로 삼지 않는다 할지라도 결과적으로 그것에 귀착될 수 있으며 심리요법도 그 부산물로서 이와 비슷한 현상이 나타난다(Frankle, 1983).

Tillich는 핵무기와 우주 시대를 사는 현대인은 무의미감에 의해 야기되는 불안으로 고통을 받는다고 하였다(Fabry, 1985). 이러한 현대인에게 삶의 의미를 제공하려는 의미치료는 그 취급영역에 있어서 신앙과 밀접한 관계를 맺는다.

Frankle은 "'삶의 의미란 무엇인가?'라는 물음에 대해 납득할 수 있는 대답을 발견한다는 것은 종교적이 되는 것을 의미한다"라는 Einstein의 말을 인용하면서 궁극적 의미 즉 초월적 의미는 궁극적인 존재에 대한 신뢰, 즉 하나님에 대한 신앙을 전제로 한다고 하였다(Frankle, 1985). May(1982)도 신경증 환자에게 인생의 의미를 발견케 하는 심리요법의 마지막 근본문제는 신학이 아니면 대답할 수가 없다고 하였다(정동락, 1987).

특히 의미치료와 그리스도교 신앙이 상호 긴밀한 관계를 유지할 가능성은 인간 이해와 책임의 문제 속에서 충분히 숙고될 수 있다. 쾌락에의 의지 또는 권력에의 의지와 같은 자기중심적인 의지를 넘어서서 의미에의 의지를 주장하는 의미요법은 성서적인 인간 이해와 많은 상관성을 지니고 있으며, 그 자체가 가지는 그리스도교 신앙을 향한 개방성은 초월의 결단을 통해서 그리스도교 신앙에 접근할 수 있는 근거를 제공해 준다.

2. 종교와 인생 목적(PIL) 측정

내재적 종교성향을 가진 사람에게 있어서 종교는 인생에 있어서 최고의 동기인 셈이다. 그러나 외재적 종교성향을 가진 사람에게 있어서 종교란 단지 다른 욕구를 충족시키는 수단이다. 이를 바탕으로 종교적 성향과 인생의 목적을 연관시킨 연구에서 Soderstrom과 Wright(1977)는 내적 성향을 가진 학생이 삶의 의미에서 유의미하게 높다는 것을 발견하였다. 그는 인간의 삶의 의미에 대한 감각과 관련되어 나타나는 중심적 요소 중의 하나가 성숙한 종교적 헌신임을 발견하고 성숙한 종교적 헌신이 젊은이가 삶의 의미를 찾도록 도와준다고 결론을 내렸다.

Bolt(1975)도 내적 종교성향이 인생의 의미와 목적에 대한 Frankle의 개념과 긍정적으로 관계가 있다는 것을 알아냈다(Jackson & Coursey, 1988). 그는 내재적 종교성향을 가진 학생은 인생 목적검사(PIL)의 평균 점수가 115.6점이었고, 외재적 종교성향을 가진 학생은 102.3점으로 통계적으로 유의미한 차이를 입증하였다.

한재희(1992)는 개신교 성인 신자를 대상으로 기독교인의 종교성향에 따른 생의 의미와 종교적 만족도를 연구했다. 연구결과, 인생 목적검사를 통해 조사한 결과, 내재적 종교성향의 집단이 PIL 점수가 가장 높고 그다음에 무분별한 친종교적 성향·반종교적 성향·외재적 종교성향의 순이라고 보고하였다.

이대근(2003)은 329명의 천주교 신자를 대상으로 PIL을 통해 검사한 결과, 내재적 종교성향을 가진 그리스도인은 인생 목적 수준이 높고, 외재적 종교성향을 가진 그리스도인은 인생 목적 수준이 낮은 것으로 나타났다.

이러한 선행연구를 토대로 삶의 의미 수준을 측정하는 도구로 '인생 목적검사(PIL)'를 소개한다. PIL은 Frankle의 기본 개념인 실존적 공허를 측정하기 위한 목적으로 Crumbaugh와 Maholic에 의해 1964년 개발되었다.

PIL의 구성은 세 부분으로 되어 있는데, A 부분은 7점 태도 척도로 된 20개 문항으로 최저 점수는 20점이고 최고 점수는 140점이다. 점수가 높을수록 삶의 의미와 목적이 높고, 반대로 점수가 낮을수록 실존적 공허에 있다고 볼 수 있다. B 부분은 13개 문장을 완성하는 것이고, C 부분은 삶의 목적, 소망, 미래 계획, 과거에 나에게 목적을 주었던 것, 장래 목적을 부여해 줄 수 있는 것이 무엇인지에 대해 쓰는 것이다. B와 C 부분은 임상적으로 해석할 수 있으며, 전문 상담가나 심리치료사만이 해석하고 평가할 수 있다. 본 장에서는 Crumbaugh와 Maholic이 개발한 검사 가운데 A 부분만 소개한다. 이대근(2003)의 연구에서 전체 신뢰도는 .84로 비교적 안정적인 신뢰도를 나타냈다.

〈인생 목적 검사(PIL)〉

　* 다음 각 문항을 잘 읽고 자신에 대해 가장 알맞게 생각되는 번호에 ○표 하십시오. 문항의 양쪽은 서로 반대되는 것으로 표현되어 있음에 유의하십시오. '중간'은 귀하의 느낌이 어느 쪽에 있는지 판단하기 어려운 경우입니다. **그러나 가능한 한 '4(중간)'에는 표시하지 않기를 바랍니다.**

<보 기> 우리 교회 신자들은 다른 교회 신자들에 비하여,

1	②	3	4	5	6	7

매우 성실하며
대단히 열심히
기도한다.

놀기를
매우 좋아하고
기도는 하지 않는다.

--- 보기에서처럼 ②에 ○표 하였다면, 귀하는 자신이 다니는 교회 교우들이 "그래도 꽤 성실하며, 기도도 열심히 하는 편"이라고 판단하는 셈이 됩니다.

---

1. 나는 평소 생활이,

1	2	3	4	5	6	7
아주 무기력하고 지루하다			(중간)			아주 활기차고 의욕적이다.

2. 나에게 삶은,

1	2	3	4	5	6	7
항상 재미있는 생활의 연속이다.			(중간)			아주 틀에 박힌 기계적인 생활이다.

3. 나는,

1	2	3	4	5	6	7
인생의 목표가 전혀 없다.			(중간)			인생의 목표가 아주 뚜렷하다.

4. 나는 한 인간으로서,

1	2	3	4	5	6	7
인생의 목적도 없는 아주 무의미한 존재이다.			(중간)			인생의 목적을 지닌 아주 의미 있는 존재이다.

5. 나는 하루하루 생활이,

1	2	3	4	5	6	7
항상 새롭고 다르게 다가온다.			(중간)			그저 변화 없이 똑같기만 하다.

6. 내가 선택할 수 있었다면,

1	2	3	4	5	6	7
이 세상에 태어나지 않았을 것이다.			(중간)			지금과 같은 나의 인생을 아홉 번이나 더 택하고 싶을 정도이다.

7. 내가 나이가 많아 직장을 그만둔다면,

1	2	3	4	5	6	7
평소에 꼭 하고 싶었던 일들을 할 것이다.			(중간)			여생을 편히 쉬며 보낼 것이다.

8. 나의 인생 목표 달성에 있어서,

1	2	3	4	5	6	7
아직 아무것도 이루지 못하고 있다.			(중간)			모든 것을 만족하게 추진하고 있다.

9. 나의 생활은,

1	2	3	4	5	6	7
허무하고 절망에 가득 차 있다.			(중간)			대단히 즐겁고 좋은 일로 가득 차 있다.

10. <u>오늘 내가 갑자기 죽게 된다면, 그동안 나의 인생은,</u>

1	2	3	4	5	6	7
아주 보람 있었다고 생각한다.			(중간)			전혀 보잘것없는 것이었다고 생각한다.

11. 나의 인생을 생각해볼 때,

1	2	3	4	5	6	7
내가 왜 이 세상에 사는가 자주 회의를 느낀다.			(중간)			내가 이 세상에 사는 이유를 항상 잘 알고 있다.

12. 나의 삶과 관련지어 이 세상을 바라볼 때에,

1	2	3	4	5	6	7
나는 도저히 이 세상을 이해할 수 없다.			(중간)			이 세상은 나의 삶과 의미 있게 조화를 잘 이룬다.

13. 나는,

1	2	3	4	5	6	7
아주 무책임한 사람이다.			(중간)			대단히 책임감이 강한 사람이다.

14. 나는 무엇을 선택할 수 있는 인간의 자유에 대하여,

1	2	3	4	5	6	7
모든 인생 문제에 스스로 선택할 자유가 있다고 생각한다.			(중간)			유전과 환경의 제약조건에 전적으로 얽매인다고 본다.

15. 나는 죽음에 대해,

1	2	3	4	5	6	7
각오가 되어 있으며, 두렵지 않다.			(중간)			준비도 되어 있지 않고 무섭게 느껴진다.

16. 나는 자살에 대해,

1	2	3	4	5	6	7
문제해결의 한 방법이라고 진지하게 생각한다.			(중간)			두 번 다시 생각해 본 일이 없다.

17. 나는 내 인생의 의미·목적·사명을 찾을 수 있는 능력을,

1	2	3	4	5	6	7
충분히 가지고 있다.			(중간)			전혀 가지고 있지 못하다.

18. 나의 인생은,

1	2	3	4	5	6	7
외부의 요인들에 의해 전적으로 좌지 우지된다.			(중간)			나 자신에게 달려 있으며, 스스로 통제할 수 있다.

19. 나는 매일매일 내가 해야 할 일을 대할 때마다,

1	2	3	4	5	6	7
즐거움과 보람을 느낀다.			(중간)			괴롭고 싫증을 느낀다.

20. 나는,

1	2	3	4	5	6	7
어떤 인생의 사명감이나 목적도 찾지 못하고 있다.			(중간)			뚜렷하고도 만족스러운 인생의 목적을 발견하였다.

* 출처: 이대근(2003), 그리스도인의 종교성이 삶의 의미와 자기실현에 미치는 영향, 대구가톨릭대학교 교육대학원 석사학위 논문.

* 밑줄 친 문항은 역채점 문항임.

제 6 장
종교와 자기실현

현대 역사 속에서 등장하는 슈바이처, 마틴 루터 킹, 마더 테레사, 마하트마 간디 같은 위인의 공통점은 무엇인가? 두 가지 측면에서 접근할 수 있는데 하나는 종교인이라는 점과 또 하나는 자기실현의 대표적 인물이라는 점이다. 이처럼 종교와 자기실현은 불가분의 관계이다.

물론 역사 속 위인을 일상의 평범한 사람들이 닮기는 쉽지 않지만, 종교심리학 관점에서 자기실현의 가치를 발견하고 종교적 가르침을 체화(體化)한다면 누구나 성인이 될 수 있고, 성불할 수 있을 것이다.

본 장에서는 종교인의 자기 이해와 수양에 대해서 바로미터가 될 수 있도록 자기실현에 대한 심리학적 탐구와 관련 척도를 소개한다.

1. 자기실현의 개념

인본주의자들은 인간 존엄성에 바탕을 두고 사람은 누구나 선천적이고 무한한 잠재력을 지니며 자율적이고 능동적으로 삶을 증진하고 자신의 능력을 최대로 개발하고자 하는 욕구와 성향을 갖고 있으며 이러한 욕구와 성향을 자기실현으로 보았다. 자기실현(self-actualization)이란 개념에 대해 많은 학자들이 다양하게 정의하고 있다.

자기실현이란 용어를 최초로 사용한 Goldstein(1939)은 유기체를 하나의 통일되고 체제화된 전체로 보는 '유기체 이론(organismic theory)'에서 그는 유기체를 다수의 독립적인 욕구보다는 하나의 중요한 욕구에 의해 행동이 동기화된다고 전제하고 이 동기를 자기실현이라 하였다. 그는 자기실현이란 개인이 선천적인 속성과 잠재능력을 실현하기 위한 계속된 노력으로써 인간 생활에 방향과 통일성을 제공해 준다는 것이다.

Jung은 자기실현의 개념을 비교적 초기에 사용한 심리학자로서 자기실현을 '개별화(individuation)'와 같은 의미로 보았으며, 이는 온전한 상태를 달성하는 쪽으로 지향하는 성격 발달의 과정으로서, 이러한 과정이 바로 '자신답게 되는 과정(coming to selfhood)'이며, 특별한 장애가 없는 한 이 경향은 대단히 강한 힘(force)을 가지는 것으로 보았다. Fromm(1947)은 자기실현을 '생산적(productive)'이라는 말과 동의어로 사용하였다. '생산적'이라는 것은 인간의 능력과 잠재력을 모두 발휘하는 것이라 하여 충분한 기능(full functioning)을 발휘함을 뜻한다. 그는 인간 잠재력을 완전히 활용하고 실현하는 것, 그리고 자기뿐만 아니라 지적·정서적·감각적 반응 모두를 포괄하는 일반적인 태도와 견해를 정향(orientation)이라는 말로써 나타냈다. Rogers(1961)는 자기실현이란 유기체가 하나의 기본적인 경향성과 욕구를 갖고 자신을 실현하고 유지·향상시키는 것으로 규정하였다. 그 경향성은 성숙과 분화, 독립성과 자율성 및 책임감으로 발전되거나, 자신에게 의식적인 자기개념과 일치하게 행동하도록 하는 힘이라 하였다. 그는 자기실현인을 '충분히 기능하는 사람(a fully functioning person)'으로 보고 그 특징으로써 모든 경험에 개방적이고 실존적으로 생활하며 유동적이고 융통성이 있으며 창조적인 생각의 소유자를 제시하였다.

인간의 자기실현 과정은 상태나 완료형이 아닌 미래지향적 계속형이다. 이는 어렵고 고통스러운 여정으로 끊임없는 긴장과 자극, 존재에의 용기가 수반된다. 행복은 자기실현의 부산물로 얻어지기에 자기실현인이 항상 행복한 것은 아니며 자기실현을 추구하는 과정에서 오히려 긴장을 느낀다.

그 외에 Frankle은 자기실현인을 자기 초월의 사람으로 보았고, Allport는 성숙한 인격(mature personality)으로, Peris는 여기 그리고 지금의 사람으로 자기실현인을 표현하면서 자기의 충동과 욕망에 개방적이며 삶에 책임지는 사람이라고 하였다. 또 Snygg와 Combs는 자기실현인을 '적합한 자기(anadeguate self)'라고 정의하고 이들은 우선 긍정적인 자기개념을 갖는다고 보았다(김애경, 1990).

자기실현의 개념과 이론을 가장 종합적이고 체계적으로 발전시킨 사람은 Maslow이다. Maslow(1970)는 자기실현을 인간의 재능과 가능성의 무한한 이용과 개발로 보고 이는 성장하고자 하는 인간의 자기 의식적 욕구의 노력에 대한 부산물로 보았다. 그는 욕구를 결핍 욕구와 성장 욕구로 구분하고, 인간의 욕구를 생물학적이고 육체적인 욕구 · 안전의 욕구 · 소속감과 사랑의 욕구 · 자존의 욕구 · 자기실현의 욕구의 다섯 단계로 구분하였다. 앞의 네 가지는 인간 삶의 가장 기본적인 욕구이므로 그 욕구를 채우지 못할 경우에는 삶 자체를 유지할 수 없다. 그러나 앞의 네 가지 욕구가 충족되었다 하더라도 자기실현의 욕구가 현실화되지 못하면 삶은 건강하지 못하다. 그는 결핍 욕구가 충족된 후에 나타나는 성장 욕구의 일종인 자기실현의 욕구는 자기충족

(self-fulfillment)에 대한 욕구로서 정신적으로 건강한 사람이 자기실현의 욕구가 강하다고 하였다. 곧 자기실현은 자기 계발과 자기성취를 위한 충동으로서 자신의 재능과 능력을 극대화하여 그가 되고자 하는 상태를 말한다고 하겠다.

Shostrom(1973)은 추상적이고 애매하여 비과학적이라는 비판을 듣는 자기실현의 개념에 대하여 과학으로서의 상담심리학적 접근을 시도하였다. 그는 자기실현을 '자신의 잠재력을 활용하는 방향으로 계속 성장해 나가는 과정'으로, 잠재력을 '창의적으로 표현하고, 효과적인 대인관계를 유지하고, 충족된 삶을 살 수 있는 개인의 궁극적인 능력'으로 덧붙여 설명하면서 종합적이고도 보다 구체적인 정의를 다음과 같이 다섯 가지로 설명하였다. 첫째, 통계학적 개념으로서, Maslow가 상위 1%의 사람들만을 자기실현인이라고 부르는데 반해 Shostrom은 정상분포 곡선상에서 상위 5% 내에 속하는 사람을 자기실현인이라고 보았다. 둘째, 과정적 개념으로서, 자기실현은 본래 자기 자신이 되어가는 과정으로서, 이는 결코 종착점이 아니라 일상의 가식적인 자신으로부터 성장·발전하고 잠재력을 계발하는 과정이다. 따라서 자기실현은 성공적인 상담·수업·인간관계에서 일어난다. 셋째, 자기실현은 순간적인 상태적 개념으로서, 이는 Maslow가 말한 '정상경험'과 같은 의미이다. 넷째, 윤리적 개념으로서, "선과 악의 기준은 진정한 자기를 성취하느냐의 여부에 따른다", 그리고 "자기의 잠재력을 경험하고 표현하는 것을 인생의 주된 목적으로 삼는다"라는 것 등이다. 다섯째, 모형적 개념으로서, 교육적 상담모형을 지향한다. 의학적 모형은 환자가 정상인이 되도록 하는 반면, 자기실현은 정상인이 '더 정상'이 되도록 한다.

이상 살펴본 바와 같이 자기실현을 한 마디로 정의하기는 어렵겠지만 이를 종합하여 정의해 보면 자기실현이란 '심리적으로 건강한 사람이 자신의 잠재된 가능성을 충분히 발휘하여 계속 성장해 나가는 과정'이라 하겠다.

2. 자기실현인의 특징

Maslow는 자기실현의 욕구를 현실화한 다양한 사람들을 직접 관찰하고 대화를 통해서 그들의 삶을 분석하였다. 그 결과 자기실현인들은 일상적인 경험과는 너무도 대조되는 가장 열정적이고 근원적인 경험을 지니고 있으며 그것을 통해서 자신들의 존재가치들(B-values)을 실현하고 있음을 알았다. 그러나 대부분의 자기실현인들은 잊을 수 없는 강렬한 주관적인 경험을 갖지만, 과학적이고 객관주의적인 현대 문화는 정신적인 착란 현상이라고 하여 그 경험을 의도적으로 무시하고 있기에 공개적으로 쉽게 표현하지는 않는다는 것도 알게 되었다.

Maslow는 이런 강한 경험을 '정상경험(peak experience)'이라 하였다. 이 정상경험은 특수한 현상이 아니라 매우 보편적이고 자연스러운 현상이라 하여 초자연적이고 신비주의적인 경험이라 하지 않고 자연적인 경험 또는 보다 넓은 의미에서의 종교 경험으로 생각하였다.

Maslow는 자신이 말하는 자기실현을 하는 사람은 정신병리학적으로나 심리적으로 건강한 사람임을 강조했다. 그는 자신이 천부적으로 타고난 재능과 가능성과 잠재력을 최대한으로 개방하고 활용하는 가장 이상적인 건강한 인간성을 자기실현의 인간이라 명명하고, 두 종류의 자기실현인을 말하였다. 하나는 분명히 건강하지만 초월 경험이 없는 사람들이며, 또 하나는 초월 경험이 중요하고 중심적인 역할을 하는 사람들이다. 전자의 예로는 Eleanor Roosevelt, Truman, Eisenhower를, 후자의 예로는 Aldous Huxley, Schweitzer, Buber와 Einstein을 들었다.

Maslow(1970)는 자기실현인을 보통 사람과 비교할 때 다음 15가지 건전한 특성이 있는 사람으로 설명했다.

① 실현에 관해 충분히 인식하며 현재 지향적이다(reality-centered)

② 자기와 타인과 자연을 있는 그대로 받아들인다(acceptance of self and others)

③ 자발적이고 단순하며 천성 그대로이다(spontaneity and simplicity)

④ 자기중심적이 아니라 문제 중심적이다(reality-centered)

⑤ 초연한 태도와 사생활에 대한 욕구를 가진다(need for privacy)

⑥ 자율적이며 문화와 환경으로부터 독립적이다(independent of culture and environment)

⑦ 끊임없이 감탄할 줄 아는 신선감을 갖는다(freshness of appreciation)

⑧ 신비하고 영적인 정상경험을 하며 산다(peak experiences)

⑨ 인류에 대한 형제애를 갖는다(Gemeinschaftsgefühl)

⑩ 친밀한 대인관계를 수립한다(intimate personal relations)

⑪ 민주주의적 성격을 갖는다(democratic values)

⑫ 목적과 선과 악을 구별할 줄 안다(different perception of means and ends)

⑬ 공격적이지 않은 유머를 즐긴다(un-hostile sense of humor)

⑭ 창의적이다(creative)

⑮ 문화적 압력에 의해 살지 않고 자신 특유의 방식에 따라 행동한
다(resisted enculturation)

　Maslow는 이런 특성들을 달성한 사람은 실제로 선택받은 극소수만
이 해당한다고 보았는데, 그는 왜 모든 사람이 자기실현을 못하는가에
대해 첫째, 많은 사람들이 그들의 잠재력에 대해 모르고 있고 자기 증
진이 가져다주는 보상도 이해 못 하고 오히려 자신의 능력을 의심하고
두려워하는 경향 때문에 자기실현할 수 있는 기회를 소멸하며 둘째,
사회적 여러 환경이 자기실현을 억눌러버리며 셋째, 안전욕구가 가져
다주는 강한 부정적 영향 때문이라고 하였다.

　Shostrom(1973)은 자기실현인은 인생에 대해 자연스럽게 리듬이 있고
자발적인 반응을 한다고 결론지을 수 있다고 하였다. 밀물과 썰물과
계절이 바뀌는 것처럼 그의 존재가 비로 이런 자연적인 리듬을 반영한
다. 자기실현인은 자신의 신체의 느낌의 핵심적 자각과 이런 느낌을
충만하게 경험하고 타인에게 표현하는 능력을 통해 충만하게 산다. 그
리하여 자기실현인은 내부지향과 외부지향의 이분법을 초월하고 확장
되고 통합된 의식으로 성장하는 점에서 협력적(synergic)이라고 한다.

　개성이 자기와 타자 안에서 평가될 때 자기와 타자 사이의 구분이
초월되고 이기심과 이타심, 일과 놀이, 영성과 관능성, 그 외 보통 사
람들이 자명하다고 생각하는 다른 이분법 사이의 구분은 더 이상 없어
진다(이복자, 2000).

　Shostrom(1964)이 조사한 심리치료가들이 자기실현인과 비자기실현
인을 특징짓기 위해서 사용하는 형용사는 <표 6-1>과 같다.

비자기실현인을 묘사하는 형용사	자기실현인을 묘사하는 형용사
편협한, 왜곡된, 청교도적인, 엄격한, 강박적인, 좌절된, 차단된, 찾고 있는, 실현하지 못한, 공허한, 만족하지 못한, 차가운, 냉담한, 놀라는, 두려워하는, 갑갑한, 억제된, 제한된, 염려하는, 걱정하는, 근심하는, 긴장한, 불안한, 불확실한, 불편한, 동요하는, 자기중심적인, 자신을 가여워하는, 말이 없는, 겁많은, 수줍어하는, 조심스러운, 자의식이 있는, 민감한, 고독한, 우울한, 불행한, 염세적인, 수동적인, 둔감한, 의기소침한, 의식하지 못하는, 비현실적인, 위험을 무릅쓰지 않는, 헌신하지 않는, 성숙하지 않은, 아이 같은, 의존적인, 타인 중심적인, 가짜로, 움츠러든, 혼자인, 소외된, 성을 피하는, 자신을 깔보는, 죄를 느끼는, 가짜의 증상으로 고통받는, 식욕부진의, 모호한, 혼란스러운, 흐트러진, 분별을 잃은, 정신분열의, 조직되어 있지 않은, 변덕스러운, 우유부단한, 목적이 없는, 비효율적인, 적대적인, 화가 난, 기분 나쁜, 신랄한, 빈정거리는, 돌출하는, 비난하는, 의심 많은, 지배하는	활동적인, 바쁜, 몰입하는, 참여하는, 정열적인, 동기화된, 중심적인, 열심히 일하는, 건설적인, 생산적인, 창조적인, 모험심이 있는, 기민한, 상상력이 풍부한, 주는, 도움이 되는, 관대한, 열망하는, 삶의 의욕이 왕성한, 관능적인, 낙관적인, 자신감이 있는, 풍부한, 행복한, 따뜻한, 책임감이 있는, 안정감이 있는, 성숙한, 자신 있는, 독립적인, 믿을 수 있는, 의지할 수 있는, 자기가 주도하는, 균형 잡힌, 도덕적인, 적응된, 정직한, 현실적인, 양심 있는, 헌신하는, 사려 깊은, 분별하는, 인내심이 있는, 깨어있는, 공감하는, 친절한, 느끼는, 느끼기 쉬운, 동정심이 있는, 방어적이 아닌, 열려있는, 자신을 탐색하는, 외향적인, 직접적인, 자발적인, 위협받지 않는, 반응을 하는, 위협하지 않는, 추구하는, 여전히 공부하는, 민주적인, 사회적인, 친근한, 품위 있는, 호의적인, 감사하는, 즐거운, 유머가 있는, 사랑하는, 진지한, 적응할 수 있는, 유연성이 있는, 만족하는, 받아들이는, 조용한, 겸손한, 인내심이 있는, 적당한, 조직된, 효율적인, 통합된, 잘 기능하는, 능력 있는, 성공적인, 지성적인

3. 종교와 자기실현척도

개인의 자기성취 정도를 자기실현이라는 측면에서 이해하고 그 질적 수준을 확인할 수 있는 측정 도구가 최근들어 다수 개발되었다. 대표적인 자기실현 척도로 Shostrom이 1974년 개발한 자기실현검사(Personal

Orientation Inventory: POI)가 있는데 POI는 두 개의 짝 지워진 150개의 문항으로 구성되어 있으며, 자기실현의 발달과 관계되는 2개의 주 척도와 10개의 하위척도를 지니고 있다. 우리나라에서는 POI를 1977년 김재은이 '자기실현검사 실시 요강'(중앙적성출판사)으로, 1988년 설기문이 표준화 작업을 거쳐 130문항으로 '한국형 자기실현검사'를 제작한 바 있다.

그러나 본 장에서는 보다 간편하며 특히 인본주의 심리학에서 소홀히 다룬 종교성(religiosity) 문제를 중심으로 자기실현 정도를 효율적으로 확인하기 위해 Jones와 Crandall이 1986년 개발한 '간이 자기실현 검사(SISA: Short Index of Self Actualization)'를 번안하여 제시한다. 이 검사는 총 15문항으로 이루어져 있으며 검사의 각 문항은 5단계 리커트 방식으로 구성되어 있다. 이들 항목에 응답(2, 5, 6, 8, 9, 11, 13, 14번 문항은 역채점)한 점수가 높을수록 자기실현 수준이 높다고 할 수 있다.

석창훈(2015)의 연구에서 간이 자기실현 검사의 전체 신뢰도는 .84로 비교적 안정적인 신뢰도를 나타냈다.

〈간편 자기실현검사(SISA)〉

※ 다음 각 문항을 잘 읽고 자신과 가깝다고 생각되는 번호에 ○표 하십시오.

질 문	전혀 그렇지 않다	거의 그렇지 않다	보통 이다	제법 그렇다	아주 그렇다
1. 나는 내 안에서 일어나는 감정들에 대해 부끄러움을 느끼지 않는다.	1	2	3	4	5
(2). 나는 남들이 나에게 기대하는 대로 행동해야 한다고 생각한다.	1	2	3	4	5
3. 나는 인간은 본래부터 선하고 신뢰할 수 있는 존재라고 믿고 있다.	1	2	3	4	5
4. 나는 내가 사랑하는 사람들에게 화내는 것이 두렵지 않다.	1	2	3	4	5
(5). 나는 내가 하는 일이 다른 사람에게 항상 인정을 받아야 한다.	1	2	3	4	5
(6). 나는 나의 약점을 인정하지 않으려고 한다.	1	2	3	4	5
7. 나는 남들이 나를 인정해 주지 않아도 그들을 좋아할 수 있다.	1	2	3	4	5
(8). 나는 실패할까 봐 두려워한다.	1	2	3	4	5
(9). 나는 복잡한 문제를 해결하거나 단순화하려는 노력을 피하는 편이다.	1	2	3	4	5
10. 나는 인기 있는(대중적인) 사람이 되는 것보다 자기 자신이 되는 것을 더 중요한 일로 여긴다.	1	2	3	4	5
(11). 내 인생에 있어서 마땅히 헌신해야 할 사명을 아직 가지고 있지 않다.	1	2	3	4	5
12. 나는 불쾌한 결과가 생겼을 때조차 나의 감정을 솔직하게 표현할 수 있다.	1	2	3	4	5
(13). 나는 다른 사람을 도와야 할 책임감을 잘 느끼지 못하는 편이다.	1	2	3	4	5
(14). 나는 내가 부적격한 존재가 되지나 않을까 하는 두려움 때문에 고민한다.	1	2	3	4	5
15. 나는 사랑을 먼저 주기 때문에 사랑받는 편이다.	1	2	3	4	5

※ ( )는 역채점(reverse scoring)
* 출처 : 석창훈(2015), **가족 상담의 원리와 실제**, p.29.

제3부

종교성과 적응

"향 싼 종이 향내 나고,
생선 싼 종이 비린내 난다."

(法句經)

제 7 장
종교적 대처 및 문제해결

목회나 상담 장면에서 자주 만나는 사람들 중에 '나는 문제가 전혀 없어요'라는 사람이 있다. 물론 문제가 없으면 좋겠지만 인생 그 자체가 불교 관점에서 보면, 고해(苦海)인데 어찌 문제가 없겠는가. 오히려 자신의 문제를 잘 인지하지 못하거나 성찰하지 못한 데 기인한다. 그래서 문제없는 사람이 가장 문제 많다는 주장에 고개가 끄덕여지기도 한다.

인생을 살다가 건강에 문제가 생기면 병원을 찾고, 경제에 문제가 생기면 은행에 가고 마음에 문제가 생기면 종교인이라면 교회나 법당을 찾아 목회자와 대화하거나, 기도하고 말씀을 듣거나 종교적 가르침을 실천하면서 문제를 해결하거나 대처한다.

본 장에서는 종교인의 정신건강과 관련된 연구를 소개하고, 최근 국내에서 연구가 활성화되고 있는 종교적 문제해결과 대처척도를 구체적으로 제시한다.

1. 스트레스와 대처

유사 이래, 수많은 철학자와 예술가들이 인생의 위기 상황에서 사람들이 어떻게 대처하는가에 대해 관심을 가져왔다. Plato는 생명이 위협받는 순간에도 냉정함을 잃지 않았던 스승 Socrates를 묘사하였고, Shakespeare의 소설은 대부분 인생의 결정적 순간을 다루었으며, 20세기에 들어서도 Picasso에서 Sartre에 이르기까지 스트레스에 사람들이 어떻게 반응하는가를 즐겨 그리고 있다.

뿐만 아니라 성경에서도 처음부터 마지막까지 위기에 빠진 사람으로 가득 차 있다고 해도 틀린 말이 아니다. 성경은 각양각색의 사람들이 위기에 처했을 때 어떻게 극복했는지도 잘 보여준다. 또한 개인적으로 집단적으로 위기를 어떻게 이해하고 있는지도 말해 준다. 성경은 위기가 영적인 삶에 어떤 영향을 미치는지, 또한 위기를 극복하려 했을 때 어떤 결과가 따르는지에 대해서도 생생하게 보여준다. 이를 바탕으로 최근 종교 심리학자들의 관심은 스트레스에 대한 심리적, 생리적, 사회적, 종교적 반응에 대한 접근을 기초로 하여 종교장면에서의 위기 상담과 대처에 대한 연구에 관심을 기울이기 시작했다.

먼저 위기에 대해서 살펴보면, 위기는 종교 상황에서 아주 중요한 것이다(Miller, Jackson, 1995). 종교장면에서의 위기 상담이란 사람들이 일상에서 경험하는 위기의 역동적 기능을 이해하고, 종교 상담전문가들이 위기 상황에 적절한 개입으로 문제를 해결하는 데 도움을 제공하는 것이다. 성경에서도 위기는 하나님의 특별한 섭리, 창조된 자연의 자연스러운 과정 또는 인간의 영적인 결핍 때문에 발생한다고 보고 있다. 또한 모든 위기에는 목적이 있다. 우리 인간의 지혜는 한계가 있기 때문에 하나님의 뜻을 잘 이해할 수 없다 하지만 하나님은 목적을 가지고 우리의 삶을 인도하신다. 위기를 만났을 때 사람들은 변화를 거부하기도 하고 받아들이기도 한다. 그런데 영적 자원이 마련되어 있으면 위기에 대처하거나 통과하거나 극복하는 데 도움을 얻을 수 있다. 그리스도인들은 신앙 안에서 위기를 이해해야 한다. 따라서 종교인들은 고통으로 신음하고 있는 사람들에게 위기를 믿음의 눈으로 바라볼 수 있도록 도와주어야 한다. 이를 위해서는 위기에 대한 전반적인 이해를 필요로 하는데 건강을 위협하는 위기, 죽음, 이혼, 이사, 친구 문제로 인한 위기, 삶의 주기에 따른 위기, 경제적인 위기, 영적인 위기 등에 대해 구체적인 진단 및 상담 기술의 배양을 필요로 한다. 그리고 오늘날 끊임없이 변화하는 현대 사회 생활에 적응하는 과정에서 스트레스를 겪지 않는 사람은 거의 없다. 이러한 스트레스의 개념을 정의하는데 학자들 간에 다소 차이가 있지만 일반적으로 세 가지 부류로 나눌 수 있다(이광형, 1996).

첫째, Holmes와 Rahe의 정의처럼 스트레스란 환경 내의 압력이나 사건의 자극이다. 이에 따르면 전쟁, 급격한 문화적 변화, 직업 상실 및 가까운 사람의 죽음과 같은 생활 위기가 스트레스 상황에 포함될 수 있다. 일반적으로는 개인이 겪는 일상생활의 변화가 가장 큰 스트레스 요인이 된다. 특히 생활 사건에서 가장 큰 스트레스의 요인으로는 배우자의 사망, 이혼, 별거, 감옥살이, 가족의 사망, 자신의 부상이나 질병이 있으며 이를 포함한 43가지의 생활 사건을 일반적으로 스트레스의 요인으로 보고 있다. 따라서 이로부터 당뇨병, 암, 심장병, 우울증과 같은 신체적 또는 심리적 장애 반응과 스트레스 사이에 의미 있는 관계가 있다는 것을 알 수 있다.

둘째로, Seyle 등은 내적, 외적 자극에 대응하는 개인의 신체적, 정신적 행동 반응 등 자극에 대한 반응으로 스트레스를 보는 부류가 있다. Seyle는 스트레스를 신체에 가해진 어떠한 요구에 대하여 신체가 수행하는 일반적이고도 비특정적인 반응이라고 보았다. 즉 자극 전체가 어떤 상해의 원인이 될 수도 있지만 유기체가 이러한 위협에 어떠한 반응을 보이는가가 바로 스트레스의 표현이라고 보는 것이다. 이러한 변화가 야기되어 신체의 항상성을 무너뜨리게 되면 신체를 스스로 보호하기 위하여 신체가 보유하고 있는 여러 가지 자원을 재정비함으로써 대내적인 반응 태세를 취하는데 이때 신경계는 장기간의 신체 유지를 위한 기능에 쓰일 에너지를 갑작스럽게 집중적으로 사용하기 위하여 신체조직을 자극하는 반응을 하게 된다. 이러한 반응의 구체적인 예로는 맥박과 호흡의 증가, 근육의 긴장 등을 들 수 있다.

셋째로, 스트레스를 환경과 개인의 복잡하고 역동적인 상호작용으로 보고 그 심리 과정에 근거를 두는 흐름이다. 이러한 상호작용에서 스트레스는 자극이나 반응으로서가 아니라 과정으로 설명된다. 즉 개인에게 내적, 외적 요구가 생겨났을 때 이 요구에 대응하는 적응 반응이 쉽게 일어나지 않거나 부적응하게 되면 스트레스를 경험하게 된다. 이러한 주장을 지지하는 학자들로 Fleming, Baum, Singer 등이 있다. 이상에서 살펴본 바와 같이 스트레스는 환경의 자극, 자극에 대한 개인의 반응, 인간과 환경의 상호작용 등으로 다양하게 설명될 수 있다. 그렇다면 스트레스를 개인과 환경의 상호작용 관계로 파악할 때, 이에 어떻게 대처할 것인가가 중요한 과제로 제시된다.

스트레스는 개인과 환경과의 상호작용 관계로 나타나는데 이에 어떻게 대처할 것인가는 중요한 문제이다. 가장 일반적인 수준에서 스트레스 대처란 직접적으로나 간접적으로 스트레스를 주는 사건이나 상황에 대해 개인이 행하는 모든 반응을 포함하는 것으로 정의한다. Silver와 Wortman의 정의에 의하면, 대처에는 부적 자극에 대한 학습된 반응뿐 아니라 위협에 대한 본능적이거나 반사적인 반응도 포함된다. 이러한 정의에 따라 대처를 보는 전통적 관점은 첫째, 대처를 긴장 해소와 심리적 균형 회복을 목적으로 하는 방어 기제 혹은 자기과정으로 보는 관점과 둘째, 대처를 하나의 특성으로 파악하여 성격이나 기질적특성에 따라 일관된 태도와 대처 행동을 가정하는 특성적 관점, 그리고 상황에 따라 사용하는 대처의 전략을 범주화하는 상황적 접근이다.

그러나 이러한 정의는 너무나 광범위하게 설정되었기에 Lazarus와 Folman은 스트레스에 대한 대처로서 의도적이고 목적적인 반응만을 포함하고, 반사적이거나 자동적인 반응을 제외하였다. 그 대신 대처가 전통적인 관점인 환경을 지배한다는 것뿐 아니라, 스트레스에 대한 인내, 수용, 회피도 포함된다는 점을 지적하였다. 즉 대처는 성공적인 노력에만 제한되는 것이 아니라, 그 효율성과 상관없이 스트레스를 관리하려는 모든 목적적인 시도를 포함한다는 것이다. 이것을 '상호 교류적(ongoing transactional) 대처모형'이라고 한다. 이 모형에서 대처란 개인의 자원을 초과한다고 평가하는 어떤 특별한 내적, 외적 요구를 다루려는 인지적이고 행동적인 노력을 끊임없이 변화시키는 과정으로 본다.

한편 Compas 등(2001)은 대처란 "스트레스 상황에 대한 반응으로서 정서, 인지, 생리 및 환경을 조정하려는 의식적 및 의지적 노력"이라고 정의한다. 이러한 조정 과정은 개인의 생물학적, 인지적, 사회적, 정서적 발달의 영향을 받는다. 다시 말해 개인의 발달 수준이 대처에 필요한 자원을 제공할 뿐만 아니라 동시에 개인이 사용할 수 있는 대처 반

응의 유형을 결정한다. 대처에 대한 여러 학자들의 정의를 종합하여
<표 7-1>에 정리하였다.

<표 7-1> 대처에 대한 정의

- "사람은 아주 위협적인 상황을 만날 때 모든 기제를 활용하여 효과적으로 기능함으로
  써 심리적 안정성을 추구한다."(Friedman, Chodoff, Mason, Hamburg, 1963)
- "대처란 일상에서 발생하는 비상사태에 대비하는 정상적인 장치이다"(Menninger,
  1963)
- "대처란 사람들이 스트레스를 예방하거나 경감시키거나 스트레스에 반응하는 일련의
  내현적, 외현적 행동유형(covert and overt behavior pattern)이다."(McGrath, 1970)
- "대처에는 목적, 선택, 융통성 있는 이동, 상호 주관적인 진실과 논리에 대한 고집, 감
  정 표현의 비율을 증가시키는 것 등이 포함된다."(Haan, 1977)
- "대처란 개인과 환경 간의 지속적인 교류과정으로서, 인지적 평가와 행동의 영향을
  받는 과정이다."(Lazarus. Folkman, 1984)
- "대처란 스트레스원(stressor)에 직면했을 때 긴장을 줄이려는 목적으로 행해지는 행동
  이다." (Hobfoll, 1988)
- "대처란 부정적 감정과 실제로 발생하거나 혹은 발생 가능성이 있는 문제를 다루는
  전략법(use of strategies)이다."(Aldwin, 1994)

---

2. 대처에 대한 이해

Lazarus와 Folkman은 스트레스 상황에 대한 인지적 평가에 따라 개
인이 취하는 대처 행동을 크게 두 가지로 구분하였는데, 문제 상황에
직면했을 때 개인이 행하는 대처 노력을 그 기능에 따라 분류한 문제
중심적 대처와 정서 지향적 대처가 그것이다(Bjorck, 1997). 문제 중심적
대처는 개인이 문제 되는 행동을 변화시키든지 환경적인 조건을 변화
시켜 스트레스의 근원에 힘을 작용하려는 노력이고, 정서 지향적 대처
는 스트레스와 관련되거나 스트레스로부터 초래되는 정서 상태를 통

제하려는 노력이다. 따라서 문제 중심적 대처는 문제해결이나 개인과 환경 간의 관계를 변화시키려는 책략이 포함된다. 반면에 정서 지향적 대처는 스트레스의 원인을 회피하거나 스트레스 상황을 인지적으로 재구성하여, 자기나 상황의 긍정적인 측면이 선별적으로 주의를 기울이는 것을 통해 이루어지는 반응이다.

더 나아가 Billings와 Moos(1984)는 대처를 문제 지향적 대처와 정서 지향적 대처뿐 아니라 평가 지향적(appraisal focused coping)으로 구분하였다. 평가 지향적 대처는 상황에 대한 개인의 의미를 정의 또는 재정의하려는 노력을 일컫는다. 한편 Pearlin과 Schooler는 유사하게 상황을 변화시키려는 반응, 스트레스의 의미를 변화시키려는 반응으로, Guttman 은 능동적 대처, 수동적 대처, 신비적 대처로 대처 유형을 구분하였다. 이를 종합해 보면 대체로 스트레스 대처 유형은 크게 문제 중심적이며 직접적인 해결 양식과 상황의 변화를 포함하는 적극적인 대처 양식 그리고 정서적 통제, 수용, 억제, 회피, 의미의 재정의 등을 포함하는 소극적 대처 양식으로 나눌 수 있다.

이러한 대처 행동에 영향을 주는 요인으로 Lazarus와 Folkman(1984) 은 인지적 평가를 들고 있다. 그들은 인지적 평가를 일차적 평가와 이차적 평가의 두 가지로 구분하고 있다. 일차적 평가(primary appraisal)는 개인이 스트레스 상황에 봉착했을 때 먼저 자신과 환경 간의 관계, 즉 상황이 주는 위협이나 상실이나 도전의 정도를 평가하는 것이다. "내가 지금 무엇이 문제인가?"에 대한 판단으로 개인이 자신에게 부딪힌 상황을 자신의 안녕과 관련지어 볼 때 자신과 무관한지를 보며, 자신의 안녕을 보존, 향상시킬 때 얼마나 자신에게 이롭고 긍정적인가, 또는 자신에게 스트레스를 주는 것이 무엇인가의 형태로 구분할 수 있다. 여기서 자신에게 스트레스를 주는 상황은 상실, 위협, 혹은 도전 상황으로 평가된다. 이차적 평가(secondary appraisal)는 상황이 위협적이라고 판단되면 자신이 가진 대처 자원(coping resource)의 충분성을 평가하는 것이다. 즉 자신이 스트레스 상황에 있다고 판단될 때, "나는 지금 무엇을 할 수 있을 것인가?"에 대한 평가를 말한다. 즉 자신이 가지고 있는 대처 자원과 대처 선택안(coping option)에 대한 평가로서 과연 나에게는 이러한 상황의 요구에 대처할 자원이 갖추어져 있는가, 어떤 대책을 써야 효과적일 수 있는지를 모두 포함하는 복잡한 과정을 일컫는다. 이러한 평가가 바로 대처 행동에 직접 영향을 줄 수 있다.

그러면 대처 행동에 영향을 주는 대처 자원은 무엇인가? 대처 자원은 신체적 자원, 사회적 자원, 심리적 자원 그리고 물질적 자원이 있다. 신체적 자원은 개인의 건강, 에너지 등을 말하며, 사회적 자원은 사회적 지지를 말하는데 여기에는 정서적 지지, 정보적 지지, 물리적 지지 등이 있다. 심리적 자원에는 자기 지각, 자존심, 문제해결 능력, 사기(士氣) 등이 포함된다. 물리적 자원은 돈, 도구, 장비 같은 구체적인 것을 말한다.

이차적 평가는 대처 자원과 더불어 대처 선택안이 있다. 첫째, 주어진 상황을 변화시켜 그 상황에 대한 어떤 조치를 할 것인가 하는 것이며, 둘째, 그것을 그냥 받아들일 것인가의 여부, 셋째, 행동을 하기 전에 다른 정보가 필요한 것인가의 여부, 넷째, 원하는 것을 보류해야 하는 것인가를 평가하는 것이다.

이상과 같이 다수의 연구들이 대처의 다차원적인 면을 다루고 있고, 대처 과정에는 맥락적, 환경적, 개인적 요인을 종합하여 접근해야 함을 지적하고 있다(Pargament, 1996).

그렇다면 '상황이나 문제가 있을 때 어떤 대처 형식을 적용하는 것이 효율적인 것인가?'에 대해서 Lazarus와 Folkman(1984)은 사건의 맥락과 사건이 평가되는 유형이 대처에 영향력 있는 요인이라고 지적하고, 일이나 직업에 관한 상황에서는 문제 지향적인 대처를, 건강에 관한 문제이거나 자존심 및 다른 사람과 관련된 스트레스 상황에서는 정서 지향적 대처를 하는 경향이 있으며, 또 무엇인가 일을 할 수 있거나 정보가 더 필요하다고 여겨지는 상황에서는 문제 지향적인 대처를, 받아들일 수밖에 없다고 생각되거나 원하는 것을 보류해야 할 상황이라고 여겨질 때에는 정서 지향적인 대처를 한다고 하였다. 즉 변화가 가능하다고 여겨지는 문제에 대해서는 문제에 초점을 맞추는 대처 반응을 하였고, 변화가 가능하지 않다고 여겨지는 문제에는 감정에 초점을 맞추는 반응을 한다는 것이다.

또한 Billings와 Moos(1984)의 연구에서 일반적인 사람들은 질병과 같은 문제에 대처하기 위해서는 문제 지향적 대처를, 죽음과 같은 문제는 정서적 대처를 많이 하게 된다고 밝혔다. 이처럼 대처 양식은 상황에 따라 달라진다. 또 그것을 스스로 해결할 능력이 있느냐, 없느냐의 상황에 의해 결정된다. 그리고 무엇보다도 각 개인의 특성, 즉 문제에 직면하는 자세에 따라 변하게 된다는 점이다. 여기서 종교적 대처의 중요성이 제시된다.

3. 종교적 대처

종교적 대처라는 개념은 정신건강이라는 개념과 마찬가지로 다차원적인 개념이다. 대처는 인지적 평가와 행동으로 구성되는 과정이다. 다시 말해 특정 상황에 놓였을 때 다양한 평가와 행동을 드러내는 것이다. Pargament(1998)는 종교적 문제해결 방식에 이어 <표 7-2>와 같이 다양한 대처 방법들을 제시하였다.

<표 7-2> 다양한 종교적 대처 방법

- 호의적 종교적 평가, 스트레스를 종교적 관점에서 긍정적으로 재정의한다.
- 하나님의 벌로 평가, 스트레스를 죄에 대한 하나님의 벌로 재정의한다.
- 악마의 짓으로 평가, 스트레스를 악마의 행위로 재정의한다.
- 하나님 능력으로 평가, 스트레스 상황에 영향을 미칠 하나님의 능력으로 재정의한다.
- 공협적 종교적 대처, 문제해결에 하나님의 뜻을 찾으며 함께 해결하려고 한다.
- 유예적 종교적 대처, 하나님이 해결해 주리라 믿고 수동적으로 기다린다.
- 자기 주도적 종교적 대처, 하나님의 도움을 기대하지 않고 혼자서 해결하려고 한다.
- 종교적 초점, 종교에 초점을 맞추어 스트레스원으로부터 위로를 찾으려 한다.
- 영성적 지원 추구, 하나님의 사랑과 배려를 통해 위로와 확신을 추구한다.
- 종교적 정화, 종교적 행위나 의식을 통해 영성적 정화를 추구한다.
- 영성적 관련, 초월적 세력과의 관련 의식을 추구한다.
- 영성적 불만 토로, 하나님께 불만과 혼란을 토로한다.
- 성직자나 공동체로부터의 지원 추구, 공동체 구성원이나 성직자의 따뜻한 사랑과 배려를 통해 위로와 확신을 추구한다.
- 종교적 도움, 타인에게 영성적 지원과 위로를 주려고 한다.
- 대인 간의 종교적 불만 토로, 성직자나 공동체 구성원들에게 불만과 혼란을 토로한다.
- 종교적 용서, 종교적 관점에서 진정한 용서를 베풀려고 한다.

그다음 종교적 대처 방법에는 긍정적 종교적 대처와 부정적 종교적 대처가 있다는 것을 가정하여, 다양한 대처 방법을 표집하여 요인 분석한 결과, 긍정적 종교적 대처와 부정적 종교적 대처라는 두 가지 종류의 대처 유형이 있다는 사실을 밝혀냈다. 요인분석 결과 개발된 '종교적 대처 척도'(Brief RCOPE)의 긍정적인 종교적 대처 유형과 부정적인

종교적 대처 유형은 <표 7-3>과 같다.

<표 7-3> 종교적 대처 척도의 긍정적 및 부정적 종교적 대처 유형

■ **긍정적인 종교적 대처 유형**

  1. 하나님과의 더욱 강한 유대를 찾는다. (영성적 연결)
  2. 하나님의 사랑과 배려를 찾는다. (영성적 지원)
  3. 분노를 가라앉힐 수 있도록 하나님께 도움을 청한다. (종교적 용서)
  4. 하나님과 함께 나의 계획을 행동으로 옮기도록 노력한다. (공협적 종교적 대처)
  5. 이러한 상황에서 하나님께서 나에게 어떻게 힘을 불러일으켜 주실지 찾는다. (호의적인 종교적 재평가)
  6. 하나님께서 나의 죄를 용서해 주기를 청한다. (종교적 정화)
  7. 종교에 초점을 맞추어 내 문제에 대해 근심하기를 중지한다. (종교적 초점)

■ **부정적인 종교적 대처 유형**

  8. 하나님께서 나를 버린 것이 아닌가 근심한다. (영성적 불만)
  9. 나의 신심이 부족하여 하나님께서 벌하는 것이라 느낀다. (하나님 벌로 재평가)
  10. 내가 한 행동에 대해 하나님이 벌한 것으로 생각한다. (하나님 벌로 재평가)
  11. 하나님의 사랑에 대해 회의가 든다. (영성적 불만)
  12. 교회로부터 버림받았다는 걱정이 든다. (대인관계에서의 종교적 불만)
  13. 악마의 짓으로 이러한 일이 발생했다고 생각한다. (악마의 짓으로 재평가)
  14. 하나님의 능력에 회의가 든다. (하나님 능력의 재평가)

스트레스 상황에 처했을 때 영성적 지원을 구하고, 종교적 차원에서 용서를 베풀고, 문제를 해결할 때 하나님의 뜻을 찾으며 적극적으로 해결방안을 모색하고, 종교적 관점에서 사태를 재평가하고, 종교에 초점을 맞추는 것이 긍정적인 종교적 대처 유형으로 밝혀졌다. 그리고 스트레스 상황에 처했을 때 하나님이나 교회 공동체로부터 버림받았다고 생각하고, 하나님의 벌이나 악마의 짓으로 평가하고, 하나님의 능력이나 사랑에 회의를 표하는 것이 부정적인 종교적 대처 유형인 것으로 드러났다.

이처럼 스트레스나 부정적인 인생 사건에 접했을 때 어떤 사람은 부정적인 종교적 대처 방법을 선택하는가 하면 어떤 사람은 긍정적인 종교적 방법을 선택한다. 사람에 따라 종교적 대처 방법의 선택에 차이가 있는 것은 여러 요인이 작용하겠지만 무엇보다 각자가 가진 내재적 종교성향과 외재적 종교성향이라는 종교성향이 중개요인으로 작용한다.

1990년 Pargament 등은 종교적 대처 유형과 정신건강의 관계를 연구하기 위해 다양한 종교적 대처 기제를 잴 수 있는 '종교적 대처 활동'(Religious Coping Activities)이라는 척도를 개발했다. 종교적 대처 활동 중에는 '영성을 토대로 한 대처'(Spiritually Based Coping), '선행의 실천'(Good Deeds), '성직자 또는 교회 공동체로부터의 종교적 지원'(Interpersonal Religious Support)이 긍정적 종교적 대처 유형에 속한다. 그리고 하나님이나 교회나 자신의 신앙에 대한 '불만 표현'(Expression of Discontent), 기적을 바라거나 하나님과 협상하려 하거나 자신이 겪는 사건에 대해 하나님께 회의를 표시하는 '간원'(Plead), 종교를 문제로부터 벗어나기 위한 도피처로 삼는 '종교적 회피'(Religious Avoidance)가 부정적 종교적 대처 유형에 속한다. 인생에 있어서 심각한 부정적 사건을 경험한 사람을 대상으로 하여 종교적 대처 유형에 따라 어떤 결과를 초래하는지 조사한 결과, 긍정적인 종교적 대처 유형을 선택하는 사람은 심각한 스트레스에 봉착하여도 부정적 종교적 대처 유형을 선택하는 사람보다 심리적으로 건강하다는 사실을 발견했다. 긍정적 대처 전략으로는 사건을 종교적 관점에서 재평가하고, 문제를 해결해 나가는데 하나님을 지지적인 파트

너로 인식하고, 종교를 통해 영성적 개인적 지원을 추구하는 것을 들 수 있다.

또 Pargament 등은 스트레스나 위기 상황에서 종교적 대처 방법에 따라 정신건강에 어떤 영향을 미치는지 밝히기 위해, 폭탄 테러 사건이 발생했던 오클라호마 시에서 테러를 경험했던 개신교 신자 296명, 최근 3년 내에 가족의 사망과 같은 부정적 사건을 경험한 540명의 대학생, 그리고 정신병원에 입원해 있는 551명의 환자를 대상으로 하여, 신체적 정신적 건강을 재는 다양한 척도를 사용하여(* 저자 주 : 오클라호마 시의 교회 신자들을 대상으로 한 연구에서는 심리적 증상을 측정하기 위해 'Post-Traumatic Stress Disorder'(PTSD), 부정적 인생사건을 통해 긍정적 결과를 얻게 되는 정도를 재기 위해 Park, Cohn, Murch의 'Stress-Related Growth', 긍정적인 종교적 변화를 재기 위해 'Religious Outcome' 척도를 사용하였다. 대학생 피험자의 신체적 정신적 건강을 재기 위해 Goldberg의 'General Health Questionnaire'(GHQ), 'Emotional Distress', 'Stress-Related Growth', 'Religious Outcome' 척도를 사용하였다. 그리고 정신병원에 입원한 환자에게는 Koenig의 'Depression', Spitzer의 'Quality of Life', 'Religious Outcome' 척도를 사용하였음) 긍정적 종교적 대처 유형과 부정적 종교적 대처 유형이 정신건강에 미치는 영향을 밝히려고 하였다.

첫째, 오클라호마시의 신자들을 대상으로 연구한 결과, 긍정적인 종교적 대처 유형을 많이 사용하는 사람은 스트레스를 경험한 이후 긍정적인 결과를 얻는 일이 많고, 종교적으로 긍정적인 변화를 초래하고, '외상 후 스트레스장애'(Post-Traumatic Stress Disorder)가 적다는 사실이 발견되었다. 반면에 부정적 종교적 대처 유형을 많이 사용하는 사람은 외상 후 스트레스장애가 심하고, 스트레스를 경험한 이후 긍정적인 결과를 얻는 일이 드물고, 종교적으로 긍정적 변화를 초래하는 일이 일어나지 않았다.

둘째, 대학생을 대상으로 연구한 결과, 긍정적인 종교적 대처 유형을 많이 사용하는 사람은 정신 신체적 증상(GHQ)이 적고, 스트레스를 경험한 이후 이를 통해 긍정적 결과를 얻고, 긍정적인 종교적 변화를 초래하는 경향이 높았다. 반면에 부정적인 종교적 대처 유형을 많이 사용하는 사람은 정서적 고통이 심하고, 정신 신체적 증상을 많이 나타내고, 긍정적 종교적 변화를 초래하는 일이 드물다는 사실이 발견되었다.

셋째, 정신병원 입원 환자들을 대상으로 연구한 결과, 긍정적인 종교적 대처 유형을 많이 사용하는 사람은 협동심이 높고, 우울 경향이 낮고, 스트레스를 통해 긍정적인 결과를 초래하는 경향이 높았다. 그리고 부정적인 종교적 대처 유형을 많이 사용하는 사람은 우울증이 심하고 삶의 질이 낮고, 스트레스를 통해 긍정적인 결과를 초래하는 일이 아주 드물다는 사실이 발견되었다.

상기 연구에서 어떤 종교적 대처 유형을 사용하는가에 따라 정신건강에 미치는 영향이 다르다는 사실이 밝혀졌다. 즉 긍정적인 종교적 대처 유형을 사용하는 사람은 스트레스나 위기 상황에서도 심리적 증상이 적고, 스트레스가 오히려 심리적 영성적 성장을 촉진하는 계기가 되고, 스트레스를 경험한 이후 종교적으로도 보다 긍정적인 변화가 일어났다. 그러나 부정적인 종교적 대처 유형을 사용하는 사람은 우울과 같은 심리적 장애가 심하고, 삶의 질이 낮고, 정신 신체적 증상을 포함한 심리적 증상이 심하다는 사실이 밝혀졌다.

Pargament와 또 다른 일단의 연구자들은 기존의 연구에서 스트레스 상황에서 종교적 대처의 영향이 명확하게 밝혀지지 않았기 때문에, 걸프전이 발발했을 때 전쟁과 관련이 있어서 심한 스트레스를 받는 대학생들을 대상으로 하여, 긍정적 종교적 대처 유형과 부정적 종교적 대처 유형이 각각 정신건강에 미치는 영향을 조사하였다. 이 연구에서 종교적 대처 유형을 측정하기 위해 '종교적 대처 활동' 척도를 사용하였다. 이 연구에서 긍정적 종교적 대처 유형을 선택하는 사람은 부정적 종교적 대처 유형을 선택하는 사람보다 심리적 고통이 훨씬 적다는 사실을 발견하였다. 예를 들어 종교적 지원을 추구하는 사람은 긍정적 정서와 정적 상관을 보인 반면에, 불만 표현이나 간원과 같은 부정적 대처 유형은 부정적 정서와 정적 상관을 드러냈다. 스트레스 상황에 봉착했을 때 성직자나 교회 공동체의 구성원들로부터 정서적 지원을 받는 사람은 그렇지 않은 사람보다 긍정적 정서를 더 많이 가지더라는 연구결과는 스트레스 상황에서 종교나 종교단체 내에서의 인간관계가 사회적 지지(social support)의 역할을 한다는 가정을 더욱 뒷받침해 준다고 하겠다. 그러나 하나님과 교회에 대한 영성적 불만 표현, 기적을 바라는 간원 등의 부정적 종교적 대처 유형은 부정적 정서와 정적 상관을 보였다. 특히 종교적 간원과 종교적 도피와 같은 부정적 종교적 대처 유형을 선택한 사람은 심리적 고통이 심하다는 사실이 발견되었다.

연구결과, 스트레스나 위기 상황에서 긍정적 종교적 대처 유형을 선택하는 사람은 심리적으로 문제가 적지만, 부정적 종교적 대처 유형을 선택하는 사람은 심리적 문제를 더 많이 야기한다는 사실이 발견되었다. 더욱이 Freud나 Ellis와 같은 많은 심리학자들은 종교가 고통스러운 현실을 직면하게 하지 못하고 도피처의 구실을 한다고 비판해 왔다. 이 연구에서 드러났듯이 종교를 도피처로 삼는 것은 부정적 종교적 대처 유형에 속한다. Freud나 Ellis의 주장과 같이 종교를 도피처로 삼는 사람은 심리적으로 건강하지 못하다는 사실이 드러났다. 그러나 긍정적 종교적 대처 유형은 정신건강에 도움을 준다는 사실 또한 입증되었다.

그 외의 다른 여러 연구에서도 긍정적 종교적 대처 방법을 선택하는 사람이 부정적 종교적 대처 방법을 선택하는 사람보다 불안이나 우울증이 낮고(Koenig, 1992), 죽음에 직면해도 공포가 적고(Gibbs & Achterberg-Lawlis, 1978), 사별과 같은 상실을 경험해도 슬픔을 잘 극복한다는 사실이 밝혀졌다(Bohannon, 1991). 그리고 종교적 대처 유형과 행복의 관계를 조사한 결과, 긍정적 종교적 대처 방법을 사용하는 사람이 부정적 종교적 대처 방법을 사용하는 사람보다 행복감이 높다는 사실이 발견되었다(Francis & Jones, 2000). 종교와 정신건강의 관계에서 종교성향에 따라 종교가 정신건강에 미치는 영향이 다르다는 사실이 입증되었듯이, 심각한 스트레스나 부정적 인생 사건에 봉착했을 때 어떤 종교적 대처 전략을 선택하는가에 따라 정신건강에 미치는 영향이 다르다는 사실이 밝혀졌다.

뿐만 아니라 종교적 대처에 관한 Pargament 등의 다른 연구자료에 의하면, 제2차 세계대전에 참가한 7,000여 명의 재향군인회원을 대상으로 한 조사에서 57~83%가 '돌격 앞으로' 상황에서 기도를 통해 힘을 얻었다고 밝혔고, 심장 수술 대기자의 73%가 기도를 통해 위안을 받았으며, 신체장애를 가지고 있는 아동의 부모 가운데 85%가 종교가 자녀의 적응에 유익하다고 응답하였다. 또한 유방암을 지닌 여성을 대상으로 한 연구와 베트남전에 참전한 전쟁미망인을 대상으로 한 연구 등에서도 약 50%에서 85%가 문제에 대처하는 데 있어서 종교가 도움을 주었다고 긍정적으로 응답하였다. 또한 Baider와 Sarerll(1983)은 유방암에 걸린 33명의 이스라엘 여성을 대상으로 한 인터뷰에서 60.6%의 여성이 하나님으로부터 벌을 받는 것이라는 응답을 조사하였다. Balk(1983)는 형제자매 중 세상을 먼저 떠난 이가 있는 33명의 백인 소녀를 대상으로 조화된 면접을 실시한 후 69.7%가 형제자매의 사망 후 종교가 중요하다고 보고함을 발견하였다. Bowker(1988)는 1000명의 학대 여성을 대상으로 한 연구에서 조사 대상의 1/3 정도가 어려운 상황에서 성직자로부터 도움을 얻었다는 조사를 보고하였다.

1988년 카인(Cain)은 황혼 이혼을 한 30명의 중산층 백인 여성을 대상으로 한 연구에서 2/3 정도가 종교를 통해 대처하는 것으로 조사하였다. 남편이 재소자로 있는 37명의 부인을 대상으로 한 Carlson과 Cervara(1991)의 연구에서는 27%의 부인이 종교를 통해 삶에 의지하는 것으로 조사되었다. 65세 이상의 노인을 대상으로 한 Conway(1986)의 연구에서는 91%가 기도를 통해 병을 이겨낼 수 있도록 한다는 대처 비율을 조사하였다. Ellison과 Taylor(1996)의 연구에서는 1299명의 흑인 남성 가운데 80% 정도가 위기상황에서 기도를 통해 문제를 극복하는 것으로 보고하였다. 그리고 낙태를 통해 자녀를 잃은 54명의 여성을 대상으로 한 Gilbert(1989)의 연구에서는 78%가 긍정적이든 부정적이든 간에 종교적 관여를 하는 것으로 조사되었다.

한편 암에 걸린 45명의 스위스인과 40명의 이집트인을 대상으로 한 Kesselring 등(1986)의 연구에서는 스위스인의 경우 37%가 하나님에게 도움을 청하는 반면, 이집트인들은 92%가 하나님께 도움을 청하는 것으로 조사되어 민족 간, 인종 간 차이를 보여주었다. Koenig 등(1992)이 병원에 입원하고 있는 850명의 노인을 대상으로 한 연구에서는 응답자의 20%는 병을 치유하는 데 기도가 가장 중요한 것으로 응답하였다. 이상의 연구에서처럼 종교의 긍정적인 대처 측면이 다수의 연구에서 입증되었다.

4. 종교와 정신건강

20세기 초 심리학이 과학으로 발달하기 시작하면서, 종교심리학의 태두인 James가 **종교적 체험의 다양성**에서 인간의 종교적 태도를 '건강한 마음을 가진(healthy minded)' 종교인과 '병든 영혼(sick soul)'의 소유자인 미성숙한 종교인을 구분한 이래, 종교성이 인간의 성장과 성숙에 도움이 된다는 긍정적 입장과 유해하다는 부정적 입장 간에 오랜 세월 동안 심각한 논쟁이 있었다(* 저자 주 : 서구 역사에서 종교심리학이 태동하기 이전에도 종교가 정신건강에 직간접적으로 관계를 맺은 역사적 사례는 다수이다. 예를 들면, 서기 490년 예루살렘 수도원에서 정신질환자를 위한 병원을 처음 설립하였으며, 중세시기에 프란체스코 수도회의 바르톨로메오는 저서 **바르톨로메오 백과사전**(Encyclopedia of Bartholomaeus)에서 초자연적인 원인보다 자연적 원인이 정신 장애를 유발한다고 언급하였다. 그러나 중세 마녀사냥이 보여주듯 교회는 종교의 이름으로 정신 장애를 가진 사람을 이단시하여 화형이나 참수하기도 하였다. 종교개혁 배경 속에 1800년대 초 독실한 퀘이커교도인 Tuke는 영국에 '요크 수련원(York Retreat)'을 설립하여 정신 장애를 가진 사람에게 활동, 노동, 오락과 같은 정신요법(moral treatment)을 시도하였으며, 유럽에서 시작된 이러한 종교적 노력은 미국으로 이어져 1844년

Woodward에 의해 종교 봉사와 정신요법을 함께 수행하는 것이 합리적이라는 주장 아래 '미국정신의학협회(APA)'의 전신인 '정신이상자를 위한 의료기관장협회(AMSAII)'를 설립하는 등 종교에 대한 긍정적 태도는 Freud 이전까지 이어옴(Koenig & Larson, 2011).

먼저 종교성이 정신건강에 유익하다는 긍정적 연구를 살펴보면, 개인의 성격특성과 종교적 성숙을 비교한 N. Malony(1995)는 종교적 성숙도가 높은 사람일수록 개인의 성격특성 가운데 지력, 자발성, 상상력 등에서 뛰어났으며 더 낮은 불안과 죄책감을 느끼는 것으로 조사되었고, 종교적 성숙이 정신건강과 밀접하게 관련되어 있다고 결론 내리고 있다. 이 외에도 다수의 연구가 종교는 도덕적 타락을 막고 삶의 희망과 의미를 제공하기 때문에 종교적 신념이 강할수록 심리적 문제가 적다는 사실을 보고하고 있다.

이어 종교가 정신건강에 유해하다는 부정적 연구를 살펴보면, 종교성이 여러 가지 개인적 부적절성과 연관되어 있다는 연구자로 대표적 심리학자로 Freud, Ellis 등이 있다. 이후 Dittes(1696)는 불안 측정에 있어서 종교인이 비종교인보다 더 높은 점수를 보여주었고, 자기 존중감에 있어서는 더 낮은 수치를 나타냈다는 조사 결과를 제시한 바 있다. 또 정신건강과 종교적 관여의 관계를 경험적으로 조사한 Batson과 Ventis(1982)에 따르면, 신앙을 가진 사람은 정신병을 드러내는 경향은 적지만, 개인적 유능감, 자기 수용과 자아실현, 성격적 성숙, 개방성과 융통성에 있어서는 신앙이 없는 사람보다 못하다는 연구결과가 훨씬 많다고 주장하였다. 따라서 일부 심리학자들은 종교가 인간의 성장과 성숙을 저해한다는 사실을 강조하면서, 성숙한 삶을 살기 위해서는 과감히 신앙을 버릴 것을 강요하기도 했다. 이른바 종교성이 양날의 검으로 작용하는 것이다.

그런데 종교성과 정신건강에 대한 접근이 다양하게 나타나는 이유는 종교인의 인지적, 정서적, 태도적, 사회적, 영성적 요인에 대한 다차원적인 접근이 부족하기 때문에 기인한다. 하나의 사례로 정신건강과 영성 생활에 있어서, "내가 만일 신앙을 가지고 있다면 이러한 고통을 겪지 않을 텐데…나는 신앙이 없기 때문에 고통을 당하는 것이다"라고 고민하는 비신앙인이 있는 반면, 신경증의 원인이 신앙생활에 있는 것처럼 보이는 신앙인도 있는 것이다.

요컨대, 종교성(religiosity/religiousness)은 쉽게 확인 가능한 단일 영역이 아니라 다차원적인 개념이다(Palouzian, 1996). 종교성은 넓은 의미로 종교 혹은 영적인 내용이나 과정에 대한 태도, 신념, 동기, 추구 혹은 행동으로 정의된다(Smith, McCullough, Poll, 2003). 종교성과 영성은 둘 다 인간의 신성(sacred)에 대한 추구를 의미하지만 종교성은 특정 종교체계 속에서 종교교의, 종교의식, 종교집단과의 상호작용을 통한 신성 추구를, 영성은 개인 경험으로서의 신성 추구를 지칭하는 경향이 있다(Koenig, McCullough, Larson, 2001).

즉, 종교성이 보다 제도적이고 사회적인 개념의 신성 추구를 의미한다면 영성은 보다 개인적이고 경험적인 신성 추구를 의미한다. 종교성과 영성은 교차적으로 사용되어 오기도 하고 두 개념을 구분하고자 하는 노력이 있었던 것도 사실이나, 본 연구에서는 종교성을 한 종교의 체계 속에서 개인의 영성 추구를 포함하고 인간의 종교적 행동을 포괄적으로 아우르는 개념으로 접근하고자 한다. 정신건강 역시 다양한 정의가 존재하지만 본 연구에서는 개인의 긍정적 심리 적응(주관적 안녕감,

심리적 안녕감)과 부정적 심리 적응(우울, 자살생각)을 종합하는 개념으로 접근하고자 한다.

1) 종교성과 정신건강 관계 모델

종교적 인간이 지닌 종교성이 개인의 정신건강에 어떤 영향을 미치는가에 대한 연구를 종합해 보면, 어느 한 변인에 의해 결정되기보다는 여러 변인들이 상호작용하는 총체적인 심리 과정으로 볼 수 있다. 이에 본 절에서는 종교와 정신건강의 관계를 종합적으로 이해하기 위한 참조 틀로서 스트레스 반응을 종합적으로 설명하는 '스트레스 취약성 모델(vulnerability stress model)'을 소개하고자 한다.

스트레스 취약성 모델은 개인의 특성과 환경과의 상호작용으로 인해 정신병리가 발생함을 설명하기 위한 Zubin의 새로운 접근 모델이다(Zubin, Spring, 1977). 이 모델은 정신병리에 대한 취약성을 가지고 있는 개인은 이를 촉발하는 부정적인 스트레스 사건을 계기로 정신병리에 이르게 된다고 설명한다. 여기서 취약성이란 주요 정신질환을 일으킬 수 있는 위험요인으로, 증상의 발생 시기와 관계없이 개인이 지속적으로 지닌 병리적 이상을 말한다. 스트레스 사건이란 환경으로부터 주어지는 부정적인 생활 사건으로, 개인이 심리적인 부담, 즉 스트레스를 느끼는 환경적 변화를 의미한다.

이 모델에서는 취약성을 많이 가지고 있는 개인은 부정적 사건이나 스트레스에 대해 견디는 힘이 적기 때문에 쉽게 정신병리를 경험하는 반면, 정신병리에 취약한 면이 적은 개인은 심한 스트레스에도 잘 적응한다고 설명한다. 이 스트레스 취약성 모델은 생물 의학적 입장과 정신분석적 입장, 행동주의적 입장, 그리고 인지주의적 입장을 포괄하는 통합적 설명의 틀을 제공한다(권석만, 2013).

이 모델은 종교성과 정신건강의 관계를 단일 차원이 아니라 복합과정으로 이해함으로써 종교성의 다층성을 통합적으로 확인하는 데 유익하다(Zwingmann et al., 2011). 이 모형을 기반으로 하여 종교성과 정신건강의 경로 모형(path model)을 제시하면 다음 <그림 7-1>과 같다.

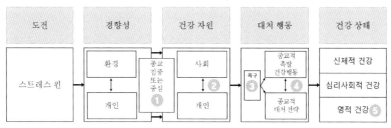

(Zwingmann 등: 2011)

<그림 7-1> 스트레스 취약성 모델 기반 종교성과 정신건강 경로 모형

좀 더 구체적으로 살펴보면,

① 종교의 집중 또는 중심(intensity or centrality of religiosity) : 종교에 얼마만큼 초점을 맞추고 생활하는가에 대한 환경적, 개인적 경향성을 분석한다. 환언하면 종교의 생활 반응을 확인하는 접근이며, 관련된 종교성 측정 도구로 ROS(Religious Orientation Scale), C-scale(Central Scale) 등이 있다.

② 자원(Resources) : 종교성을 지지하는 개인적, 사회적 기능을 분석한다. 관련된 종교성 측정 도구로 SBI(System of Belief Inventory), TSOS (Theistic Spiritual Outcome Scale) 등이 있다.

③ 욕구(Needs) : 종교적/영적 욕구에 대한 경험 정도를 분석한다. 관련된 종교성 측정 도구로 SNI(Spiritual Needs Inventory), SpNQ(Spiritual Needs Questionnaire) 등이 있다.

④ 대처(Coping) : 인생의 위기나 중병을 경험할 때 대응하는 종교적/영적 전략과 활동을 확인한다. 관련된 종교성 측정 도구로 RCOPE (Religious Coping Scale), RPSS(Religious Problem Solving Scale) 등이 있다.

⑤ 삶의 질/안녕감(Quality of Life and Well-being) : 종교적/영적 안녕감이 일반적인 신체, 심리 사회적 건강과의 관련성을 확인한다. 관련된 종교성 측정 도구로 SWBS(Spiritual Well-Being Scale), SWBQ(Spiritual Well-Being Questionnaire) 등이 있다.

5. 종교적 문제해결

인간이 살아가는 데 문제해결 능력은 대단히 중대한 영향을 미친다. 적응과 부적응은 바로 문제해결 능력에 의해 결정되기 때문이다. 문제해결과정에 대한 이론은 다양하지만 대체로 문제에 대한 정의, 해결방안의 강구, 해결방안의 선택, 해결방안의 실천, 문제에 대한 재정의, 문제해결 후의 개인에게 주는 의미라는 여섯 단계로 나눌 수 있다. 이와 같은 문제해결과정에서 종교는 중요한 역할을 한다.

Spilka, Shaver와 Kirkpatrick(1985)은 인간이 문제를 이해하고 예측하고 통제하는데 종교가 준거 체제로 작용한다는 사실을 강조하였다. 이를 바탕으로 많은 문제 장면과 해결 상황에 대해 종교적 의미를 어떻게 귀속시키는가에 대한 종교적 귀속 이론을 개발하였다.

한편, Pargament 등(1988)은 종교적 문제해결 양식을 '자기주도형'(self-directing), '책임전가형'(deferring), '공협형'(collaborative)이라는 세 가지 유형으로 구분하였다. 자기주도형은 하나님이 인간에게 자유와 책임을 부여했다는 신념을 가지고 문제를 해결할 때 자기 힘으로 해결하려는 유형이다. 이 부류는 하나님의 능력보다 인간의 능력을 중시하는 Fromm의 인본주의적 종교의 특성을 반영한다고 하겠다.

책임전가형은 문제해결의 책임을 하나님에게 전가하고 본인은 적극적으로 나서지 않는다. 이러한 유형은 하나님이 나서서 문제를 해결해 주리라 기대하고 문제해결 책임을 하나님에게 미룬다. 책임전가형은 신의 전능과 인간의 무력감을 강조하고 하나님의 권능에 대한 무조건적인 순종을 강조하는 Fromm의 권위주의적 종교 개념과 유사하다.

공협형은 문제해결의 책임이 본인과 하나님에게 같이 있다고 생각하고, 문제에 처했을 때 하나님의 뜻을 생각하며 본인이 적극적으로 해결하려고 한다. 즉 하나님이 성령의 내적인 목소리를 통해 옳은 일을 하도록 한다는 신념을 가지고 있다.

Pargament 등은 이러한 문제해결 양식을 측정할 수 있는 36문항의 '종교적 문제해결 척도'(Religious Problem Solving Scale)를 개발하여 종교적 성향과 문제해결 양식에 어떤 차이가 있는지 부분 상관을 내본 결과, 내재적인 종교적 성향은 자기주도형과 부적 상관, 공협형과는 정적 상관을 맺는 반면 책임전가형과는 아무 관련이 없었다. 그리고 외재적 종교적 성향은 자기주도형이나 공협형과는 관련이 없는 반면 책임전가형과는 정적 상관을 맺고 있음을 발견하였다. 제석봉과 이성배(1995)는 한국형 ROS와 종교적 문제해결 양식을 조사한 결과, 외재적인 종교적 성향을 띤 사람은 자기 주도적으로 문제를 해결하거나(-.14) 하나님의 뜻과 의도를 궁구하며 함께 해결하려는 경향이 적은(-.22) 대신에, 하나님에게 책임을 전가하거나 수동적으로 의존하려는 경향이 강하였다(.45). 그러나 내재적인 종교적 성향을 띤 사람은 공협형(.71)과 자기주도형(.58)에서 정적 상관을, 책임전가형에서는 부적 상관(-.35)을 보여주었다. Yelsma와 Montambo(1990)는 종교적 문제해결 방식과 재활프로그램의 회복 기간의 상관을 조사한 결과, 공협형이 높을수록, 자기주도형이 낮을수록 회복 기간이 길어진 것으로 조사하였다. 이러한 연구결과는 문제해결 방식이 일상의 많은 장면에서 적응과 문제 극복에 중요한 함의를 제공한다.

6. 종교적 문제해결 척도

1) 척도 소개

Pargament 등(1988)이 개발하고 강현숙(1990)이 번역하고, 방미숙(1994)이 과거시제로 바꾸었으며, 이광형(2009)이 종교적 문제해결 양식을 확인하기 위해 사용한 척도로 총 18개의 문항, 3 요인으로 구성되었다.

2) 척도의 이론적 배경

Pargament(1988)는 종교의 직접 혹은 간접적 영향과 중요성에 바탕을 두고 스트레스를 대처하는 사람들이 신과의 관계에서 개인과 신에게 할당하는 수동적 또는 능동적인 수준을 구별하였다. 그리고 기독교인이 문제에 대한 대처하는 양상을 하나님과의 관계에서 세 가지 종교적 문제해결 양식 -'자기주도형'(self-directing), '책임전가형'(deferring), '공협형'(collaborative)-으로 구분하였다.

자기주도형은 하나님이 인간에게 자유와 책임을 부여했다는 신념을 가지고 문제를 해결할 때 자기 힘으로 해결하려는 유형이다. 이 부류는 하나님의 능력보다 인간의 능력을 중시하는 Fromm의 인본주의적 종교의 특성을 반영한다고 하겠다. 책임전가형은 문제해결의 책임을 하나님에게 전가하고 본인은 적극적으로 나서지 않는다. 이러한 유형은 하나님이 나서서 문제를 해결해 주리라 기대하고 문제해결 책임을 하나님에게 미룬다. 책임전가형은 신의 전능과 인간의 무력감을 강조하고 하나님의 권능에 대한 무조건적인 순종을 강조하는 Fromm의 권위주의적 종교 개념과 유사하다. 공협형은 문제해결의 책임이 본인과 하나님에게 같이 있다고 생각하고, 문제에 처했을 때 하나님의 뜻을 생각하며 본인이 적극적으로 해결하려고 한다. 즉 하나님이 성령의 내적인 목소리를 통해 옳은 일을 하도록 한다는 신념을 가지고 있다.

Pargament 등은 이러한 문제해결 양식을 측정할 수 있는 36문항의 '종교적 문제해결 척도'(Religious Problem Solving Scale)를 개발하여 종교적 성향과 문제해결 양식에 어떤 차이가 있는지 부분 상관을 내본 결과, 내재적인 종교적 성향은 자기주도형과 부적 상관, 공협형과는 정적 상관을 맺는 반면 책임전가형과는 아무 관련이 없었다. 그리고 외재적 종교적 성향은 자기주도형이나 공협형과는 관련이 없는 반면 책임전가형과는 정적 상관을 맺고 있음을 발견하였다.

3) 척도개발과정

예비조사의 결과를 토대로 수정, 보완하여 구조화된 설문지를 완성한 후, 서울 강북지역 기독 중학생 400명을 대상으로 조사를 실시하였으며, 불성실한 응답지를 제외한 365명을 분석 대상을 삼았으며, 최종적으로 85명을 연구에 참여시켰다.

4) 신뢰도

하위요인	내적 일치도 (Cronbach's α)
자기주도형	.85
책임전가형	.84
공협형	.87

5) 타당도

• 요인분석을 실시하였다.

6) 채점방법

① 5점 Likert식 척도
② 하위요인별 문항은 다음과 같다.

하위요인	문항 수	문항 번호
자기주도형	6	3, 6, 7, 11, 15, 16
책임전가형	5	2, 5, 8, 9, 13
공협형	7	1, 4, 10, 12, 14, 17, 18

7) 해석방법

하위요인	의미
자기주도형	하나님이 인간에게 자유와 책임을 부여했다는 신념을 가지고 종교적 문제를 해결할 때 자기 힘으로 해결하려는 유형
책임전가형	문제해결의 책임을 하나님에게 전가하고 본인은 적극적으로 나서지 않는 유형
공협형	문제해결의 책임이 본인과 하나님에게 같이 있다고 생각하고, 문제에 처했을 때 하나님의 뜻을 생각하며 본인이 적극적으로 해결하려고 노력하는 유형

8) 본 척도의 출처

이광형(2009). 빈곤 청소년의 종교적 대처 연구, Pargament의 종교적 대처 중심으로, 한남대학교 대학원 박사학위 논문.

9) 이론적 배경에 대한 참고문헌

방미숙(1995). 문제에 대한 종교적 대처 양식과 그 효율성. 연세대학교 대학원 석사학위 논문.

조혜윤(2008). 종교성향과 심리적 불안과의 관계, 종교적 대처와 낙관성의 매개 효과. 이화여자대학교 대학원 석사학위 논문.

Pargament, K. I., Ensing, D. S., Falgout, K., Olsen, H., Reilly, B.,Van Haitsma,K.,& Warren, R.(1990). "God Help Me, Religious Coping Efforts as Predictors of Outcome to Significant Negative Life Events", *American Journal of Community Psychology* 18. 793~824.

Pargament, K. I., Ishler, K., Dubow, E., Stanik, P., Rouiller, R., Crowe, P., Cullman, E., Albert, M.,& Royster, B.(1994). Method of Religious coping with The Gulf War, Cross-sectional and Longitudinal Analyses, *Journal for The Scientific Study of Religion* **33**. 347~361.

Pargament, K. I.(1997). **The Psychology of Religion and Coping, Theory, Research, Practice.** N.Y.: Guilford Publications.

Pargament, K. I., Smith, B. W., Koenig, H. G.,& Perez, L .M.(1998). Patterns of Positive and Negative Religious Coping with Major Life Stressors. *Journal for the Scientific Study of Religion* 37(4). 710~724.

10) 종교적 문제해결 척도

번호	문항	전혀 그렇지 않다	별로 그렇지 않다	잘 모르 겠다	약간 그렇다	매우 그렇다
1	우선 일어난 일을 하나님께 알리고, 그것이 무엇을 의미하는지 하나님과 함께 생각해보았다.	1	2	3	4	5
2	내 힘으로 올바른 해결책을 찾으려고 노력하기보다는 하나님께서 그 문제를 해결해 주시도록 모두 맡겨 버렸다.	1	2	3	4	5
3	특별히 하나님의 도움을 구하기보다는 나 스스로 가능한 해결책을 머릿속에 떠올리려고 애썼다.	1	2	3	4	5
4	하나님과 더불어 가능한 해결책이 무엇인가를 곰곰이 생각해보았다	1	2	3	4	5
5	그 일을 하나님이 모두 처리해 주시기를 기다렸다. 왜냐하면 하나님은 해결방법까지도 알고 계시기 때문이다	1	2	3	4	5
6	하나님께 의지하기보다는 스스로의 힘으로 혼란스러운 감정들을 다루어 나가려고 노력했다.	1	2	3	4	5

번호	문항	전혀 그렇지 않다	별로 그렇지 않다	잘 모르 겠다	약간 그렇다	매우 그렇다
7	특별히 하나님에게 도움을 청하기보다는 나 스스로 그 어려움이 의미하는 것을 이해하려고 애썼다.	1	2	3	4	5
8	'어떻게 문제해결을 할 것인가'에 대하여 심각하게 고민하지 않았다. 왜냐하면 하나님은 나를 위해 그 모든 해결책을 제공해 주시기 때문이다.	1	2	3	4	5
9	그 문제가 의미하는 것을 포함한 모든 것을 하나님께 맡겨 버렸다.	1	2	3	4	5
10	하나님과 함께 활동계획들을 실행에 옮겼다.	1	2	3	4	5
11	특별히 하나님의 도움을 구하지 않고 나 스스로 문제를 해결해 나갔다.	1	2	3	4	5
12	그 문제로 인해 생긴 근심 걱정을 떨쳐 버리려고 노력했다. 이때 하나님은 나와 함께 하셔서 나를 도우셨다.	1	2	3	4	5
13	그 일로 인하여 생긴 근심 걱정들을 하나님이 모두 물리쳐 주시기를 기다렸다.	1	2	3	4	5
14	하나님과 함께 의논하여 문제에 대한 가장 최선의 해결책을 결정했다.	1	2	3	4	5
15	특별한 하나님의 간섭과 참여를 구하지 않고 내가 할 수 있는 최선의 해결책을 택했다.	1	2	3	4	5
16	문제를 해결한 후에 하나님께 의지함 없이 내게 일어난 일의 의미를 이해하려고 했다.	1	2	3	4	5
17	문제를 해결한 후에 하나님께 의지함 없이 내게 일어난 일의 의미를 이해하려고 했다.	1	2	3	4	5
18	어려운 시기가 지나가고 난 뒤, '어려움이 내게 어떤 유익이 될까?' 하고 걱정하지 않았다. 하나님은 이 상황을 통하여 내가 더욱 성장할 수 있도록 도와주시기 때문이다.	1	2	3	4	5

7. 종교적 대처 척도

1) 척도 소개

Pargament 등(1998)이 창안하고 조혜윤(2008)이 그리스도인의 종교적 대처를 확인하기 위해 개발한 척도로 총 14개의 문항, 2 요인으로 구성되었다.

2) 척도의 이론적 배경

종교성향과 심리적 적응에 관한 연구는 계속되어 왔으나, 또 하나의 중요한 종교적 변인인 종교적 대처 유형에 관한 국내연구는 상대적으로 부족한 편이다. Pargament(1990)는 종교적 대처 유형과 정신건강의 관계를 연구하기 위해 '종교적 대처 활동'이라는 척도를 개발했다. 여기에는 긍정적 대처와 부정적 대처가 속하는데, 어떠한 대처 유형을 선택하느냐에 따라 심리적 적응이 달라진다는 것을 발견하였다.

Pargament(1998)에 의해 개발된 종교적 대처 척도는 긍정적/부정적 종교적 대처를 평가한다. 모두 14가지 문항으로 구성되어 있으며 7가지의 긍정적 종교대처 항목에는 영적인 지지를 찾음, 영적인 연결을 찾음, 하나님과 협력하여 문제를 해결함, 용서함, 부양 역할에 대한 스트레스를 긍정적으로 평가하는 것 등이 포함된다. 7가지의 부정적 종교 대처 항목에는 하나님의 처벌이라는 평가, 하나님에 대한 불평, 악한 세력의 방해라는 평가, 영적인 불평, 하나님의 능력을 의심하는 것 등이 포함된다.

류성훈(2003)은 이러한 종교적 대처 유형과 종교성향과의 관계를 연구하였다. 그 결과, 긍정적인 종교적 대처 유형과 내재적 종교성향 사이에서는 정적 상관을, 부정적인 종교적 대처 유형과 외재적 종교성향 사이에서 정적 상관을, 긍정적 종교적 대처 유형과 외재적 종교성향 사이에서 부적 상관을, 부정적 종교적 대처 유형과 내재적 종교성향 사이에서 부적 상관을 이룬다는 것을 발견할 수 있었다.

3) 척도개발과정

긍정적인 종교대처와 부정적 종교대처를 하위척도로 삼아 Pargament 의 척도를 번안하여 심리전문가와 이중 언어자의 검토를 거쳤다.

장애인 및 비장애인 부양자 중 그리스도교인(천주교, 개신교) 360명 대상으로 조사를 실시하였으며, 불성실한 응답지를 제외한 294명을 최종분석 대상을 삼았다.

4) 신뢰도

하위요인	내적 일치도 (Cronbach's α)
긍정적 종교대처	.91
부정적 종교대처	.83

5) 타당도

• 해당 사항 없음

6) 채점방법

① 4점 Likert식 척도

② 하위요인별 문항은 다음과 같다.

하위요인	문항 수	문항 번호
긍정적 종교대처	7	1, 2, 3, 4, 5, 6, 7
부정적 종교대처	7	8, 9, 10, 11, 12, 13, 14

7) 해석방법

하위요인	의미
긍정적 종교대처	스트레스 상황에 처했을 때 영성적 지원을 구하고, 종교적 차원에서 용서를 베풀고, 문제를 해결할 때 하나님의 뜻을 찾으며 적극적으로 해결방안을 모색하고, 종교적 관점에서 사태를 재평가하고, 종교에 초점을 맞춤
부정적 종교대처	스트레스 상황에 처했을 때 하나님이나 교회 공동체로부터 버림받았다고 생각하고, 하나님의 벌이나 악마의 짓으로 평가하고, 하나님의 능력이나 사랑에 회의를 표함

8) 본 척도의 출처

조혜윤(2007). **종교성향과 심리적 불안과의 관계, 종교적 대처와 낙관성의 매개 효과,** 이화여자대학교 석사학위 논문.

9) 이론적 배경에 대한 참고문헌

Pargament, K. I., Ensing, D. S., Falgout, K., Olsen, H., Reilly, B., Van Haitsma, K., & Warren, R.(1990). "God Help Me, Religious Coping Efforts as Predictors of Outcome to Significant Negative Life Events", *American Journal of Community Psychology* 18. 793~824.

Pargament, K. I., Ishler, K., Dubow, E., Stanik, P., Rouiller, R.,

Crowe, P., Cullman, E., Albert, M., & Royster, B.(1994). Method of Religious coping with The Gulf War, Cross-sectional and Longitudinal Analyses, *Journal for The Scientific Study of Religion* **33.** 347~361.

Pargament, K. I.(1997). **The Psychology of Religion and Coping, Theory, Research, Practice.** N.Y.; Guilford Publications.

Pargament, K. I., Brant, C. R.(1998), Religion and coping. In H. G. Koenig(Ed.), **Handbook of Religion and Mental Health**(pp. 111-128). San Diego:Academic Press.

Pargament, K. I., Koenig, H. G., & Perez, L .M.(1998). The many methods of religious coping, Initial development and validation of the RCOPE. Paper presented at the Annual Meeting of the American Psychological Association:San Francisco.

Pargament, K. I., Smith, B. W., Koenig, H. G., & Perez, L .M.(1998). Patterns of Positive and Negative Religious Coping with Major Life Stressors. *Journal for the Scientific Study of Religion* **37(4).** 710 ~724.

10) 종교적 대처 척도

번호	문항	전혀 그렇지 않다.	약간 그렇지 않다	꽤 그렇다	매우 그렇다.
1	하나님과의 더욱 강한 유대관계를 추구하였다.	1	2	3	4
2	하나님과의 사랑과 돌보심을 구했다.				
3	분노를 가라앉힐 수 있도록 하나님의 도움을 청했다.				
4	하나님과 함께 계획을 행동으로 옮기려고 노력했다.				
5	이러한 상황에서 하나님이 어떻게 나를 강하게 하고자 하시는지 보려고 노력했다.				
6	나의 죄에 대하여 하나님께 용서를 구했다.				
7	내 문제에 대한 걱정을 멈추려고 신앙에 초점을 맞추었다.				
8	하나님이 나를 내어버리신 것이 아닌가 의심했다.				
9	나의 헌신이 부족하여 하나님이 나를 벌하신다고 느꼈다.				
10	내가 하나님께 벌 받을 만한 무슨 행동을 했는지 의아해했다.				
11	나를 향한 하나님의 사랑을 의심했다.				
12	나의 교회(성당)로부터 버림받은 것이 아닌가 의심했다.				
13	마귀(악한 세력)가 상황을 이렇게 만들었다고 생각했다.				
14	하나님의 능력을 의심했다.				

제 8 장
종교적 성숙

미국 남부 유서 깊은 에모리대학(Emory Univ.)의 신학과 인간발달 전공 교수인 James W. Fowler(1940~2015)는 객관적이며 생활적인 신앙의 보편화를 위하여 구조주의적 관점에서 신앙을 연구하면서 신앙발달 6단계를 체계화하였다.

James에 따르면 신앙을 발달심리학적 관점에서 조망하며 영적 변화단계를 생애 단계적으로 연구하려는 시도이다. 신앙을 성장이 아닌 발달로 보는 시각은 아무런 방향 없이 변화하는 것이 아니라 특정한 순서에 따른 예측 가능한 변화이기 때문이다.

이런 관점에서 종교적 성숙은 자연 발생적인 성장 측면보다 내외면적 특성에 영향을 주고받으며 변화의 개인차를 조망하는 것이다. 본 장에서는 종교성보다 신앙 중심 차원에서 종교적 성숙과 관련된 이해를 촉진하기 위하여 그리스도교 중심의 종교 생활척도와 신, 해, 행, 증 중심의 불교적 종교성 척도를 구체적으로 제시한다.

1. 종교적 성숙의 이해

많은 심리학자들이 신앙인과 비신앙인을 대상으로 어느 집단이 심리적으로 더욱 성숙한지 측정했더니, 그 결과는 다양하게 나타났다. 즉 어떤 연구에서는 차이가 없는가 하면(McClain, Ness & Wintrob 등), 일부 연구에서는 신앙인이 낮다는 결과도 나왔다(Jung, Allport, Mowrer, Ellison 등). 그러나 신앙인이 비신앙인보다 미성숙하다는 결과가 압도적으로 많다. 그 한 예로 Batson과 Ventis가 정신건강과 종교적 관여의 관계를 경험적으로 조사한 논문 57편의 67개 연구결과를 분석하여 다음과 같은 결과를 얻었다(제석봉, 이성배, 1995).

이 조사에서 볼 수 있듯이 신앙을 가진 사람은 정신병을 드러내는 경향은 적지만, 개인적 유능감, 자기 수용과 자기실현, 성격적 성숙, 개방성과 융통성에 있어서는 신앙이 없는 사람보다 못하다는 연구결과가 훨씬 많다. 따라서 일부 심리학자(Freud, Ellis 등)들은 종교가 인간의 성숙과 성장을 저해한다는 사실을 강조하면서 성숙한 삶을 살기 위해서는 과감히 신앙을 버릴 것을 강요하기도 했다. 그리고 많은 종교인들은 이러한 주장과 연구결과에 충격적인 사실로 받아들여지고 있다. 이러한 연구결과에 대해 종교적 성숙과 발달 측면에서 어떤 함의를 도출할 수 있을 것인가?

첫째, 신앙인과 비신앙인의 심리적 성숙을 측정한 결과 신앙인이 미성숙하다는 결과가 사실이라고 하더라도, 신앙이나 종교가 인간의 성장을 저해한다고 결론 내릴 수 없다. 왜냐하면 교회에 입문하는 사람들에게 심리검사를 실시하여 성숙한 사람만 받아들이는 것이 아니기 때문이다. 오히려 삶이 공허하거나 무의미하거나 심리적으로 문제가 있는 사람일수록 신앙에 귀의하고자 하는 경향이 더 높은 것이다. 따라서 신앙인 중에 미성숙한 사람이 많다고 하더라도 어떻게 보면 당연한 현상이라 하겠다.

<표 8-1> 정신건강과 종교적 관여의 관계

정신건강 \ 종교적 관여	종교적 관여와의 관계			
	긍정적	무관	부정적	계
정신병의 결여	7	2	2	11
적절한 사회적 행동	3	3	5	11
근심과 죄의식으로부터 자유	3	1	3	7
개인적 유능감과 자기통제	1	2	10	13
자기 수용과 자기실현	1	4	10	15
성격적 통합과 조직화	0	1	0	1
개방성과 융통성	0	2	7	9
계	15	15	37	67

둘째, 앞에서 살펴본 바대로 신앙을 가진 사람일수록 미성숙하다는 심리학자들의 연구결과를 당연하게 수용하기보다 교회의 사목적 차원에서 자기반성과 새로운 복음화의 노력이 필요하다. 신앙의 미성숙성에 대한 책임이 개인적 차원뿐 아니라 교회 공동체적 차원에도 있기 때문이다.

신앙인이 비신앙인보다 심리적, 영성적으로 더욱 건강하기 위해서는 그 지향점을 다음 세 가지로 요약할 수 있다. 첫째, 신앙인은 거룩해야 한다. "나 야훼가 너희 하나님이 되려고 이집트 땅에서 올라오게 한 이다. 내가 거룩하니 너희도 거룩하여야 한다."(레위 11:45). 신약에서도 제자들은 예수님을 "하나님의 거룩한 분"(요한 6:69)임을 인정하였다.

모든 그리스도인은 예수의 제자로서 거룩해야 한다. "여러분을 불러주신 분이 거룩하신 것처럼 여러분도 모든 행위에 거룩한 사람이 되십시오."(1베드 1:15) 인간은 하나님의 모상(Imago Dei)이다. 구체적으로 하나님을 닮는 첫째가는 방법은 거룩해지는 것이다.

둘째, 신앙인은 완전해지는 것이다. 예수께서는 "하늘에 계신 아버지께서 완전하신 것처럼 너희도 완전한 사람이 되라."(마태 5:48)라고 말씀하셨다. 이처럼 완전한 자 되는 것이 천국에 들어가는 길임을 강조하신 것이다. 사랑에 대한 바오로의 노래에서도 완전함이 인생의 목표로 제시되었다.

셋째, 신앙인은 전인격의 통합적인 존재로 전체성을 가져야 한다. 이것은 은총과 진리가 충만함을 체험하는 것이다. 이것을 단적으로 표현하면, 2세기 이레네오 성인은 "충만한 삶을 사는 것이 하나님께 바칠 수 있는 최대한의 영광"(Gloria Dei vivens homo)이라고 했다. 그렇다면 심리적 성숙과 종교적 성숙을 어떻게 결합할 수 있을 것인가?

Allport는 인격적 총체적 배경 안에서 종교적 행동을 통합한 성인들이 별로 많지 않고 아직도 많은 성인에게서 종교심의 미성숙성, 유아주의 특성이 있음을 지적하였다. 그는 심리적인 성숙성의 기준을 다음과 같이 설명한다(윤주병, 1986).

첫째, 자기 확장. 즉 감각적인 욕망, 생리적인 충동을 초월할 수 있는 자기, 유아기에 자기가 점차 형성되기 시작하여 청년기에 이르면 자기 주체성이 확립되고 자기 존재와 위치 등을 알게 된다. 자기에 대한 근본적인 사실이나 체험과 역할을 깨닫게 되고 자기의 영역이 점점 확대되어 간다. 또한 성숙한 어른은 인간이란 인간의 감각적인 욕망, 생리적 충동 이상의 그 무엇이라는 것을 느낀다. 그리하여 자기 자신이외의 것에 관심을 두고 그것을 중대시하는 데서 자기는 확대되고 성숙한다.

둘째, 자기 객관화의 능력. 즉 이것은 주체적으로 자신의 정신적 역사에 대한 반성과 통찰 능력이며, 올바른 인간성과 단절된 그릇된 판단까지도 실제로 자기 스스로 감지할 수 있는 능력이다. 즉 자기반성과 통찰력 그리고 솔직한 자기 평가는 정서적으로도 안정감을 얻을 수 있고 대인관계에서 좋은 성과를 얻으며 현실적인 지각이나 문제해결을 할 수 있다.

셋째, 체험의 통합. 즉 모든 인격의 조직적이고 역동적인 모형을 구성하는 통일적인 생활 철학, 인생관을 지향한다. 자기에게 부과되고 이루어진 모든 체험을 통합하여 인생에 뚜렷한 목표를 가짐으로써 자기를 보람 있게 가꾸어 나갈 수 있다. 이 특성에다 Allport는 다른 이들과의 진정한 관계를 수립할 수 있는 능력, 정서적 안정, 자기 자신에 대한 실제적 감지 등을 덧붙인다.

그렇다면 이러한 심리적 성숙과 비교하여 종교적 성숙은 어떻게 기술할 수 있을 것인가? 그리고 구체적으로 그리스도교 맥락 안에서 성숙한 종교심은 어떻게 표현될 수 있는가? 그리스도교 신앙은 예수 그리스도 안에서 하나님 나라에 대해 응답하는 삶이다, 여기서 말하는 신앙은 조직신학적 측면에서의 신앙이 아니라 구체적인 삶으로서의 신앙의 차원을 의미한다. Groome(1995)은 성숙한 신앙을 위해 다음 세 가지 영역에서 유기적이고 통합적으로 성장을 촉진해야 한다고 하였다.

첫째, 믿음(believing)으로서의 신앙이다. 성사를 통해 그리스도교 신앙을 청할 때 "저는 …을 믿습니다"라고 고백한다. 신앙은 믿음 또는 신념과 동의어로 사용되는 경우가 많다. 가톨릭에서는 신앙이 교도권에

의한 가르침에 대한 지적 동의, 또는 교회의 가르침에 대한 순종을 의미한다. 신앙에 대한 이러한 측면은 트리엔트 공의회(1545-1563) 그리고 제1차 바티칸 공의회(1869~1871)에서도 강조하고 있다. 그리스도교 신앙에서 하나님의 계시나 교회의 가르침에 대한 지적 동의나 믿음이 없어서는 안 된다. 믿는다는 것이 지적이요 인지적 측면에 국한된 것이라도 신앙에 대한 이러한 믿음이 결여되어서는 안 된다.

둘째, 신뢰(trusting)로서의 신앙이다. 신앙(faith)은 '신뢰'를 가리키는 라틴어 *fidere*에서 나왔다. 이처럼 신앙은 신뢰에 뿌리를 두고 있다. 그리스도교 신앙에서 지적 동의를 가리키는 '믿음'이란 인지적 행위를 가리키지만, '신뢰'는 정서적 행위를 가리킨다. 예수 그리스도 안에서 하나님과 신뢰에 찬 관계를 맺는 것은 신앙의 중요한 또 하나의 측면이다. 신뢰할 수 있어야 충실과 사랑, 애착, 나아가 투신이 가능한 것이다. 신앙에 있어서의 신뢰의 강조는 간과할 수 없는 진리를 나타낸다. 하나님 나라에 응답하기 위해서는 하나님의 충실성, 하나님의 구원 은총이 가진 힘에 대한 무한한 신뢰감이 있어야 한다. 우리는 하나님께 대한 신뢰와 감사와 경외는 기도를 통해 표현한다. 기도는 하나님과의 대화이다. 대화 없는 관계란 있을 수 없다. 하나님을 신뢰할 때에 진정한 대화가 가능하다. 하나님 나라는 이미 시작되었고 최종적 도래가 약속되었기 때문에, 우리는 우리 삶에서 기쁨과 평화와 행복을 누릴 수 있는 것이다.

예수께서는 우리가 생명을 얻고 또 얻어(요한 10:10) 더욱 충만하게 하기 위해 오셨다. 예수께서 선포하신 하나님 나라는 기쁜 소식인 것이다. 신앙인의 진정한 삶은 하나님의 나라를 증거하는 삶이어야 한다. 그리스도교 신앙은 성령의 인도로 예수 그리스도를 통해 구원하시는 하나님께 대한 신뢰와 충실의 관계를 통해 발달한다.

셋째, 행동 또는 실천(doing)으로서의 신앙이다. 그리스도인의 신앙생활이 하나님 나라에 대한 응답으로서의 삶이라면, 이웃을 사랑함으로써 하나님께 대한 사랑을 표현하는 하나님 나라의 명령을 실천하는 삶이어야 한다. 복음에서도 예수께서는 "나더러 주님, 주님 하고 부른다고 다 하나님 나라에 들어갈 수 있는 것은 아니다."(마태 7:21) 하고 말씀하셨다. 따라서 진정한 신앙생활은 하늘에 계신 아버지의 뜻을 실천하기 위해 이웃을 내 몸같이 사랑하는 삶이다. 신앙과 사랑은 분리할 수 없는 것이다. 성 토마스 아퀴나스도 신앙과 사랑은 형상과 질료같이 분리할 수 없는 공존의 삶이라는 사실을 강조했다.

그렇다면 그리스도인의 신앙생활에 있어서 심리적 성숙과 종교적 성숙은 어떻게 역동성을 지니고 있는가? 인본주의 심리학의 대가인 Rogers에 의하면 자기실현인이란 '충분히 기능하는 사람'이다. 즉 생활의 충만함을 통해 자기를 완성하거나 자기 자신이 되는 것을 말한다. 인간의 자기실현, 자기완성 또는 자기 자신이 되는 것을 종교에서는 구원이라는 말로 독특하게 표현하고 있다. 때문에 그리스도인의 생활은 하나님 안에 자기실현, 자기완성, 구원의 목표를 향하여 인간 전체 안에 내포된 심리적, 영성적 역동 관계를 통하여 쉴 새 없이 움직이고 활동하며 살아가는 것이다.

그리스도인 생활이 심리적, 영성적 역동 관계로 이루어진다면 모든 그리스도인은 인격적인 성숙에 대한 영성의 관계를 통해서 하나님 안에 자기실현, 자기완성, 구원의 목표를 향하여 성장하여야 한다. 제2차 바티칸 공의회의 문헌(그리스도교 교육 선언 2항, 평신도 교령 6항)은 인간의 성숙이 그리스도인의 성숙의 기반 및 전제로 여겨진다는 점을 강조하고 있다. "하나님의 은총이 본성을 파괴하지 아니하고 그것을 전제하여 오히려 완성시킨다면, 은총의 생활은 인간의 전반적 활동 안에 포함되어 있으며, 따라서 그것은 인간 개체의 심리적, 윤리적, 신체적, 사회적 발전에 달려 있다고도 할 수 있다. 곧 초자연적 생활은 자연적 생활의 발전에 비례하여 성장하는 것이다. 초자연적 생명의 빛은 그것이 내재하는 자연적 바탕이 얼마나 활기차고 강하냐에 따라 생동감이나 강도가 다르게 나타날 것이기 때문이다. 과연 일상생활 안에서, 은총의 활동이 심리적 혹은 신체적으로 건강한 사람 안에 쉽게 이루어지고 약한 사람에게서 활기를 잃게 된다는 것으로도 인간의 기본 조건이 은총을 규제한다는 사실을 알 수 있다. 따라서 은총이 인간 안에 가능한 한 완전에 가깝게 작용하도록 더욱 알맞은 인간 조건을 이룰 필요가 있다. 여기에 인간 성숙이 그리스도교 영성의 전제조건이라는 이유가 성립되는 것이다. 즉 성숙한 인간으로서 그리스도의 완전성(에페 4:13)에 도달하는 것이다." 이와 같은 견해로부터 인격적, 정신적 성장과 영성의 관계는 분리될 수 없는 것이며, 같은 것도 아님을 알 수 있다. 오로지 상호보완적일 뿐이다(조옥진, 1991).

그렇다면 종교와 정신건강은 어떤 관련성을 가지는가? 많은 사람들이 종교와 정신건강에 대한 상반된 의견을 제시하고 있다. 최근 들어 과학자들 사이에는 종교가 건강을 증진하는가의 여부를 확인하는 많은 연구가 진행되고 있다. 대부분의 연구에서 종교는 건강에 유익한 영향을 미친다고 보고되었다(Ferraro, 1991). 한편 별로 유의미한 효과가 없다는 연구도 있으며, 소수의 연구는 종교가 오히려 건강상에 유해하다는 점을 발견하였다(Ferraro, 2000).

종교와 정신건강의 관계선상에서 한 예로 종교적 위안은 스트레스원(源)을 극복하는 한 형태로서 예전에는 종교가 독립변인으로 다루어 졌지만 최근에는 종교가 스트레스 상황에 대한 반응으로 보는 연구가 진행되고 있다. Pargament 등(1990)은 586명의 교회 신자를 대상으로 한 연구에서 질병과 같은 부정적 사건에서 종교가 높은 대처 기제임을 조사하였다. Ellison과 Taylor(1995)는 전국적인 조사에서 종교를 가진 사람은 그렇지 않은 사람보다 질병이나 만성적인 고통을 극복하는 데 다섯 배 이상 대처 기제를 사용함을 발견하였다. 이를 종합해 볼 때, 종교는 건강과 관련된 문제에 있어서 유익하다고 할 수 있다.

먼저 종교와 정신건강의 긍정적 관계를 중시하는 학자들의 의견을 종합한 Schumaker에 따르면, 종교는

① 실존적 불안을 감소시키고,

② 정서적으로 안정감을 갖게 하는 희망, 목적, 의미를 제공하고,

③ 고통을 극복함으로써 숙명론과 맞설 수 있게 하고,

④ 여러 가지 정서적, 상황적 갈등에 대해서 해결책을 제시하며,

⑤ 사후세계에 대한 신념을 통해서 혼란스러운 도덕성 문제를 일부 해결해 주고,

⑥ 전지전능한 권능과 결합을 통해 사람들에게 힘과 통제감을 주며,

⑦ 자타 봉사의 도덕적 기준을 수립하고, 자기 파괴적 실천과 생활 양식을 극복하도록 하며,

⑧ 사회적 결합을 공고히 하고,

⑨ 서로 이해하는 사람들과 일치를 이룸으로써 소속감을 만족시키 고, 사회적 정체감을 제공하며,

⑩ 집단으로 정화예식의 토대를 제공한다.

이에 반해 종교가 정신건강에 부정적인 영향을 미친다는 주장을 종합하면, 종교는

① 건강하지 못한 죄의식을 양산하고,

② 인간의 본성을 평가절하하는 신앙 때문에 낮은 자기 존중감을 고취하고,

③ 건강하지 못한 분노의 억압을 위한 토대를 만들고,

④ '지옥행' 같은 벌로써 공포와 불안을 조성하고,

⑤ 자기 주도나 내재적 통제감을 방해하는 한편

⑥ 개인의 성장과 자율적인 기능 활동에 제약을 가하고

⑦ 종속성, 순응성을 키우며,

⑧ 성적 감정의 표현을 제지하고,

⑨ 세계를 성과 속으로 이분화하는 관점을 고정시키고,

⑩ 합리적, 비판적 사고를 방해한다고 하였다.

그렇다면 종교와 정신건강 간에 서로 상반된 결과를 보여준 선행연구를 종합해 보면, 먼저 종교와 개인의 적응 간에 관계성을 연구한 Argyle와 Beit-Hallahmi(1975)는 공식적인 종교 참여와 개인의 적응 간에 정적인 상관관계가 있음을 확인하였다. 구체적인 사례로 Argyle와 Beit-Hallahmi는 알코올 중독 같은 강박 행동의 통제에 있어서 종교가 그 역할을 수행한다고 결론 내렸다. Sanua(1969)는 종교와 성격 변인 간의 연구에서 제도로서의 종교는 일반적인 안녕, 창조성, 정직성, 자유주의를 촉진하는 데 유용하지만 기타 성격 특질에서는 유의미한 자료를 확인하지 못하였다고 보고하였다.

한편 Stark(1971)는 ① 종교와 정신병 ② 종교와 심리적 부적합성 ③

종교와 신경증적 불신 ④ 종교와 권위주의의 네 가지 범주에서 연구를 수행한 결과, 정신병과 종교적 투신이 부정적으로 관계한다는 자신의 가설을 입증하였다. 그리고 Lea(1982)는 지난 20년 동안 수행되어온 종교와 정신건강 간의 연구결과를 종합하여 다음과 같은 결론을 내렸다.

첫째, 종교성은 학생들의 개인적 적응에는 유해한 반면, 성인 특히 노년층에게는 긍정적으로 관계한다.

둘째, 종교성은 범죄나 비행 혹은 도덕적 행동과 유의미하게 관계하지 않는다.

셋째, '건강한' 종교라고 보증할 수 있는 것은 개인 이상으로 삶의 여타 부분과 관계하고 사회적 책임감과 연관되어 있음을 말한다.

넷째, '건강하지 못한' 종교는 죄책감을 유발하는 편견을 가지고 있으며, 건강한 성과 정서적 기능, 종교 체제의 고유성에 대해 경직됨을 의미한다.

Bergin(1983)은 1951부터 1979년 사이 종교성과 정신건강 간에 수행되어온 24개의 연구를 메타 분석한 결과, 47% 연구에서는 긍정적인 상관을, 30%는 무상관을, 23%는 부정적인 상관을 보여주었다. 그리고 이렇게 혼란스러운 결과가 나온 것은 종교의 다차원적 성질에 기인한 것으로 결론 내렸다. 그리고 Gartner, Larson과 Allen(1991)이 종교와 정신건강에 관한 21편의 연구를 조사한 결과, 자살, 약물 남용, 알코올 중독, 비행, 이혼과 결혼 만족도, 심리적 안녕, 우울증, 신체적 건강, 장수 변인에는 긍정적인 상관을 보여주었고, 권위주의, 자기실현, 종속성, 도그마티즘/엄격성/애매함의 허용, 발작성 간질 변인에는 부정적 상관을 보여주었고, 불안, 정신병, 자기 존중, 편견, 성적 난잡, 지능과 교육 변인에는 긍정적 상관과 부정적 상관이 혼재함을 보고하였다.

그렇다면 종교적 발달 내지는 종교적 성숙을 측정하는 도구는 어느 정도 개발되었는가? 먼저 Alter(1986)는 하나님과 나의 관계 안에서 성스러운 내적 체험이 태도와 가치에 어떻게 영향을 미치는가 확인할 수 있는 도구로써 24문항의 '그리스도인 체험 척도'(Christian Experience Inventory)를 개발하여, 신앙의 성장, 하나님께 대한 신뢰, 신앙 비용, 타인에 대한 관심, 신앙의 정당성과 같은 다섯 가지 하위 영역을 다루었다. 그리고 Fowler의 신앙 발달 단계를 경험적으로 측정할 수 있는 수정 도구로 Barnes, Doyle과 Johnson(1989)은 9문항으로 된 쌍 항목을 제시하여, 신앙의 '단계'이기보다 신앙의 '양태'를 확인할 수 있도록 개발하였다.

한편 Malony(1995)는 정신건강의 평가에 있어서 종교적 진단 도구로 160문항으로 이루어진 '종교 생활척도'(RSI)와 '종교 생활인터뷰'(RSI, Religious Status Interview)를 개발하였다. 이 두 가지 도구는 동일한 척도로써 전자는 지필 검사 형태, 후자는 인터뷰 형태를 나타냄으로써 상황과 조건에 맞게 적절하게 사용할 수 있도록 제작되었다. 특히 이 도구는 그리스도교 전통에 입각하여 성숙한 그리스도인의 생활을 교파를 초월하고, 그리스도교 일치를 위한 방향에서 유익하게 측정하도록 개발되었다.

이상과 같이 종교적 성숙을 정신건강 측면에서 살펴보는 것은 그리스도교 신앙을 굳건히 하는 토대를 연출하기 위함 때문이다. 실제로 정신건강과 종교적인 윤리 도덕관은 상치되지 않으며 나아가서 속박과 혼돈과 갈등에서 개인을 자유롭게 함으로써 종교적, 도덕적 윤리는 물론 헌신과 순종으로 건강한 그리스도인이 되게 하는 것이다. 미국정신의학회의 질병분류 최근 판에는 환자의 종교적 및 영적 문제에 대한 진단 분류를 별도로 제시하고 있다. 이것은 종교와 정신건강이 서로 조화를 이루어 성숙한 방향을 나아가야 함을 의미하고 있다.

2. 종교적 성숙 척도

1) 척도 소개

Malony(1995)가 개발하고 석창훈(2009)이 박사학위 논문으로 종교적 성숙을 확인하기 위해 개발한 척도로 총 47개의 문항, 8 요인으로 구성되었다.

2) 척도의 이론적 배경

Malony(1996)는 정신건강의 평가에 있어서 종교적 진단 도구로 160 문항의 종교 생활척도(RSI)와 종교 생활인터뷰(Religious Status Interview)를 개발하였다. 이 두 가지 도구는 동일한 척도로써 전자는 지필 검사 형태, 후자는 인터뷰 형태를 띰으로써 상황과 조건에 맞게 적절하게 사용할 수 있도록 제작되었다. 특히 이 도구는 그리스도교 전통에 입각하여 성숙한 그리스도인의 생활을 교파를 초월하고, 그리스도교 일치를 위한 방향에서 유익하게 측정하도록 개발되었다.

Pruyser의 종교성숙모형은 신앙의 내용뿐 아니라 적용까지 평가할 수 있는 방법으로써 종교적 신념을 일상생활에 적용하여 생활하는데 다음과 같은 8가지 영역이 있다고 제시하였다.

① 하나님께 대한 자각, 하나님과의 관계에 있어서 하나님께서 우리를 만드셨다는 느낌과 경외감을 많이 느끼면 느낄수록 그리스도

교 신앙은 성숙한다.

② 하나님의 자비와 영원한 사랑을 수용, 하나님의 자애롭고 무조건
적인 사랑을 많이 이해하고 경험할수록 그리스도교 신앙은 성숙
한다.

③ 하나님께서 나를 이끄심을 앎, 일상의 삶 속에서 하나님께서 나
를 이끌고 있음을 믿고, 바라고, 살아갈수록 그리스도교 신앙은
성숙한다.

④ 윤리적 존재, 일상의 삶 속에서 윤리적 원리를 직접 실천하면 할
수록 그리스도교 신앙은 성숙한다.

⑤ 회개하고 책임질 줄 아는 존재, 자신의 감정과 행동에 책임감을
많이 가질수록 그리스도교 신앙은 성숙한다.

⑥ 교회 조직의 참여, 교회 조직에 질적, 양적으로 참여하는 횟수가
많고, 교회 조직에 참여하겠다는 동기가 클수록 그리스도교 신앙
은 성숙한다.

⑦ 친교의 경험, 다른 사람과 유의미한 관계를 형성하고, 개인 상호
간에 더 큰 동일감을 느낄수록 그리스도교 신앙은 성숙한다.

⑧ 신앙에 있어서 확고한 개방성, 자신의 신앙을 성숙시키고, 정교
화하며, 새로운 것에 대해 열려있는 존재가 될수록 그리스도교
신앙은 성숙한다.

이러한 Pruyser의 종교성숙모형은 종교적 성숙의 내재적 측면과 외
재적 측면을 조화롭게 결합하였고, 종교적 성숙성을 확인하는 유용한
준거를 제시하고 있다. 특히 그리스도인의 고유성에 입각하여 신앙의
성숙도를 측정하는 데 도움이 된다.

3) 척도개발과정

사전조사의 결과를 토대로 수정, 보완하여 구조화된 설문지를 완성한 후, 대구, 경북지역 대학생 800명(개신교 69명(10.2%), 천주교 309명(45.6%), 불교 77명(11.4%), 원불교 2명(.30%), 무교 221명(32.6%))을 대상으로 조사를 실시하였으며, 불성실한 응답지를 제외한 678명을 최종분석 대상을 삼았으며, 1주일 후 60명을 선정하여 재검사를 실시하였다.

4) 신뢰도

하위요인	내적 일치도	재검사
수용성	.95	.91
개방성	.94	.90
참여성	.93	.89
방향성	.85	.76
친교성	.93	.66
자각성	.79	.91
관계성	.95	.87
윤리성	.93	.89
전체	.98	.97

5) 타당도

내용 타당도를 위하여 종교학과 심리학에 조예가 깊은 박사학위 소지자 교수 1명과 성직자에게 평가를 의뢰하여 문항을 수정, 보완하였다. 구인타당도를 위하여 요인분석을 실시하였다.

6) 채점방법

① 5점 Likert식 척도

② 하위요인별 문항은 다음과 같다.

하위요인	문항 수	문항 번호 * () 문항은 역채점
수용성	9	6, (7), 8, 9, 10, 11, (12), 13, 14
개방성	7	(23), (28), (32), (34), (41), (46), (47)
참여성	5	3, 18, (21), (33), 38
방향성	6	16, 19, 26, 29, 31, (37)
친교성	6	5, 24, 30, 35, (43), 45
자각성	5	(1), 22, 36, (40), 42
관계성	6	14, 15, (17), 25, 28, 44
윤리성	3	2, (4), (39)

7) 해석방법

하위요인	의미
수용성	하나님의 자비와 영원한 사랑을 수용
개방성	신앙에 있어서 확고한 개방성
참여성	교회 조직의 참여
방향성	하나님께서 나를 이끄심을 앎
친교성	친교의 경험
자각성	하나님께 대한 자각
관계성	회개하고 책임질 줄 아는 존재
윤리성	윤리적 존재

8) 본 척도의 출처

석창훈(2009). 종교 생활척도(RSI)의 개발과 종교적 성숙이 스트레스 수준 및 종교적 문제해결에 미치는 영향, 대구가톨릭대학교 대학원 박사학위 논문.

9) 이론적 배경에 대한 참고문헌

Malony, H. N.(1995). *The Psychology of Religion in Ministry,* N.J.: Paulist Press.

Paloutzian, R. F.(1996). *Invitation to the Psychology of Religion,* Needham Heights: A Simon & Schuster Co.

Schumaker, J. F.(1992). *Religion and Mental Health,* N.Y: Oxford Univ. Press.

10) 종교 생활척도

번호	문항	전혀 그렇지 않다.	별로 그렇지 않다.	잘 모르 겠다	약간 그렇다	매우 그렇다.
1	나는 하나님께서 나의 모든 문제를 잘 해결해 주시기 때문에 항상 행복하다.	1	2	3	4	5
2	나는 신앙 서적을 즐겨 읽는다.	1	2	3	4	5
3	나는 주일 미사(예배)에 참례한다.	1	2	3	4	5
4	나는 종교 서적을 읽고자 하는 욕구가 거의 없다.	1	2	3	4	5
5	나는 누군가 나에게 용서를 청하면 그렇게 할 수 있다.	1	2	3	4	5
6	나는 어려운 문제에 부닥칠 때 기도와 행동 둘 다 필요하다고 생각한다.	1	2	3	4	5
7	나는 교회에 가기보다 다른 일을 찾는 편이다.	1	2	3	4	5
8	나는 하나님께서 나를 사랑하시기 때문에 고통 중에 나에게 좋은 것을 주시고자 하심을 알고 있다.	1	2	3	4	5
9	나는 하나님이 내 인생의 그 무엇보다 소중한 분으로 여긴다.	1	2	3	4	5
10	내가 하나님과 관계 맺는 것이 우리 가정에 영향을 주고받음을 알고 있다.	1	2	3	4	5

번호	문항	전혀 그렇지 않다.	별로 그렇지 않다.	잘 모르 겠다	약간 그렇다	매우 그렇다.
11	나는 하나님께서 나를 사랑하신다는 것을 알고 있기 때문에 안전하게 보호받고 있음을 느낀다.	1	2	3	4	5
12	내가 죄를 지었을 때 하나님께서는 내가 저지른 일에 아무런 자비도 보여주시지 않을 것이다.	1	2	3	4	5
13	나는 미래가 주님의 손에 달려 있음을 믿기 때문에 어떤 상황이 닥치더라도 받아들일 것이다.	1	2	3	4	5
14	나는 하나님께 용서를 얻는 것이 나로 하여금 주님께 경배하고 찬미하게 한다.	1	2	3	4	5
15	나는 하나님께 사랑과 용서를 얻을 때 편안함을 느낀다.	1	2	3	4	5
16	나는 장래에 어려움을 겪을 때가 있겠지만 그것을 통해 하나님께서 나를 도우심을 확신한다.	1	2	3	4	5
17	나의 종교적 신념은 일상생활에서 내가 하고자 하는 것과 거리감을 두어야 한다.	1	2	3	4	5
18	나는 신앙을 표현하기 위해 공동체에 참여한다.	1	2	3	4	5
19	나는 중요한 것을 결정할 때, 내 인생에 있어서 하나님께서 원하시는 것이 무엇인지 생각한다.	1	2	3	4	5
20	나는 죄를 지었을 때, 하나님께서 용서해 주심을 느낀다.	1	2	3	4	5
21	나는 교회나 종교적 모임에 거의 가지 않는 편이다.	1	2	3	4	5
22	나는 창조주이신 하나님께 경외감과 놀라움에 가득 차 있다.	1	2	3	4	5
23	나의 일상생활을 예수님과 관계 맺는 것은 종교와 거리가 멀게 만드는 것처럼 보인다.	1	2	3	4	5
24	나는 신자든 비신자든 상관없이 친구들과 사이좋게 지낸다.	1	2	3	4	5
25	나는 하나님의 사랑을 생각할 때, 마음속에서 따사로움과 부드러움을 느낀다.	1	2	3	4	5

번호	문항	전혀 그렇지 않다.	별로 그렇지 않다.	잘 모르겠다	약간 그렇다	매우 그렇다.
26	나는 일을 하거나 무엇을 할 때, 하나님께서 어떤 뜻을 가지고 계심을 믿고 있다.	1	2	3	4	5
27	나는 하나님과 나 사이에 어떤 관계가 있는지 생각해본 적이 별로 없다.	1	2	3	4	5
28	나는 어떤 의사를 결정할 때, 전적으로 나의 신앙에 바탕을 두고 있다.	1	2	3	4	5
29	나는 내가 행동하는 것에서 하나님께서 나를 어떻게 쓰시는가에 대해 좋은 감정을 느낀다.	1	2	3	4	5
30	나는 내가 누군가에게 잘못했을 때, 그 사람이 어떻게 느꼈을까를 먼저 생각한다.	1	2	3	4	5
31	나는 나의 일을 통해 하나님께 봉사하고자 노력한다.	1	2	3	4	5
32	나는 교회에 헌금할 생각이 거의 없다.	1	2	3	4	5
33	교회는 나에게 가족 같은 느낌을 주지 못한다.	1	2	3	4	5
34	나는 하나님께서 나의 행동에 대해 어떻게 생각하실지 거의 생각하지 않는 편이다.	1	2	3	4	5
35	나를 성장시키기 위해서는 신자든 비신자든 상관없이 함께 친교를 맺는 것이 필요하다.	1	2	3	4	5
36	내가 무엇을 하든 하나님께서는 나를 여전히 사랑하신다.	1	2	3	4	5
37	나는 하나님의 도움 없이도 인생을 살아갈 수 있다.	1	2	3	4	5
38	나는 단지 교회의 일원으로 있기보다 더 적극적으로 참여할 필요가 있다.	1	2	3	4	5
39	내가 성경의 가르침대로 살고자 한다면, 모든 상황에서 무엇이 옳고 그른지 알 수 있을 것이다.	1	2	3	4	5
40	내가 하나님을 경배하는 가장 큰 이유는 마땅히 그렇게 해야 한다고 느끼기 때문이다.	1	2	3	4	5
41	나는 종교단체에 참여하는 것이 불필요한 것으로 생각한다.	1	2	3	4	5
42	나는 나 자신을 위한 일과 하나님께서 원하시는 것 사이에 균형을 이루려고 노력한다.	1	2	3	4	5

번호	문항	전혀 그렇지 않다.	별로 그렇지 않다.	잘 모르 겠다	약간 그렇다	매우 그렇다
43	나는 신자와 비신자를 구분시키는 것이 중요 하다고 생각한다.	1	2	3	4	5
44	나는 하나님께서 나를 사랑하신다는 점에 너 무나 흥분된다.	1	2	3	4	5
45	나는 하나님께서 나를 사랑하시고 용서해 주 시기 때문에 나의 길을 벗어나 다른 사람을 도울 필요가 있다.	1	2	3	4	5
46	나는 종교적 신념에 대해 아무 생각 없는 나 날을 살고 있다.	1	2	3	4	5
47	나는 신앙에 대해 다른 사람과 이야기를 나 눌 필요가 없다고 생각한다.	1	2	3	4	5

3. 불교의 신해행증 척도

1) 척도 소개

불교적 종교성 척도를 개발한 선행연구들을 비판적으로 분석하고, 전통적인 신해행증 체계에 따라 불교적 종교성을 개념화한 후 불교적 종교성을 파악하고자 정승국(2014)이 개발한 척도로 총 22개의 문항, 4 요인으로 구성되었다.

2) 척도의 이론적 배경

기독교 및 기타 종교와 다른 교리체계를 가지고 있는 불교에서는 기존의 종교성 척도와 구별되는 다른 종교성 척도를 개발할 수밖에 없 다. 이에 따라 불교의 교리체계에 입각하여 불교적 종교성 혹은 신행 척도를 개발하기 위한 노력이 몇몇 연구자들에 의해 이루어지고 있다.

이혜숙(2006)은 제가 불자의 신행 척도를 개발한 본격적인 연구라고 할 수 있다. 이혜숙은 질문지 조사를 통해서 획득한 38개의 예비문항을 대상으로 문항들 사이의 요인분석을 실시한 뒤 믿음, 이해, 수행, 증득의 네 개 개념을 신행 척도를 구성하는 요인으로 확정하였다. 그 과정에서 믿음 요인 문항 13개, 수행 요인 문항 8개, 이해 요인 문항 6개, 증득 요인 문항 11개로 총 37개 문항이 추출되었다.

박수호(2008)는 화엄 교학에서 제시하는 신해행증의 수행체계를 기준으로 종교성의 하위체계를 구분하였다. 여기에서 신은 불법에 대한 믿음의 정도, 해는 불교 교리에 대한 이해도, 행은 불교 신앙생활의 정도, 증은 종교적 가치의 실천으로 조작적 정의를 내렸다. 믿음의 차원에 속하는 문항은 네 개로 구성했다. 교리 이해의 차원은 불교의 핵심 교리인 연기법, 사성제, 팔정도, 인과법에 대한 이해도를 측정하는 다섯 문항으로 척도를 구성하였다.

이러한 선행연구를 바탕으로 정승국은 불교적 종교성의 구성요소를 신, 해, 행, 증의 네 개 차원으로 구성하였다. 불도수행(佛道修行)의 기본 과정을 요약해서 이르는 말이다. 먼저 진리의 法을 믿고[信], 이어서 그 法의 의미를 잘 요해하며[解], 그에 따른 실천 수행을 철저히 닦아[行], 마침내 궁극의 깨달음을 증득하는 것[證]이다.

3) 척도개발과정

선행연구를 토대로 구조화된 설문지를 완성한 후, 전국에 흩어져 있는 10여 개 사찰의 신도 437명(남성 64명, 여성 373명)을 대상으로 조사를 실시하였다.

4) 신뢰도

하위요인	내적 일치도
신	.86
해	.95
행	.82
증	.86
전체	.95

5) 타당도

내용 타당도 분석을 위하여 불교학 전공 교수 및 연구자들이 기존의 문항들을 불교 교학의 입장에서 철저히 재검토하였다. 문항을 구성할 때 기존의 척도 문항 중 적절한 문항이 있을 경우 우선으로 사용하였으며, 적절히 설명할 수 있는 문항이 없을 경우 불교학 전공 교수의 도움을 받아 새롭게 작성하였다. 구인타당도를 위하여 요인분석을 실시하였다.

6) 채점방법

① 5점 Likert식 척도
② 하위요인별 문항은 다음과 같다.

하위요인	문항 수	문항 번호 * ( ) 문항은 역채점
신	4	1, 2, 3, 4
해	6	5, 6, 7, 8, 9, 10
행	6	11, 12, 13, 14, 15, 16,
증	6	17, 18, 19, 20, 21, 22

7) 해석방법

하위요인	의미
신(信)	불교 신앙과 관련된 핵심사항에 대한 믿음의 정도
해(解)	불교의 핵심적 기초교리에 대한 이해도
행(行)	불교 신앙생활의 정도
증(證)	깨달음의 정도

8) 본 척도의 출처

정승국(2014). 불교적 종교성 척도 개발 연구, **불교학연구** 41. 212~242.

9) 이론적 배경에 대한 참고문헌

박수호(2004). 인터넷 이용과 종교의식 : 한국 인터넷 종교 사이트 이
　용자를 대상으로. 고려대학교 박사학위 논문.

Berger, P.(2012). Further Thoughts on Religion and Modernity, *Society*
　49. 313~316.

Traphagan J. W.(2005). Multidimensional Measurement of Religiousness
　/ Spirituality for Use in Health Research in Cross-Cultural Perspective,
　Research on Aging 27. 387~419.

10) 신해행증 척도

번호	문항	전혀 그렇지 않다.	별로 그렇지 않다.	잘 모르 겠다	약간 그렇다	매우 그렇다.
1	나는 삼보에 귀의한다.	1	2	3	4	5
2	나는 연기법을 믿는다.	1	2	3	4	5
3	나는 윤회설을 믿는다.	1	2	3	4	5
4	나는 깨달음에 도달하면 누구나 부처가 될 수 있다는 사실을 믿는다.	1	2	3	4	5
5	나는 부처님의 생애를 잘 알고 있다.	1	2	3	4	5
6	나는 연기법의 내용과 의미를 잘 이해한다.	1	2	3	4	5
7	나는 삼법인의 내용과 의미를 잘 이해한다.	1	2	3	4	5
8	나는 사성제의 내용과 의미를 잘 이해한다.	1	2	3	4	5
9	나는 팔정도의 내용과 의미를 잘 이해한다.	1	2	3	4	5
10	나는 육바라밀의 내용과 의미를 잘 이해한다.	1	2	3	4	5
11	나는 한 달에 두 번 이상 법회에 참석한다.	1	2	3	4	5
12	나는 경전 혹은 불교 서적을 읽는다.	1	2	3	4	5
13	나는 수행(기도 혹은 절 혹은 다라니 혹은 참선 혹은 위빠사나)을 한다.	1	2	3	4	5
14	나는 계율(5계)을 지킨다.	1	2	3	4	5
15	나는 불교방송을 시청한다.	1	2	3	4	5
16	나는 보시 혹은 기부 혹은 후원 활동을 한다.	1	2	3	4	5
17	나는 불자가 된 이후로 마음속 깊이 행복을 느낀다.	1	2	3	4	5
18	나는 불교를 믿고부터 내 안에 해결능력이 있음을 믿는다.	1	2	3	4	5
19	나는 불교를 믿고부터 벌레 한 마리조차 죽이고 싶지 않다.	1	2	3	4	5
20	나는 내 삶이 수많은 인연들의 덕택임을 알고, 늘 감사하게 생각한다.	1	2	3	4	5
21	나는 가끔 미움이나 분노를 겪어도 오래 집착하지 않는다.	1	2	3	4	5
22	나는 한순간의 생각에도 업보가 따라올 것을 알고 있으며 늘 조심스럽게 사고하고 행동한다.	1	2	3	4	5

제 9 장

종교와 다문화 이해

세방화(Glocalization) 현상은 '전 지구적으로 생각하고, 지역적으로 행동하라(Think globally, Act locally)'라는 모토에서 출발하였다. 그 결과 보편적 가치를 추구하는 세계화와 개인이나 지역사회의 구체적 생활양식을 다루는 지역화는 종종 문화충돌을 낳는다. 디아스포라적 관점에 보면 문화충돌이 잘 나타나는 분야가 종교 영역이다.

대부분의 세계 종교가 이타성과 존중을 중요시하지만 일부 국가나 지역의 종교사회가 갖는 타 종교, 타 인종, 타 민족에 대한 편견은 종교적 배타성을 낳고 나아가 사회갈등을 야기하기도 한다.

다문화사회인 한국에서도 이주민에 대한 시선이 늘 호의적이지만은 않으며, 때로는 종교적 배타성이 강하게 나타난다. 일례로 9.11 테러 이후 무슬림에 대하여 색안경으로 바라보는 상황이 이를 반증한다. 타 종교를 수용하기 위해서는 문화적 이해가 전제되어야 한다.

본 장에서는 한국의 다문화사회 현상을 진단하고, 종교 간 대화원리와 관련 종교성 측정을 제시한다.

1. 종교와 다문화사회

현대 사회는 다원주의 사회이다. 다원주의 사회라 함은 정치적으로는 다두성(poliarchy), 사회적으로는 다핵성(coenocyte), 문화적으로는 다양성(diversity)의 성격을 가진 사회를 말한다(송복, 1990). 현대의 다원주의 상황에 있어서 특히 주목해야 할 것은 인종적 다양성에 기초한 '다문화'이다. 우리나라에서 다문화 문제가 사회적 주체로 떠오르기 시작한 것은 1990년대 중반 이후라 할 수 있다. 외국인 이주노동자와 국제결혼의 증가에 따라 자연스럽게 다문화에 대한 관심이 늘어나게 된 것이다.

2019년 4월 말 현재 한국에 거주하는 외국인 수는 2,524,656명으로 전년도 2,031,677명 대비 10.9% 증가하였다(출입국·외국인 정책 통계월보, 2019년 5월호). 여기에 30만 명 가깝게 추계 되는 불법체류 외국인과 3만 명 정도의 북한이탈주민까지 합치면 다문화가족에 해당하는 인원은 250만 명을 훌쩍 넘어 총인구 대비 4.8%로 늘어나는 추세이고, 2050년에는 인구의 약 10% 이상을 차지할 것으로 전망된다. 이처럼 다문화사회로의 급속한 진행이 불가피한 현실에서 이주민의 증가는 저출산과 고령화로 인한 노동력 부족해결, 다중언어 및 다문화성을 기반으로 한 글로벌 경쟁력 강화 등과 같은 순기능이 있는 반면 불법체류, 외국인 범죄, 인종적, 문화적 편견과 차별로 인한 사회갈등 요인 내재 등의 역기능도 동시에 내포하고 있다(석창훈, 2011).

그런데 한국의 다문화 사회화 과정에서 종교는 매우 중요한 요소로 기능한다. 종교는 이민을 유발하는 중요한 요인이면서, 이민자들이 도착지 문화에 적응하는 과정에 도움을 줄 수도 있고 부적응의 첫째 원인이 될 수 있는 이중성을 띤 복잡한 요인이기 때문이다(김경이, 2011). 구체적으로 살펴보면, 이주 과정에서 종교는 자신의 정체성을 유지하는 한편, 같은 종교를 공유하는 이들과 연대를 통해서 현지 적응에 도움을 주기도 한다. 일례로, 미국에 이민한 한국인들의 70%가 한국교회를 비롯한 현지 교회를 통해 미국 사회에 적응했다는 연구는 종교집단이 이주 사회 적응에 교량 역할을 하는 대표적 사례이다(김선임, 2012, 56).

반면 주류 사회나 기성의 다수 종교가 이주민의 종교를 낯설어하여 편견을 가지고 대하거나 배척하는 경우는 이주민의 소외와 차별을 초래하거나, 또 한편으로 이주민들이 배타적인 종교 공동체를 형성하여 이주 사회에 대한 적응에 소극적이거나 나아가 거부하는 경우는 종교집단 간 갈등을 가져올 수도 있다(임정수, 2016). 일례로, 무슬림 공동체처럼 종교와 생활의 밀접성이 매우 높기 때문에, 자신들의 종교적 관습과 가치의 보존에 지나치게 많은 노력을 기울일 때, 무슬림 공동체 자체가 오히려 사회 내에서 소수집단화 혹은 게토(ghetto)화할 우려가 제기되기도 한다(지종화, 2011).

이처럼 종교가 다양한 측면에서 다문화사회 형성 및 이주민의 적응 기제와 밀접하게 관련되어 있음에도 불구하고, 그동안 다문화사회와 종교와의 관련성 연구는 다문화가족을 시혜적 대상으로 한정하면서 문화, 교육, 인권, 복지 분야에서 종교단체의 지원사업이나 종교 활동에 대한 분석이 주로 이루어져 왔다(문화체육관광부, 2012). 관련하여 "다문화 이해에 있어서 가장 중요한 열쇠 가운데 하나는 종교이다. 종교는 절대적 신념체계로서 특정한 문화권의 핵심적 문화소를 이루기 때문이다. 하지만 현 단계 한국사회에서 종교를 통한 다문화 이해의 확장과 관련된 프로그램은 충분하지 못하다"라고 지적한 바 있다(신광철, 2010).

타인의 신앙을 이해함에 있어서 대화를 중심으로 한 인격적 접근을 주장한 W.C. Smith(1989)는 종교의 다양성이 인류의 일치에 장애가 되기보다는 인간 문화의 풍요로움을 나타내는 긍정적 요소로 보았고, Hans Küng이 강조한 "종교 간 평화 없이 세계 평화 있을 수 없고, 종교 간 대화 없이 종교 간 평화는 없다."라는 말은 종교 다원주의인 우리나라 현실에 그대로 적용된다(석창훈, 2005).

이에 본 장에서는 다문화 사회화 과정에서 종교 간 대화를 기반으로 한 다문화 이해를 확장하기 위해 다음의 문제를 중심으로 고찰하고자 한다. 첫째, 다문화가족의 종교지형도(religious topography)는 어떠한가? 둘째, 다문화가족을 위한 종교 간 대화원리(theoria)는 무엇인가? 셋째, 다문화가족을 위한 종교 간 대화의 실제(praxis)는 어떠한가?

2. 다문화가족의 종교지형도

우리나라는 여러 종교가 오랫동안 평화적으로 공존해 왔다는 점에서 세계적으로 매우 드문 사례였지만, 최근에는 예전에 가까이 접하기 힘들었던 이슬람을 비롯한 다양한 종교와 여러 민족이 어우러진 종교 다원 사회를 연출 중이다.

본 연구에서는 2015년 여성가족부와 통계청이 실시한 전국다문화가족실태조사에서 조사된 종교 활동을 중심으로 다문화가족의 사회적 참여를 분석한 연구(서정원, 2017)를 통해 다문화가족의 종교지형도를 살펴보고자 한다.

2015년 전국다문화가족실태조사에서는 다문화가족 전체 표본 수

26,120가구의 64.1%에 해당하는 17,109가구를 대상으로 조사가 수행되었다. 다문화가족과 종교와 관련된 조사에서 종교 활동을 하고 있느냐는 질문에 대한 카이제곱 검정으로, 개인의 사회적 참여를 살펴본 결과, 거주지역별 동 단위에서는 25.28%가 종교 활동이 있는 것으로 나타났고, 읍면 단위에서도 28.36%가 있는 것으로 나타났다. 동 단위와 읍면 단위 모두 사회적 참여도가 저조한 것으로 나타났고, 거주지역별로는 큰 차이가 나타나지 않았지만 읍면 단위가 동 단위보다 조금 높은 것으로 나타났다.

출신 국적별 차이 분석결과, 일본(66.06%), 필리핀(46.40%), 남부 아시아(43.73%), 순으로 가장 높게 나타났으며, 다음으로 미주·유럽·대양주(31.13%), 그 외 동남아시아(25.18%), 몽골·러시아·중앙아시아(24.44%), 대만·홍콩(21.82%), 중국(17.30%), 중국(한국계)(14.64%), 베트남(14.36%) 순으로 나타났다.

연령별 차이 분석결과, '40~49세'(33.05%), '50~59세'(30.83%), '60세 이상'(28.06%) 순으로 가장 높게 나타났다. 이는 연령이 높을수록 종교 활동에 대한 참여도가 높은 것으로 볼 수 있다. 다음으로 '30~39세'(25.05%), '29세 이하'(18.49%) 순으로 나타났다.

학력별 차이 분석결과, 대학교(4년제 미만)(39.23%), 대학교(4년제 이상)(34.09%), 대학원(32.22%) 순으로 가장 높게 나타났다. 이는 학력이 높을수록 낮은 학력에 비해 상대적으로 종교 활동 참여도가 높게 나타난 것으로 볼 수 있다. 다음으로 고등학교(24.16%), 무학(22.34%), 초등학교(18.41%), 중학교(16.47%) 순으로 나타났다.

혼인상태별 차이 분석결과, 사별(33.49%), 배우자 있음(26.64%) 순으로 가장 높게 나타났다. 다음으로 이혼·별거(19.75%), 미혼(12.97%) 순으로 나타났다. 배우자와 사별한 이주여성의 경우 종교 활동 참여가 가장 높게 나타났다.

거주기간별 차이 분석결과, '16년 이상'(41.35%), '11~15년'(28.34%), '6~10년'(21.74%) 순으로 가장 높게 나타났다. 다음으로 '3~5년'(21.43%), '2년 이하'(17.92%) 순으로 나타났다. 이는 거주기간이 오래될수록 지역사회에 잘 정착하여 오랜 시간 지역주민과의 화합과 친분이 형성되었다는 것으로 볼 수 있으며, 그에 따라 종교 활동 참여도가 높게 나타난 것으로 볼 수 있다.

요컨대, 다문화가족 중 한국사회에 오래 동화될수록 적응도가 높으며, 종교 활동 참여도 역시 높음을 알 수 있다. 그런데 역설적이게도 최근의 상황은 종교적 체험의 배타성에서 유래하는 차별화된 방식이 다문화가족의 갈등을 촉발하고 있기도 한다. 일례로, 동아일보의 2009년 10월 15일 기획기사에서는 다음 같은 실태가 보도되기도 하였다.

> 결혼이주여성 등 한국에 거주하는 외국인들은 종교 때문에 어려움을 겪는 일이 많다. 이교도에 대한 한국 사람들의 시선이 불편할 뿐만 아니라 종교 활동에도 제약을 받는 경우도 있다. 또 종교적인 이유로 보이지 않는 차별과 불평등을 겪기도 한다.

이와 관련하여 전국 전국에 거주하는 성인 7,700여 명을 대상으로 한 사회통합실태조사(2015)에 따르면 응답자 중 반 이상은 종교 갈등이 약간 심하거나 매우 심하다고 보고 있다. 이념 간 갈등이나 경제적 갈등에 비해 종교적 갈등은 그 심각성에 대한 우려는 크게 나타나지 않앗지만 다른 종교를 지닌 사람에 대한 수용성 정도를 보면 종교적 차이가 일상의 영역에서 배타와 차별의 요인이 될 가능성이 존재함을 알 수 있다. 나와 다른 종교를 믿는 사람에 대한 태도를 묻는 설문에서 우리나라 시민은 13.5%가 '이웃으로 삼고 싶지 않다'라고 대답했다. 이는 일본 32.6%에 비해서는 개방적이지만 미국이나 호주 등에 비하면 폐쇄적인 수치이다. 덧붙여 같은 연구에서 인종이 다른 사람을 이웃으로 삼고 싶지 않다고 대답한 사람은 25.7%이었으며, 외국인 노동자에 대해서는 31.8%가 거부 의사를 표시했다(임정수, 2016).

이러한 연구는 종교 갈등의 문제에 따른 다문화 이해가 필요함을 강조하는 동시에, 전 세계 또는 한국사회에서 이주에 기반을 둔 종교적 다양성이 확대, 심화하고 있는 시점에서 종교 간 대화를 위한 노력은 선택이 아닌 필수의 문제임을 지적하고 있다.

3. 다문화 이해와 종교 간 대화의 원리와 실제

1) 다문화 이해란?

다문화 이해는 다양한 방식으로 집단과 사회의 문화가 표현되고 다른 나라 문화를 상대주의적 입장에서 이해하는 것이며 각각의 문화 안에 있는 공통성이 무엇인가를 발견하고 긍정적으로 경험하도록 하는 것이다. 따라서 다문화 이해를 위한 요인으로는 다양성, 상대성, 공통성 등 세 가지로 구분해볼 수 있다(이정우, 2008).

첫째, 다양성은 생물학적 다양성과 문화 다양성을 포괄하고 있다. 즉 연령·종족·성·신체적 능력 특징 등은 생물학적 다양성과 관련된 영역이지만 이로 인해 나타나는 차이는 문화 다양성의 영역에 포함된다. 또한 이러한 관점은 다양성을 단지 현 상태를 설명하는 개념이 아니라 차이로 인해 파생되는 차별을 극복하고자 하는 규범적 개념으로 사용할 수 있게 한다. 본 절에서는 다양성은 민족이나 종족과 관련된 문화적 차이를 의미한다.

둘째, 상대성은 모든 문화가 똑같이 존경할 가치가 있다는 생각과 또한 다른 문화를 연구함에 있어서 우리는 판단을 일시 중단하고 감정 이입을 하며 각각의 특정한 문화가 세상을 바라보는 방식을 이해하려고 노력할 필요가 있다는 생각에 기초를 두고 있다. 따라서 모든 인간이 과거나 현재를 불문하고 생을 영위하여야 되고 의·식·주를 해결하여야 하며 사회의 질서를 유지하여야 된다는 동일한 문제를 갖고 있고 이것을 해결하는 방법, 즉 문화 양식이 다를 뿐이라고 생각하기 때문에 어떤 문화가 낫고 어떤 문화가 못하다는 것을 판단할 수 없는 것이다.

셋째, 공통성은 문화와 행동의 관계를 이해하는 것은 사람들 간의 행동의 유사성과 밀접한 관련이 있다. 인간은 서로 다른 사회문화적 배경을 가졌을지라도 서로 이해에 도달하기에 충분한 문화적 사회적 유사성을 지니고 있다는 것이다. 행동적 표현의 엄청난 다양성에도 불구하고 우리는 기본적으로 심리적 과정을 공유하기 때문에 문화 간 이해를 충분히 이룩할 수 있다는 것이다.

2) 다문화 이해와 종교 간 대화의 원리

한국사회의 다문화 현상에 대한 이해는 더 이상 분리된 사회현상이나 부분적 문화의 특수성으로 다룰 것이 아니라 사회구성원 전체의 문화적 현상으로 받아들여야 하며 이를 위한 다문화 이해의 필요성이 적극 제기되고 있다. 일반적으로 다문화 이해란 우리 사회의 모든 구성원들에게 다인종, 다문화사회로 접어들고 있음을 이해시키고, 소수 집단을 배려하여 다인종, 다문화가 평화적으로 공존함을 의미한다. 그것은 자문화 중심주의적 시각에서 탈피하여 타 문화, 특히 비주류 문화에 대한 인정과 그것과의 조화로운 관계 형성을 지향한다(석창훈, 2011). 종교 간 대화와 관련하여 윤병상은 다음과 같이 대화의 필요성을 역설하였다(윤병상, 1999).

> 인간은 독백하는 존재가 아니고 대화하는 존재이다. 대화는 서로의 이해를 깊게 하여 함께 살아가는 힘을 갖게 한다. 사랑이 단절될 때 대화가 단절되고 대화가 단절되면 일방적인 선입견과 편견을 조장하여 언어가 사랑의 속삭임에서 헐뜯는 힘으로 나타난다. 그때 대화의 단절은 파괴적인 힘으로 작용하게 된다. 대화는 개인 간의 대화에서 시작하여 사회적인 모임과 정치적인 세력들 사이에서와 국제적인 공동체 안에서의 국가 간 대화에까지 적용된다. 대화는 넓게 전 인류 공동체 안에서 이루어지는 것이지만 특히 인종, 문화 이념, 그리고 종교 문제들 사이에서 이루어진다. 대화는 그들이 누구이든 간에 인간들 사이에서 윤리적 사고의 중심이며 본질적인 요소이다. F. Gioia에 의하면 참된 대화는 평화적인 방법으로 무엇이 선한가를 찾는 일이다.

그렇다면 종교 간 대화는 어떻게 이루어져야 하는가? 본 연구에선 다문화 이해를 위한 종교 간 대화의 원리로 세계종교의회(Congress of the Leaders of World and Traditional Religions)가 제안한 종교 간 대화 원칙을 소개하면 다음과 같다.

① 종교 간 대화는 정직, 관용, 겸손 및 상호 존중에 바탕을 두어야 하며, 효과적인 인식과 학습을 필요로 하고, 선행(good deeds)을 낳는다.

② 종교 간 대화는 모든 종교의 평등을 가정하고, 각각의 문화, 언어 및 전통의 정직성을 포함하며, 의견, 전망 및 신념을 자유롭게 표현하는 여지를 조성한다.

③ 종교 간 대화는 타 종교로의 회심을 목적으로 하지 않으며, 종교의 우월성을 남용하거나 입증하기 위한 것이 아니다.

④ 종교 간 대화는 타 종교의 신앙에 대한 편견과 그릇된 해석을 피함으로써 그들의 인식과 이해를 장려하며, 긴장을 줄이고 분쟁을 해결하기 위한 수단으로 갈등과 폭력의 사용을 방지하는 데 도움이 된다.

⑤ 종교 간 대화는 사람들의 평화로운 공존과 유익한 협력을 향한 길을 제시하며, 더 나은 교육을 장려하고 대화의 중요성, 종교적 극단주의의 위험을 줄이는 데 도움이 된다.

⑥ 종교 간 대화는 다른 종류의 대화, 특히 사회적 정치적 대화에 대한 모범이 될 수 있다.

⑦ 관용의 정신으로 행해진 종교 간 대화는 모든 사람들이 같은 지구에 살고 있음을 강조한다. 이것은 삶의 신성함, 모든 인간의 존엄성 및 창조의 완전성처럼 공유된 가치를 가정한다.

⑧ 종교 간 대화는 종교가 사회에서 필수적이고 건설적인 역할을 한다는 점을 강조한다. 그것은 공통의 이익을 증진하고 사람들 사이의 좋은 관계의 중요한 역할을 인식하고 사회에서의 국가의 특정 역할을 존중한다.

⑨ 종교 간 대화는 미래 세대가 타 종교와 문화를 가진 사람들과의

더 나은 관계로부터 이익을 얻는 데 근본적으로 중요하다.

또한 M. T. Thangaraj(1999)는 종교 간 대화의 수준을 다음 4가지로 구분하였다.

첫째, 삶의 대화(the dialogue of life), 사람들은 개방적이고 우호적인 정신으로 살기 위해 노력하며, 기쁨과 슬픔, 문제와 걱정거리를 함께 공유한다.

둘째, 행동의 대화(the dialogue of action), 종교인은 사람들의 통합적 발달과 자유를 위해 서로 협력한다.

셋째, 신학적 교류의 대화(the dialogue of theological exchange), 전문가들은 자신의 종교 유산에 대한 이해를 깊게 하고 서로의 영적 가치를 높이기 위해 노력한다.

넷째, 종교적 경험의 대화(the dialogue of religious experience), 신이나 절대자를 찾는 방법과 관련하여 종교적 전통에 뿌리를 둔 사람들은 영적 재물(가령, 기도나 묵상 등)을 나눈다.

한편, 우리와 같은 종교 다원주의 국가이면서도 종교 간 대화에 적극 참여하고 있는 캐나다의 Scarboro Missions 단체에서는 종교 간 대화의 5가지 유형으로 타 종교의 역사, 종립, 기본 신앙, 경전 등에 대한 지식을 획득하는 정보공유형(informational), 신자로 사는 것이 무엇을 의미하는지에 대해 타 종교와 말하고 정의 내리는 것을 허용하는 신앙고백형(confessional), 타 종교의 전통, 예배 및 의식에 대해서 대화를 시작하는 체험형(experiential), '비즈니스' 대화를 넘어 우정을 발전시키는 관계형(relational), 평화와 정의를 증진하기 위해 서로 협동하는 실용형(practical)을 제시하고 있다.

2) 다문화 이해와 종교 간 대화의 실제

주지하다시피 모든 종교는 사랑, 자비와 같은 타인을 돕는 이타적 행위를 인간 윤리의 핵심에 두고 있다. 그리고 사랑, 자비와 같은 종교의 핵심적 교리는 종교인의 이주민 지원 활동에 대한 참여도를 높이는 데에 큰 영향을 미칠 수밖에 없다.

기독교는 '사랑'의 정신을 강조하는 종교이다. 특히 기독교에는 오늘날 이주민이라 해석될 수 있는 '이방인'들에 대한 사랑을 강조하는 성경의 구절이 많이 발견된다. 구약성경에는 이스라엘 민족이 이집트에서의 종살이를 했다는 경험을 반영해, 신이 가난한 사람들, 힘없는 사람들, 고아, 과부, 이방인과 같은 사람들에 대해 큰 관심을 가졌다는 구절이 자주 등장한다. 신약 성경도 이방인을 혈연, 민족, 사회적, 종교적 신분 등의 이유로 어떤 한 민족에 속하지 않는 사람들이 아니라 그리스도와 결합된 사람들을 의미하는 것으로 해석한다(히브 11.13; 베드 2.11; 에베 2.19). 그 점에서 그리스도인은 선택받은 사람으로서 이 땅에서 이방인으로 살아가지만 진정한 고향을 향해 나아가는 나그네로 그려진다. 그러므로 예수는 이방인을 환대하는 것이 극진한 사랑의 행위이자 구원의 보증이라고까지 주장했다(마태 25:31-46).

불교도 예외는 아니다. 불교의 '자비'라는 덕목 역시 자기보다 더 못한 위치나 상황에 처한 사람에 대한 도움을 줄 것을 강조한다. 그리고 불교의 '자비심'을 가장 잘 구현한 인물상이 바로 '보살'이며, 보살의 이타적 희생정신이 바로 '보살심'이자, 행위로 드러나면 '보살행'이 된다. 모든 존재가 깨달음을 얻을 때까지 거듭 윤회를 하겠다는 서원을 하는 보살의 정신은 이주민들을 비롯해 어려운 처지에 있는 이웃에 대한 구호와 지원에 나서기를 강조한다. 우리의 민족 종교인 원불교

역시 정산종사가 설파한 삼동윤리를 다문화 사업을 비롯한 다양한 종교 복지 활동의 사상적 기반으로 삼고 있다.

요컨대 종교인의 종교적인 배경과 종교성이 보다 적극적인 사회봉사 활동으로 이어지는 것은 자연스러운 현상이다. 그리고 종교는 종교적 교리에 입각해 경제적인 효율이나 성과가 아닌, 타인을 돕는 데에 헌신적이고 자발적인 봉사 행위 그 자체를 강조하기 때문에 다문화 이해에 있어서 대단히 중요한 역할을 수행할 수밖에 없다.

그런데 최근 다문화공동체 형성을 위한 한국종교의 지원 활동에서 중요한 변화를 보이는 것이 있는데 바로 다문화 이해를 위한 종교 간 대화이다. 일반적으로 다문화 이해를 위한 종교 간 이해는 근본 원리는 R. Panikkar가 강조한 다원주의(pluralism)에 기반을 두고 있다(석창훈, 2005).

종교 간 대화에 있어서 다원주의 태도는 1960년대 후반부터 신학계와 종교학계에 등장한 입장이다. 다원주의 태도는 종교적 구원의 길은 문화 역사적 다양성에 의해서 여러 가지의 길들이 존재할 수 있으며(산꼭대기에 오르는 등산로가 여럿 있을 수 있다는 입장), 어떤 한 가지 규범을 가지고 다른 구원 체험의 길을 판단할 수 없기 때문에 서로의 다양성을 인정하면서(무지개는 단색이 아니라 일곱 색깔의 프리즘으로 이루어져 아름답다는 입장), 서로에게 배우며 창조적 변화의 모험까지 두려워하지 말자는 입장(T. Khun이 언급한 새로운 종교적 패러다임으로의 전환)이다. 종교 다원주의는 각각의 종교는 각각의 자기 특성을 지켜 가야 하며, 자기 종교의 깊은 차원에 도달한 사람만이 진정한 의미에서의 종교 간 대화를 할 수 있다고 본다. 다원주의에 바탕을 둔 종교 간 대화는 상대방을 제압한다든지 서로 완전한 합의에 이르거나 어떤 우주적, 보편적 종교에 도달하는 것을 목표로 하지 않으므로 종교 간 대화에 적절한 태도이다.

다원주의에 입각한 종교 간 대화의 실제를 확인하기 위해 교육, 문화, 공동체 차원에서 대표적인 사례를 소개하면 다음과 같다. 먼저 교육 차원에서 천주교의 경우, 1981년부터 주교회의 산하에 이주사목위원회를 설치, 운영해 오면서 최근에는 서품을 앞둔 부제를 대상으로 이웃 종교를 방문하여 평소 궁금했던 교리와 문화에 대해 각 종단의 성직자들에게 묻고 배우는 종교 간 대화의 시간을 보내고 있다. 2017년에는 전국 15개 교구와 수도회 부제 150여 명이 참가하여 정교회, 대한성공회, 한국이슬람중앙회, 대한불교조계종, 원불교 등을 방문하였다. 이러한 방문에 대하여 "이웃 종교를 방문하는 것이 이젠 더 이상 '행사'가 아닌 '일상'이 되길 바란다"라는 화계사 주지 수암스님의 메시지는 종교 간 대화의 방향성을 잘 제시하고 있다.

문화 차원에서 불교의 경우, 20여 년 전부터 경기도 부천지역 외국인노동자를 지원해온 석왕사는 명절에 고향을 떠난 이주민들을 초청하여, 국가별로 그들의 고유명절을 축하하는 특색있는 문화 활동을 가진다. 또한 방글라데시, 스리랑카, 인도네시아 등 자신의 국가에서 중시하는 명절에 모임을 가진다. 이날 해당 국가 출신 이주자들이 모여 음식을 나누어 먹으며, 이를 통해 이주민 공동체의 내부 결속을 다지며, 내국인들과의 교류를 적극적으로 추진하기도 하였다.

공동체 차원에서 한국종교연합의 경우, 지난 11년 동안 28차에 걸쳐 '다문화가정과 함께하는 종교문화캠프'를 개최하고 있다. 이 캠프는 날로 늘어나는 다문화가정을 대상으로 우리의 전통적 관례 및 한국 문화유산에 대한 깊이 있는 인식과 체험을 통해 문화적응을 안정적으로 조기에 수용할 수 있도록 매년 운영하고 있는데, 아동 청소년 시기의 다문화가족 구성원이 참여하여 종교 간 대화와 이웃 종교 이해의 중요성을 체득하고 있다.

2014년 9월 '현대적 형태의 인종주의 · 인종차별 · 외국인 혐오 및 이와 관련한 불관용에 관한 UN 특별보고관(이하 UN 특별보고관)'은 우리 정부의 초청으로 방한하여 각 지역과 기관을 방문하여 조사 활동을 진행하였으며, 2015년 6월 30일 제네바에서 열린 UN 인권이사회에서 보고서를 발표하였는데, 여기에는 우리 사회의 이주민 인권 현실과 각종 차별, 그리고 제도 개선을 위한 권고안이 담겨 있다. 안타깝게도 UN 특별보고관은 대한민국의 이주민이 겪고 있는 인종차별과 노동착취의 실상에 대해 우려를 표하였으며, 제도적 개선과 사회적 인식의 변화를 위한 정부의 노력이 시급하다고 평가하였다.

다문화사회인 대한민국에서 이주민을 위한 정책적 노력과 인식 개선이 많이 이루어지기는 하지만 여전히 미흡한 실정이다. 일부 한국인들은 결혼이주여성과 다문화가족 자녀들에게 따뜻한 '눈길'을 건네기보다는 차가운 '눈초리'를 던지고 있다. 현재 한국사회에서 다문화 담론은 무성한 편이지만 그에 대한 실천은 상대적으로 열악하다. 다시 말해 한국사회는 머리로는 다문화를 받아들이고 있지만, 몸으로는 거부하고 있는 실정이다. 대부분의 한국인들은 자신의 이해와 직접 관련되지 않을 때는 다문화 주체에 대한 차별이 부당하다는 것을 인정한다. 하지만 대부분의 한국인들은 자신의 이해와 직접 관련될 때에는 다문화 주체에 대한 차별을 암묵적으로 혹은 적극적으로 승인하는 데 별 주저함이 없다. 한국사회가 진정한 다문화사회가 되기 위해서는 이러한 담론과 실천 사이의 분리를 극복해야 할 것이다. 그렇게 될 때 종교 다원주의이자 다문화 한국사회에서 종교는 세상의 빛과 소금, 향기로운 연꽃이 될 수 있을 것이다.

4. 다문화 이해 측정

다문화 이해와 관련하여 민경숙(2008)의 연구를 보면, 다양한 문화에 관한 상식 이해 여부와 다양한 문화에 대한 지식을 묻는 15문항, 3개 요인으로 구성되어 있다.

먼저 다양성의 경우, 하나의 문화 속에 사는 여러 개인들은 자신들의 문화적 특성이 있다는 것에 대한 이해로 총 5개의 문항(1, 4, 7, 10, 13번 문항)이 사용되었는데, 예를 들어 '한국에는 다양한 민족과 인종이 살고 있다'와 같은 문항이 포함되었다. Cronbach-α 계수는 5개 문항의 평균이 .72의 신뢰도를 보여주었다.

둘째, 상대성의 경우, 각 문화 간에는 차이가 있음을 선입견 없이 받아들이는 것에 대한 이해로 총 5개 문항(2, 5, 8, 11, 14번 문항)이 사용되었는데, 예를 들어 '손으로 밥을 먹는 전통을 가진 나라의 사람들도 지저분하지 않다'와 같은 문항이 포함되었다. Cronbach-α 계수는 5개 문항의 평균이 .77의 신뢰도를 보여주었다.

셋째, 공통성의 경우 민족과 인간은 서로 다른 사회문화적 배경을 가졌을지라도 서로를 이해하기에 충분한 문화적 사회적 유사성을 지니고 있다는 것에 대한 이해로 총 5개 문항(3, 6, 9, 12, 15번 문항)이 사용되었는데, 예를 들어 '나라마다 고유의 노래와 춤 축제 등이 있다'와 같은 문항이 포함되었다. Cronbach-α 계수는 5개 문항의 평균이 .51의 신뢰도를 보여주었다.

〈다문화 이해 척도〉

※ 다음의 질문 내용을 잘 읽고, 여러분의 생각과 같은 곳의 번호에
O 표시를 해주십시오.

번호	문항	전혀 그렇지 않다.	그렇지 않다.	보통 이다	그렇다	매우 그렇다.
1	한국에는 다양한 민족과 인종이 살고 있다.	1	2	3	4	5
2	다른 나라의 문화도 가치가 있다.	1	2	3	4	5
3	흑인과 백인은 태어날 때부터 평등하다.	1	2	3	4	5
4	여러 나라의 문화는 다양하다.	1	2	3	4	5
5	여러 나라는 우수한 민족과 뒤떨어진 민족으로 나뉘어 있다.	1	2	3	4	5
6	인간은 민족, 인종에 관계 없이 평등하다.	1	2	3	4	5
7	다른 나라의 문화와 우리나라의 문화는 서로 차이가 있다.	1	2	3	4	5
8	외국인보다 우리나라 사람들이 더 평등하다.	1	2	3	4	5
9	각 나라는 자기 나라의 문화를 만들어 간다.	1	2	3	4	5
10	한국의 인종, 민족은 앞으로 점점 더 다양해질 것이다.	1	2	3	4	5
11	손으로 밥을 먹는 전통을 가진 나라의 사람들은 지저분하다.	1	2	3	4	5
12	나라마다 고유의 노래와 춤, 축제 등이 있다.	1	2	3	4	5
13	다른 나라의 생활방식이나 명절 등에 대해 알고 있다.	1	2	3	4	5
14	동남아시아에 있는 나라보다 미국, 프랑스와 같은 나라의 문화가 더 훌륭하다.	1	2	3	4	5
15	음식에는 각 나라의 고유한 문화가 나타나 있다.	1	2	3	4	5

제 10 장

종교와 가치관

한 개인이 지니는 가치관은 그 사람의 행동 방향을 결정하는 데 큰 영향을 미치기 때문에 심리학자들은 큰 관심을 보여 왔다. 또한 개인이 지니는 가치관에 따라서 그가 속해 있는 집단, 조직 그리고 국가의 흥망성쇠에도 많은 영향을 미칠 수 있기 때문에 개인의 가치관은 사회적 관심사가 되기도 한다. 한편, 종교의 규범적 가치는 개인의 사회화 및 사회의 문화 전승에 상호작용하면서 크게 영향을 미친다.

종교를 선택하는 입교 동기나 회심의 사례를 살펴보면, 가치관에 따라 종교적 삶이 달라진다. 작게는 개인의 생활이 바뀌며, 크게는 종교적 신념에 따라 국가 간 전쟁이 일어나기도 한다. 본 장에서는 종교와 가치관의 관계를 분석하고, 관련 척도를 소개한다.

1. 종교와 가치관

과거 전통사회에서는 주로 종교가 사람들의 가치관과 인생관 형성에 결정적인 역할을 수행했다. 인생에서 추구해야 할 궁극적 선이 무엇인지, 어떤 것이 좋고 바람직한 삶인지 종교가 그 규범과 이상을 제시해 주었다. 종교는 이러한 가치가 절대적이라고 가르쳤다. 우주의 원리와 법칙에 근거한 것이든 혹은 초월적 신의 뜻과 명령이든, 인간에게는 마땅히 따라야 할 절대적인 도리와 규범이 있으며 추구해야 할 가치와 덕목이 있다는 것이 종교의 가르침이었다. 종교는 전통사회의 도덕적 질서와 삶의 방식의 토대였다.

하지만 이러한 종교의 역할은 현대 사회에 접어들면서 세속화의 영향으로 많은 변화가 생겼다. 일례로 민주사회의 중요한 특징 가운데 하나는 가치의 다원화 현상이다. 민주사회는 사람마다 자기가 원하는 가치를 추구하며 살 수 있는 자유와 권리를 법과 제도로 보장해 주는 사회이다. 타인의 동등한 권리를 존중하며 다른 사람에게 해를 끼치지 않는 한, 누구든 자기가 선택한 선을 추구하며 살 자유를 누린다. 누구도 나에게 특정한 가치관이나 삶의 방식을 강요할 수 없다(길희성, 2013).

그렇다면 현대를 살아가는 한국인의 종교와 가치관은 어떤 관련이 있을까? 지난 2001년 12월 한국정신문화연구원의 종교연구분석팀은 한국사회학회 대회에서 '종교사회학 연구' 결과를 다음과 같이 발표하였다.

먼저 종교 다원주의에 대한 한국인의 태도를 살펴보면, 종교를 가지고 있는 사람과 종교가 없는 사람의 태도를 분석했을 때, 종교인이나 무종교인이나 모두 '종교적 진리의 동일성'과 '무종교인의 구원'에 대해 과반수가 찬성하고 있다. 이웃 종교에도 진리가 있으며 무종교인도 구원을 받을 수 있다는 인식은 종교를 막론하고 대다수 사람들이 긍정하고 있는 셈이다.

보다 세부적으로 분석해 보면, '종교적 진리의 동일성'과 '무종교인의 구원'에 대한 무종교인의 응답이 종교인보다 더 긍정적으로 나타난다. 무종교인 가운데 84%가 한국의 다양한 종교들이 같은 진리를 말하고 있다고 생각한다. 그리고 종교를 믿지 않아도 구원을 받을 수 있다고 생각한다. 무종교인들이 자신의 무종교 상태를 긍정적으로 생각한다는 것은 현재 자신의 상태에 만족한다는 의미로 해석할 수 있다.

불교인이나 천주교인은 '종교적 진리의 동일성'과 '무종교인의 구원'에 대해 종교인의 평균 찬성률보다 높은 찬성률(불교인, 87.9%, 80.7%, 천주교인, 86.2%, 72.4%)을 보인다. 그러나 개신교인은 종교적 진리가 동일하다는 것에 찬성(62.8%)하고 있지만 무종교인의 구원에 대해서는 대부분이 반대(33.6%)하고 있다. 개신교는 '유일신론'을 핵심 교리로 삼는 종교이므로 이웃 종교에도 진리가 있다는 논의에 찬성률이 낮은 것은 한편으로는 당연하다.

개신교인은 이웃 종교인에 비해 인생에서 종교를 매우 중요하게 여긴다. 그러므로 이웃 종교에도 동일한 진리가 있다는 것을 인정할 수 없으며 더구나 무종교인은 구원받을 수 없는 존재로 인식하고 있다. 불교인이나 천주교인 중에서도 종교를 중요하게 생각하는 사람들은 종교적 진리의 동일성과 무종교인의 구원에 대해 부정적으로 인식하고 있다.

한국, 일본, 미국, 브라질, 스웨덴 등 5개국을 대상으로 안락사, 낙태, 자살에 대한 설문조사에서 종교인과 비종교인의 차이를 보면 종교인이 비종교인에 비해 뚜렷한 반대 견해를 보임을 알 수 있다.

'1995년 세계 가치관 조사' 자료에 따르면 안락사의 경우 브라질은 응답자의 70%가 반대하고 있고, 다음으로 한국이 45%, 미국이 43%, 일본이 24%였으며, 스웨덴이 16%로 반대율이 가장 낮았다. 특히 스웨덴을 제외한 4개국에서 무종교인들이 종교인들보다 안락사에 대해 반대하는 비율이 낮았고, 종교별로는 한국과 브라질의 경우 개신교의 반대 비율이 제일 높게 나타났다. 그러나 그 이외의 경우에는 비율의 차이가 크게 드러나지 않았는데, 이것은 종교인과 무종교인의 차이는 있지만, 종교 간에는 큰 차이가 없음을 말해 주는 것이다.

낙태에 대한 종교인과 비종교인 간의 차이는 5개 국가에서 모두 뚜렷하게 나타났다. 브라질의 경우 무종교인은 69%가 반대한 반면 개신교인은 93%였고, 일본의 경우도 무종교인 36% 종교인 47%로 차이를 보였다. 낙태에 대한 태도도 안락사의 경우와 마찬가지로 종교가 인생에 갖는 의미의 인식 정도에 따라 뚜렷한 차이를 보이는 것이다.

안락사, 낙태, 자살 중 반대하는 비율이 가장 높게 나타난 것은 자살에 대한 태도였다. 안락사나 낙태에 대해 반대율이 매우 낮았던 스웨덴의 경우에도 자살에 대한 반대율은 44%로 나타났다. 안락사나 낙태에 대해 반대율이 가장 높았던 브라질의 경우는 93%가 반대했고, 미국 78%, 일본 73%, 한국 68%였다. 자살에 대한 태도 역시 무종교인이 종교인보다 반대하는 비율이 나라별로 평균 30% 이상의 차이를 보였다.

회심(개종)과 관련하여서는 '한국 개신교의 교회 활동 및 신앙의식조사(전국 6대 도시의 개신교인 1000명과 비개신교인 1000명 대상)' 자료를 토대로 한 연구에서 총 1879명 가운데 25.1%가 회심을 경험한 것으로 나타났다. 종교별로는 현재 무종교인 사람들의 회심 경험률이 34.9%로 가장 높고, 그다음이 불교, 천주교, 개신교 순서이다.

불교인의 경우, 개신교에서 불교로 회심을 한 사람(29.2%)의 비율이 높다. 회심을 하지 않은 무종교인의 경우에 향후 종교를 선택할 경우 불교를 선택하겠다는 빈도가 높은 수치로 나타났다. 또한 자신이 가졌던 종교가 싫어서 불교를 선택한 사람이 많은 것도 특징이다. 천주교인의 경우는 개신교에서 천주교로 회심(3.9%)하거나, 불교에서 천주교로 회심(9.2%)한 사례 수가 개신교인이나 불교인에 비해 적게 나타났다. 개신교인의 경우, 회심을 하여 개신교인이 된 사람들은 주로 불교에서 개신교로 바꾼 사람(33%)이 많았다.

개신교, 불교, 천주교에서 무종교로 바꾼 사람은 50%가 훨씬 넘는다. 즉 종교이동을 경험한 사람들 가운데 반 이상이 기성종교가 아닌 무종교를 선택했으며, 종교 간 이동에서는 개신교와 불교 사이의 이동이 가장 활발한 것으로 나타났다. 무종교인들의 대부분은 지금도 또다른 회심을 생각하고 있으며, 그들은 잠시 종교 활동을 중단하는 종교 휴지(宗敎休止) 기간으로서의 무종교의 성격이 강함을 알 수 있다.

회심의 이유를 살펴보면, 불교의 경우는 자신이 이전에 믿었던 기존 종교에 대한 부정으로 선택하는 경우가 가장 높게 나타났다. 천주교의 경우는 가족을 따라 회심한 경우가 가장 많았으며, 개신교의 경우도 결혼 후 시댁이나 가족의 권유로 인해 종교를 바꾼 사람이 3분의 1 이상을 차지했다. 무종교의 경우는 종교 자체를 부정하거나, 개인의 자유 추구, 그리고 기성종교에의 부정이 무종교를 선택하게 만든 것으로 나타났다.

종교를 믿는 한국인 가운데 종교에 대한 정신적 만족도가 가장 높은 것은 개신교인이었다. 1997년 한국 갤럽의 '한국인의 종교와 종교의식' 자료를 바탕으로 종교에 대한 정신적 만족도를 종교별로 분석한 결과, 개신교인의 41.4%가 자신의 종교에 대한 만족을 표시했다. 천주교인은 30.9%가 만족한 반면 불교인이 가장 낮아 17.9%만이 정신적 만족감을 나타냈다.

그렇다면 종교에 대한 정신적 만족도에 영향을 미치는 요인에는 어떤 것이 있을까? 종교를 중요하게 생각하는 정도에 따라 만족도가 달랐다. 종교를 중요하다고 생각하는 사람은 정신적 만족도 역시 높게 나타났다. 종교가 아주 중요하다고 생각하는 사람은 만족도도 높아 '매우 만족'이 44.3%로 가장 높았으며, 약간 중요하다고 생각하는 경우 '매우 만족한다'라는 응답이 10.7%였으며 중요하지 않다고 생각하는 경우 2.0%만이 '매우 만족한다'라고 응답했다.

종교에 대한 정신적 만족도는 종교적 치유 경험에도 큰 영향을 받았다. 종교적 치유 경험이 있는 경우, 자기 종교에 만족한다는 응답이 57.1%였고, 없는 경우의 만족도는 24.2%였다. 종교적 치유 경험이 있는 사람은 개신교가 가장 높게 나타났는데, 개신교 41.4% 천주교 17.1% 불교 5.5% 분포를 보였다. 종교적 치유 경험은 종교를 중요하게 생각할수록 높다. 종교를 아주 중요하게 생각하는 사람의 42.1%가 치유 경험이 있는데 비해 중요하지 않다고 생각하는 사람은 5.3%만 치유 경험이 있다고 응답했다.

이처럼 종교적 만족도와 개종 같은 지극히 개인적인 문제에서부터 이혼이나 안락사, 낙태와 같은 사회적 문제까지 종교는 사회적 가치에 대한 개인의 반응에 다양한 변화와 강력한 영향을 미치고 있다.

2. 가치 척도

가치관의 본질은 다양한 단면들을 포함하기 때문에 여러 방식으로 정의될 수 있는데, M. Rokeach(1968)는 문화를 신념, 태도, 가치라는 3

개의 층으로 분류하였다. 신념은 구체적인 대상이나 문제에 대한 개인의 견해나 믿음을, 태도는 의견보다는 일반적이고 심층적인 개인의 성향을 의미하고, 가치는 개인의 가장 심층적인 가치로 한 개인이 세상을 바라보고 이해하는 기본적인 시각이라 정의하였다. 이 세 가지는 서로 연결되어 있으며, 가장 일반적이고 중요한 것이 가치(values)이며, 가치는 태도에 영향을 주고, 가치와 태도에 영향을 받아 구체적인 신념이나 의견이 형성된다(강미영, 2018).

Rokeach는 가치란 "어떤 특정한 행위 양식이나 존재의 궁극 상태(end state)를, 개인적으로나 사회적으로 그 반대가 되는 행위 양식이나 궁극상태보다, 더 선호하는 지속적인 신념"이라고 정의하였다. 그는 이 정의에 근거하여 가치를 존재의 궁극상태를 나타내는 목적적 가치(terminal value)와 이 목적적 가치를 이루기 위한 수단이 되는 행위 양식을 나타내는 도구적 가치(instrumental value)로 나누고, 각각을 대표하는 18개의 가치항목들을 선정하여 가치관 척도를 제작했다. Rokeach는 단일 단어로 이루어진 가치항목들을 사람들이 얼마나 중요시하는지에 근거하여 가치관을 측정하고자 하였다.

측정방법은 <표 10-1>에 열거한 목적적 가치와 수단적 가치가 사람에 따라서 무게가 다를 수 있다. 이들 열거된 가치 중에서 가장 중요한 가치라고 생각되는 것에 '1'을, 그다음으로 중요하다고 생각되는 것에 '2'를, 그다음 중요한 것에 '3'…… 이렇게 계속하여 '18'까지 순위를 정하면 된다.

<표 10-1> Rokeach의 궁극적 가치관과 도구적 가치관

목적적 가치관 (Terminal Values)	도구적 가치관 (Instrumental Values)
안락한 인생	높은 포부
자극적이고 활동적인 인생	너그러운 아량
성취하는 인생(영원히 남는 공헌에 대한)	유능성
전쟁과 갈등이 없는 평화로운 세계에서 사는 인생	쾌활성
자연과 예술의 아름다움의 세계에서 사는 인생	청결성
평등한 사회에서 사는 인생	용감성
안정된 가정을 가진 인생	관용성
자유를 누리는 인생	봉사성
행복을 느끼는 인생	정직성
내적인 조화가 깃들인 인생	창의성
성숙한 사랑이 깃들인 인생	자주성
국가의 안보가 보장된 인생	지성
여유 있고 즐길 수 있는 인생	논리성
영적 구원이 되는 인생	애정
자기를 존중하는 인생	순종성
사회적 존경과 칭찬을 받는 인생	예절성
진실한 우정을 나누는 인생	책임감
인생에 대한 성숙한 지혜를 가지는 인생	자기 통제성

3. 유교 가치관 척도

1) 척도 소개

본 척도는 심경섭 등(2012)이 개발한 유교 가치관 척도를 개정하여 타당화 과정을 거쳐 총 26문항, 8 요인으로 구성되었다.

2) 척도의 이론적 배경

2012년 개발된 유교 가치관 척도 연구(심경섭 등, 2012)는 유교 경전인 사서(四書)에 근거하는 하향식 연구 전통을 따랐다. 우선, 이 연구에서는 유교 가치관의 구조를 세계관, 인간관, 사회관의 세 가지 개념으로 구분하였다. 다음으로, 세계관, 인간관, 사회관과 관련된 하위요인을 10개로 정리하고, 20개의 핵심적인 유교 가치를 선정하였다<표 10-2 참조>.

<표 10-2> 유교 가치관 척도의 구성개념과 하위요인 및 유교 가치

개념(3)	하위요인(10)	유교 가치(20)	실제 요인
세계관	천명론(天命論)	천인합일 (天人合一)	세계관
		성선설 (性善說)	
	이기론(理氣論)	이일분수 (理一分殊)	
		상하귀천 (上下貴賤)	
	조상숭배(祖上崇拜)	제사(祭祀)	조상관
		내세관 (來世觀	
인간관	인격 수양 (人格 修養)	겸손(謙遜)	인격 수양
		수기치인 (修己治人)	
		반구저기 (反求諸己)	
		충서(忠恕)	
		혈구지도 (絜矩之道)	
	인의예지 (仁義禮智)	측은지심 (惻隱之心)	인의예지
		수오지심 (羞惡之心)	

개념(3)	하위요인(10)	유교 가치(20)	실제 요인
인간관	인의예지 (仁義禮智)	사양지심 (辭讓之心)	인의예지
		시비지심 (是非之心)	
사회관	부자관	부자유친 (父子有親)	부자관
	부부관	부부유별 (夫婦有別)	부부관
	붕우관	붕우유신 (朋友有信)	붕우관
	장유관	장유유서 (長幼有序)	장유관
	군신관	군신유의 (君臣有義)	

3) 척도개발과정

본 연구는 온라인 설문조사로 진행되었으며, 엠브레인이라는 전문 설문조사업체를 통해서 수행되었다. 엠브레인이 보유하고 있는 71만 명 패널 중 무작위로 선정된 대상자에게 총 7,647통의 메일이 발송되었고, 이 중에서 조사 참여하기 버튼을 클릭하여 조사에 참여한 응답자는 2,184명이고, 이 중에서 실제 설문에 참여한 응답자는 2,093명이었다. 926명이 응답을 완료했고, 불성실 응답으로 판단되거나 설문 응답시간이 짧은 응답자 데이터 124 샘플을 제외하고, 총 802 샘플의 응답 데이터를 얻었다.

유교 가치관 척도의 개정과 타당화를 위해서 두 개의 독립적인 샘플로 구성할 필요가 있었기 때문에 400명씩 2개의 자료로 분리하고, 2명의 자료는 탈락시켰다.

4) 신뢰도

하위요인	신뢰도
세계관	.62
조상관	.82
인격수양	.77
인의예지	.69
부자관	.77
부부관	.82
붕우관	.75
장유관	.83

5) 타당도

동시 타당도 분석을 위하여 유교 가치관과 문화 가치관 간의 상관
관계를 분석하였으며, 예측 타당도 분석을 위하여 유교 가치관과 정서
조절, 체면 민감성 간의 상관관계를 분석하였다. 구인타당도를 위하여
요인분석을 실시하였다.

6) 채점방법

① 5점 Likert식 척도
② 하위요인별 문항은 다음과 같다.

하위요인	문항 수	문항 번호
세계관	4	1, 2, 3, 4
조상관	2	5, 6
인격수양	4	7, 8, 9, 10
인의예지	4	11, 12, 13, 14
부자관	3	15, 16, 17
부부관	3	18, 19, 20
붕우관	3	21, 22, 23
장유관	3	24, 25, 26

7) 본 척도의 출처

심경섭(2013). **유교 가치관 척도 타당화,** 고려대학교 박사학위 논문.

8) 이론적 배경에 대한 참고문헌

나은영, 차유리(2010). 한국인의 가치관 변화 추이 1979, 1998, 2010
　　년의 조사 결과 비교, **한국심리학회: 사회 및 성격 24(4).** 63~92.
류수영(2007). 한국인의 유교적 가치측정 문항개발연구, **인사·조직연**
　　구 15(4). 171~205.
심경섭, 이누미야 요시유키, 윤상연, 서신화, 장양, 한성열(2012). 유교
　　가치관 척도개발연구, **한국심리학회지: 일반 31(2).** 465~491.
조긍호(1998). **유학심리학,** 나남출판.

9) 유교 가치관 척도

※ 이 검사는 개인의 성향을 파악하기 위한 질문들입니다. 문항의
내용이 자신의 성향과 얼마나 일치하는지를 잘 판단하여, 아래의 기준
에 맞추어 가장 적절한 숫자에 표시를 해 주시기 바랍니다.

문항	질문 내용	전혀 그렇지 않다.	그렇지 않다.	보통 이다	그렇다	매우 그렇다.
1	하늘 아래 인간과 자연의 모든 것이 하나의 법칙 아래 놓여 있다.	1	2	3	4	5
2	하늘로부터 부여받은 인간의 성품은 본래 선한 것이다.	1	2	3	4	5
3	나는 하늘로부터 부여받은 내 분수에 맞게 살려고 한다.	1	2	3	4	5
4	사람의 성격이 다른 것은 하늘로부터 각기 다른 기운을 받았기 때문이다.	1	2	3	4	5

문항	질문 내용	전혀 그렇지 않다.	그렇지 않다.	보통 이다	그렇다	매우 그렇다.
5	간편하게라도 조상에 대해 제사는 계속 지내야 한다.	1	2	3	4	5
6	나는 돌아가신 조상들의 영혼이 자손들을 내내 보살핀다고 믿는다.	1	2	3	4	5
7	나는 다른 사람을 대할 때 자신을 낮추는 겸손함을 갖추고자 한다.	1	2	3	4	5
8	나는 성공하기 전에 성숙한 사람이 되기 위해서 노력한다.	1	2	3	4	5
9	나는 다른 사람을 대할 때 말과 행동에 잘못이 없는지를 살피곤 한다.	1	2	3	4	5
10	나는 내 처지(입장)에 비추어 다른 사람의 처지를 이해하려고 한다.	1	2	3	4	5
11	나는 예의 바르고 깍듯하게(예의범절 갖추는 태도가 분명하게) 행동한다.	1	2	3	4	5
12	나는 옳고 그름을 구별하는 마음을 중요하게 생각한다.	1	2	3	4	5
13	나는 다른 사람을 배려하고 사랑하는 마음을 가진다.	1	2	3	4	5
14	나는 손해를 보더라도 불의와 타협하지 않는 편이다	1	2	3	4	5
15	나는 부모님을 생각하면 매사에 최선을 다하게 된다.	1	2	3	4	5
16	효도가 최고의 덕목이므로 가장 먼저 실천해야 한다.	1	2	3	4	5
17	나는 매사에 나 자신보다 부모님을 먼저 생각하고 산다.	1	2	3	4	5
18	남자는 바깥일을 하고 여자는 집안일을 하는 것이 옳다.	1	2	3	4	5
19	가사와 자녀교육은 여자의 몫이다.	1	2	3	4	5
20	가정의 중요한 사안은 가장(집안을 대표하는 남자 어른)이 결정해야 한다.	1	2	3	4	5
21	친구 사이에는 믿음이 무엇보다 중요하다.	1	2	3	4	5
22	진정한 친구라면 서로 끝까지 믿고 이해해주어야 한다.	1	2	3	4	5
23	나는 친구를 항상 존중하고 진심으로 대하려 한다.	1	2	3	4	5
24	어른을 공경하고 나이에 맞게 대접해 드려야 한다.	1	2	3	4	5
25	어른에게는 예의를 갖추어 행동해야 한다.	1	2	3	4	5
26	나는 어른과 마주칠 때 먼저 인사를 한다.	1	2	3	4	5

제 11 장

종교와 용서

　용서(容恕, forgiveness)는 이른 옛날부터 종교적 전통에서 사람들 간의 관계를 치유하고(healing) 회복하는 데(restoring) 가장 본질적인 요소로 취급 되어 왔다(Hargrave, 1994).

　용서라는 단어가 영어로 'forgive'로 그 의미는 나의 손해와 희생을 감수하면서 상대를 위하여(for) 사랑을 주는 것(give)이다. 한자로는 얼굴 용(容)자와 서(恕)의 합성어로 容 자는 얼굴을 의미하며, 恕 자는 같은 如 자와 마음 心이 합쳐진 글자이다. 용서의 문자적 의미는 상대가 지 은 죄나 잘못한 일에 대하여 모두 수용하여 예전과 같은 마음으로 상 대의 얼굴을 대함을 뜻한다. 본 절에서는 용서를 심리측정 측면에서 이해하고자 신학적, 심리학적 관점에서 개념을 분석하고자 한다.

1. 종교와 용서

1) 용서의 신학적 관점

　종교적 관점에서 용서는 여러 종교에서 강조하여 온 기본 개념이다.

용서는 그리스도교, 불교(*저자 주: 연기사상(緣起思想)에 입각하여 용서는 남에게 베푸는 것이 아니라 자신에게 베푸는 선물이며(달라이라마), 가장 큰 수행임(법정)), 유교(*저자 주: 공자는 논어 위령공(論語 衛靈公) 편에서 평생을 지켜나가야 할 한마디 말로 恕를 언급하면서, 자기가 원하지 않는 것을 남에게 행하지 않으며 무슨 일을 할 때 남의 마음을 먼저 헤아려야 함을 역설함) 등에서 인간으로 실천해야 할 가장 가치 있는 덕목으로 강조하고 있다. 특히 그리스도교에서는 인간의 구원과 직결되는 개념으로 인간과 하나님과의 단절된 관계를 하나님의 사랑으로 회복하고 죄에서 자유를 얻게 되는 과정으로 용서를 이해하고 있다.

용서는 개념적으로 히브리어 'salah', 'kaphar', 'nasa', 그리스어 'συγγνώμη', 'ἄφεσις', 'ἀφίημι', 라틴어 'ignoscere', 'perdonare', 'condonare' 등 다양한 고전어 어휘들에 그 뿌리를 두고 있다. 이들 어휘들은 법률, 정치, 종교, 철학의 폭넓은 의미를 함축하고 있는데, 특히 종교적 용서 개념에는 인간들 사이가 아닌 하나님과의 관계 설정 안에서 하나님 자신이 주체가 되어 행해지는 초월성이 내재해 있다. 구약성경에서 발견되는 '너그럽게 봐주다', '눈감아 주다', '해방하다'라는 뜻을 지닌 'salah'(탈출 34:9, 민수 14:19, 신명 29:20), '씻다', '덮다', '속량하다'의 뜻을 지닌 'kipper'(이사 6:7), '없애다', '제거하다'의 뜻을 지닌 'nasa'(탈출 32:32, 미카 7:18) 등 용서와 관련된 단어들은 모두가 하나님이 인간에게 베푸는 '죄의 사함'이라는 기본적인 뜻을 지닌다.

구약성경의 하나님의 관념은 '질투의 하나님', '정의의 하나님'처럼 인간의 잘못을 탓하고 분노하고 심판하는 모습을 띠지만 그러나 실제로 인간의 죄와 맞설 때 하나님의 모습은 항상 '용서하는 하나님'이다. 그래서 시편의 저자는 하나님의 용서를 청하며 하나님께 기꺼이 자신의 잘못을 고백한다. "제 잘못을 당신께 자백하며 제 허물을 감추지 않고 말씀드렸습니다. '주님께 저의 죄를 고백합니다.' 그러자 제 허물과 잘못을 당신께서 용서하여 주셨습니다."(시편 32:5) 물론 인간의 죄와 하나님의 용서 사이에 긴장이 없는 것은 아니지만 구약성경은 이런 긴장이 인간의 마음을 넘어서는 하나님의 '특별한 마음'(호세 11:8~9)과 그리고 '인간의 회심'(에제 18:23)을 통해서 극복됨을 보여준다.

이렇듯 용서는 구약성경에 따르면 개념적으로 초월적이며 내재적인 성격을 띠고 있다. 용서는 하나님이 주체가 되어 인간에게 속박이 되는 죄를 제거함을 뜻하며, 이는 무엇보다도 용서에로 초하는 하나님의 부르심에 한 인간의 응답, 즉 인간의 회심을 통해 이루어진다. 즉 죄를 용서하는 하나님의 자비와 사랑 그리고 이에 응답하는 인간의 회심의 결합이 곧 구약성경에 나타나는 용서 개념의 핵심이라 할 수 있다.

신약 성경의 용서 개념 역시 기본적으로 이런 구약성경의 용서 개념과 크게 다르지 않다. '지우다', '제거하다', '풀다'의 뜻을 지닌 '용서'에 해당하는 고전 그리스어 동사 'ἀφίημι'(명사 'ἄφεσις')는 본래 '채무의 면제'라는 법률 용어에서 유래했다. 즉 용서는 기본적으로 '채권자와 채무자 사이에 가로놓여 있는 빚을 청산하고 푼다'라는 뜻을 함축하고 있다(루카 7:41~42). 한편 'ἀφίημι', 'ἄφεσις'는 '채무의 면제'만이 아닌 '형벌의 면제'의 뜻도 갖고 있는데, 이런 의미에서 용서는 예수 그리스도의 구속 행위(redemption)와 결합하여 인간이 받을 형벌을 예수 그리스도가 속함으로써 인간이 죄의 사함을 받았다는 의미를 지니고 있다(마태 26:28). 물론 신약 성경 역시 구약성경처럼 용서의 성립 조건으로서 인간의 주체적 행위로서의 화해에 관해서 언급한다. 광야에서 회개와 세례를 외치는 세례자 요한의 외침(루카 3:3)과 '탕자의 비유'(루카 15:11~32)가 그것이다. 특히 탕자의 비유는 인간의 '회심'(metanoia) 앞에서 무조건적인 용서로서 보여주는 하나님의 무한한 사랑을 표현한다(박병준, 김옥경, 2017).

이러한 성경의 가르침을 실천하는 그리스도인은 항상 새롭게 사고하고 하나님을 향해 새롭게 삶의 방향을 고정하며, 하나님을 사랑하고 사람을 사랑하고자 하는 부단한 생의 과정에 놓여 있다. 이러한 신앙 자세는 '사랑'과 '용서'라는 예수의 기본교훈을 바탕에 두고 있다. 온전한 그리스도인의 삶을 살기 위해서는 몸과 마음을 다하여 이웃을 -심지어 원수까지- 사랑하는 것인데 이것을 구체적으로 실천하는 것이 바로 용서이다.

신학적인 관점에서 볼 때, 하나님의 뜻을 따르고 그리스도의 가르침을 따르는 사람들에게는 용서가 단순한 선택 사항이 아니라 그리스도인으로서 당연히 실천해야 할 본질적인 사항인 것이다. 그런데도 일상적인 그리스도인의 생활에서 용서와 관용의 정신이 많이 상실되고 있는 상황이다. 또 한편으로는 목회자(사목자)들이 용서가 그리스도인의 의무라 생각하고 무조건 용서를 강요함으로써 그리스도인으로 하여금 '자기 학대적'이고 '피상적'이며 '의례적'인 행위로 빠트림으로써 용서의 의미를 반감시키기도 하고 있다.

2) 용서의 심리학적 관점

심리학적 관점에서는 지난 20년 동안 다양한 관점에서 용서에 대한 논의들이 진행되어 왔다. 용서는 개인이 지난 일을 처리하는 것과 관련하여 스스로 하는 행동과 결정, 선택이라고 하였고(Hope, 1987) 내적 평화를 위한 필수요인으로 용서는 자신과 다른 사람에 대하여 온전히 자신의 기대를 지워버리는 도구라고 하였다(Dossey, 1995). 용서는 부당하게 상처를 준 사람에 대해 긍정적 감정과 사고, 행동 반응을 하는 것이며(Gassin, 1995), 용서는 사람과 사람 사이에서 일어나는 일이라고 하였다(Enright, Fitzgibbons, 2000).

용서에 대한 심리학적 연구의 주축은 Wisconsin대학의 Enright와 그의 동료들로 상처를 준 사람에 대하여 어떻게 생각하고, 느끼고, 행동하는지를 포함하는 개념으로 세분화시켜 인지적, 정서적, 행동적 체계로 구분하였다. 이들의 정의에 의하면, 용서는 상대에 대한 부정적 정서(미움, 증오, 원한 등), 판단(비난 등), 행동(처벌, 복수 등)이 사라지고 긍정적 정서(사랑, 자비, 동정심), 긍정적 판단(상대가 잘되기를 바라고 비 판단적임 등), 긍정적 행동(화해하고자 함, 도움을 주고자 함 등)이 나타나는 반응이라고 하였다(정성진, 2011).

3) 용서 과정 모형

용서의 과정은 개인이 어떻게 용서에 이르게 되는지에 관한 것으로, AL-Mabuk(1990) 등은 용서 전 단계-용서 과정 단계-용서 결과의 단계로 구성된다고 하였다. 즉, 상처를 받은 상태를 '용서 전 단계'라고 하고 부정적인 심리적 결과 경험과 자각, 문제해결의 필요성, 용서 동기 증가, 용서의 결정, 진정한 용서 전략을 실행하는 '용서 과정 단계'를 거쳐 문제해결로 가는 과정을 '용서 결과의 단계'라고 하였다.

이경순(2000)의 국내연구에서는 상처치유 경험에 관한 자료를 수집, 분석한 결과 참가자들이 상처를 받은 후 분노기-회피기-침체기-성찰기-회복기를 거쳐 용서에 이르게 된다고 하였다. McCullough와 Worthington (1994)은 용서 과정을 용서해 주는 사람과 용서를 받는 사람에 대하여 기술한 대인 관계적 용서 모형과 상처를 준 개인의 반응과 무관하게 용서하는 사람이 형성하게 되는 정서적, 행동적, 인지적 단계들을 기술하는 개인 내적용서 모형으로 구분하였다. Enright와 Human Development Study Group(1991)은 대인 관계적 용서의 과정을 노출 단계, 결정 단계, 작업 단계, 결과 단계로 구분하였다. 이 단계는 절대적인 단계가 아니라 개인에 따라 차이가 있는 과정으로 보아야 하며 개인의 차이를 인정하면서 거쳐 가게 되는 일반적인 과정이라고 하였다. 각 단계는 3~8개의 하위단계로 구성된다.

Fitzgibbons와 Enright(2000)가 용서의 각 단계를 다음과 같이 정리하였다. 첫 번째 단계는 노출 단계(uncovering phase)이다. 개인이 부당한 피해로 발생하는 정서적 고통을 자각하는 과정이다. 사람들은 타인으로부터 상처를 받았다는 것을 인정하지 않거나 인정하지 못한다. 방어가 점차로 사라지면서 부당함을 알게 되고 상처를 준 상대방에게 부정적인 감정(분노, 증오 등) 반응을 하게 되고 더 나아가 수치감을 경험할 수 있다. 상처를 받은 사람은 고통에 대한 해결책을 찾는 과정에서 그 상황에서 지나치게 부정적인 감정에 고착될 수 있다. 이러한 고착은 개인이 마음속에 그 사건을 반복하여 생각하게 되는 인지적 특성 때문에 정서적으로 고통받고 있는 자신의 상태와 비교적 편안한 상대방의 조건을 비교하게 된다. 따라서 삶은 불공평하다는 결론에 도달하게 된다.

두 번째 단계는 결정 단계(decision phase)이다. 개인에게 상처를 준 사람에게 집착하는 자신을 발견하고 그 집착이 오히려 자신의 고통을 지속시킨다는 것을 자각함으로써 용서 개념을 받아들이고 상처를 준 상대방을 용서하기로 결정하는 단계이다. 용서하기로 결정함에 따라서 피해자는 용서에 완전히 도달하지 않았을지라도 부정적인 감정과 생각을 감소시킬 수 있게 된다.

세 번째 단계는 작업 단계(work phase)이다. 피해를 준 사람의 관점에서 생각해보고 재구조화를 함으로써 상처를 묵과하는 것이 아니라 재구조화의 결과가 상처를 준 상대방을 이해하는 데 있다는 것을 알게 되는 단계이다. 재구조화를 함으로써 피해를 입힌 사람에 대한 정서적 동일시 및 공감을 하게 되고 상대방의 고통을 함께 나누고자 하는 통찰을 갖게 된다. 또한, 상처를 준 상대방을 포함해서 다른 사람에게 상처의 고통을 주지 않으려고 하는 과정이다.

네 번째 단계는 심화 단계(deepening phase)이다. 용서의 과정을 거치면서 용서함으로써 개인이 얻게 되는 유익함을 발견하게 되는 단계이다. 상처받은 사람은 상처 경험과 용서 과정에서 깊은 의미를 깨닫고 타인에게 쉽게 전달될 수 있는 개인적 동정심을 인식하게 될 것이다. 개인은 자신도 다른 사람의 용서가 필요했던 일들을 기억해 내게 되고 대인적 지지 체계망의 필요성에 대해 더 깊이 이해할 수 있을 것이다. 또한, 인생의 또 다른 목적과 방향을 볼 수 있을 것이다. 용서의 전 과정은 심리적 건강을 향상시켜 줄 것이다. 인간은 부당한 상처를 받은 개인이 마땅히 용서해야 할 의무가 없음에도 불구하고 타인에게 동정심과 자비를 베풀 때에 상처의 치유를 받는 사람이 다름 아닌 우리 자신이라는 것을 알게 되는 것이다.

이처럼 용서는 정신건강은 물론 신체 건강 증진에도 효과가 있을 뿐 아니라 대인관계와 영적 건강에도 긍정적인 영향을 끼친다(Worthington,

2005). 여러 사례연구를 통해 용서가 분노, 우울, 불안 증상을 감소시킨다는 점을 알 수 있다(Enright, Fitzgibbons, 2006). 관련 변인과의 상관 연구들에서는 용서가 영적 안녕, 신앙 성숙, 자기 존중감, 결혼 만족도 등과 정적 상관이 있으며, 우울, 불안, 분노, 심장질환 위험수치, 혈압 등과 부적 상관이 있다고 밝혀진 바 있다(Subkoviak etal., 1995). 이는 용서가 신체 및 정신건강에 해로운 반응을 억제하고 유익한 정서 반응을 촉진하기 때문이다(McCullough etal., 2009). 용서를 촉진하는 상담이나 교육을 통해 갈등을 겪는 부부, 말기 암 환자, 폭력피해자, 공격적 피해 청소년, 우울장애, 불안장애, 섭식장애 등을 겪는 사람들의 용서 수준이 증가하는 것은 물론 부정적 증상이 감소하고 긍정적 변화가 유도된다는 점도 입증되었다(김광수, 2004; Enright, Fitzgibbons, 2006).

그렇지만 용서가 모든 내담자와 모든 문제에 효과가 있다고 여기지는 말아야 한다(Sells, Hargrave, 1998). 특히 용서하는 성향이 데이트 폭력이나 가정폭력 상황을 유지하는 데 부적절하게 영향을 미칠 수도 있다는 점을 주의해야 한다. 또한 잘못되거나 건강하지 못한 형태의 용서도 존재한다(손운산, 2008).

첫째는 원한 감정이 너무 고통스러워 빨리 용서해버리는 성급한 용서이다. 성급한 용서는 가해자에게서 참회하고 보상할 기회를 빼앗기 때문에 또다시 가해가 일어나도록 조장할 위험이 있다.

둘째는 강요된 용서이다. 종교나 상담이나 교육 현장에서 용서라는 덕목을 너무 강조한 나머지, 피해자의 감정이나 선택을 무시하고 용서를 강요할 수 있으니 주의해야 한다.

셋째는 병적인 용서다. 신경증적 죄책감에 사로잡힌 사람은 부당한 대우를 받는 것을 벌로 생각하고 모든 잘못을 자기 탓으로 돌리며 묵인할 수 있다.

넷째는 거짓 용서가 있다. 전통과 문화의 영향으로 여성이나 어린이 같은 사회적 약자가 강자와의 관계를 유지하기 위해, 혹은 더 심한 손해를 입지 않기 위해 용서한 척 할 수 있다.

2. 용서 척도

1) 용서 과정 척도

(1) 척도 소개

이경순(2008)은 용서를 촉진하기 위한 중재 모형이 아니라 사람들이 상처를 받은 직후 용서에 이르기까지 실제로 경험하는 내용으로 이뤄져 있어서 용서 과정 척도를 구성하는 데 적합한 모형을 개발하였다. 이를 토대로 정성진(2011)은 용서 과정을 확인하기 위하여 총 30개의 문항, 6 요인으로 구성된 척도를 개발하였다.

(2) 척도의 이론적 배경

용서에 대한 경험적인 연구가 시작된 1980년대 이전에는 용서를 직접 측정하는 다문항 척도가 없었지만(Wade, 1989), 현재는 약 40개 정도의 용서 관련 척도들이 국내외에서 개발되었다. 용서 척도의 개발과 사용에 있어서 가장 중요한 것은 용서에 대한 조작적 정의이다(Worthington, 2005).

학자들은 용서가 사면(pardon), 양해(excuse), 묵인(condonation), 정당화(justification), 망각(forgetting), 화해(reconciliation)와는 다른 개념이라는 데 대체로 동의한다

(손운산, 2008). 용서에 대한 합의된 정의는 없지만 여러 정의들을 종합해 보면, '부당한 피해를 당한 이후 피해자의 경험에서 나타나는 친사회적인 변화'라고 볼 수 있다(McCullough, Pargament & Thoresen, 2000).

용서에 대한 정의는 용서의 어떤 측면을 연구하느냐에 따라서도 달라진다. 첫째, 용서를 하는 사람과 용서를 구하는 사람의 용서는 크게 다르다. 둘째, 용서를 하는 사람의 관점에서 보면 그 대상이 누구냐에 따라서 대인용서, 자기용서, 상황용서, 신을 용서하는 용서 등이 존재한다. 셋째, 상황에 따라 크게 변하지 않는 성향적 용서(용서 특질)와 특정한 상처를 입힌 사람에 대한 상황 특수적 용서로 나눠 볼 수도 있다(오영희, 2008). 이렇게 다양한 측면의 용서가 존재하고, 학자마다 조작적 정의를 달리 하며, 측정방식도 여러 가지가 있기 때문에 용서 관련 척도들이 많아진 것이다.

최초로 개발된 상황 특수적인 용서 척도인 'Trainer 용서 척도'(Trainer, 1981)는 용서를 상처 준 사람에 대한 부정적인 반응이 사라지고 긍정적인 반응이 증가하는 것으로 정의하고 동기에 따라 용서의 유형을 구분할 수 있다는 점에서 가치가 있다. 그러나 문항의 내용이 부부관계에 국한되어 있어 다른 대인관계에서는 사용할 수 없을 뿐 아니라 동기에 따른 유형만으로는 상대방에 대한 용서 수준과 용서 과정을 파악할 수 없는 한계가 있다.

Wade(1989)가 개발한 'Wade 용서질문지(WFI: Wade Forgiveness Inventory)'는 모든 대인관계에서 적용할 수 있고 상대방에 대한 용서 수준을 생각, 감정, 행동영역으로 나눠 측정할 수 있다는 장점이 있다. 그러나 상담 현장에서 쉽게 사용하기에는 83개라는 문항 수가 비교적 많은 편이고,

종교적 내용을 담은 문항들로 인해 비종교인에게 사용하기에 어려움이 있으며, 용서와 화해를 구분하지 않아 개념상의 혼란을 야기할 수 있다는 문제점이 있으며(Enright & Fitzgibbons, 2006), 용서 과정을 파악할 수 없다는 한계도 가지고 있다.

이러한 단점들을 보완한 척도인 'Enright 용서질문지(EFI: Enright Forgiveness Inventory)'는 Subkoviak 등(1995)이 개발한 것으로 현재 국내외에서 가장 널리 사용된다. EFI는 가장 널리 수용되는 용서에 대한 조작적 정의에 충실하게 개발되었고, 여러 문화권에서 타당성을 인정받았다는 장점이 있다. 하지만 상담 현장에서 사용하기에는 60개라는 문항 수가 비교적 많고, 이론적으로 가정한 3 요인 구조(인지, 정서, 행동)가 요인분석으로는 지지되지 못한다는 한계가 있고(박종효, 2006; 오영희, 2008) 또한 용서 과정을 알 수 없다는 한계를 가지고 있다.

위에서 살펴본 바와 같이 현재까지 개발되어 사용되는 상황 특수적인 용서 척도들은 양호한 심리측정적 특성이 있지만, 용서의 구성개념이 불완전하거나, 문항 수가 많아 사용하기에 부담되거나, 이론적으로 산정한 요인구조가 요인분석으로 지지되지 못하는 문제점이 있다. 이러한 문제점들은 용서에 대한 정확한 측정을 어렵게 하여 연구결과에 부정적인 영향을 끼칠 뿐 아니라, 용서가 필요한 내담자나 피교육자에 대한 깊은 이해에 어려움을 초래할 수 있다. 그리고 총점으로 용서 수준을 제시하는 방법으로는 연구 참여자들을 단순히 용서 수준이 높은 집단과 낮은 집단으로 구분할 수밖에 없기 때문에 용서 과정의 각 국면마다 나타나는 서로 다른 특징들을 연구하기 힘들다. 또한 총점 방식은 단지 용서를 많이 했는지 적게 했는지 알려줄 뿐 응답자가 용서에 이르는 과정에서 어떤 경험을 했고 어떤 경험이 필요한지에 대한 구체적인 정보를 주지 못한다. 따라서 이러한 문제점들을 극복하고 용서에 이르는 과정에서 응답자가 어디에 위치하는지를 파악할 수 있는 척도를 활용할 필요가 있다(정성진, 2011).

(3) 척도 개발과정

수도권에 거주하는 대학생과 성인 500명을 대상으로 설문을 실시하였다. 수거된 설문지 중 결측치가 있는 자료를 제외하고, 대인관계 상처 질문지에서 피해사건의 심각성을 묻는 4점 리커트형 문항에 2점(상당히 그렇다) 이상으로 답한 자료를 제외한 나머지 355명의 자료를 사용하였다. 참여자 355명 가운데 남성은 167명, 여성은 188명이었으며 평균 연령은 37.5세(SD=11.24)였다.

(4) 신뢰도

하위요인	신뢰도
증오기	.90
고투기	.90
안정기	.93
재정의기	.90
용서기	.88
성숙기	.86
전체	.83

(5) 타당도

용서 과정 척도의 심리측정 특성을 확인하기 위해 요인분석으로 구인타당도를 조사하였다. 준거 관련 타당도를 위해서 대인관계 상처 질문지, Rye 용서 척도, 한국인 용서 척도(KFS), 상태특성 분노표현척도 (STAXI), 상태특성 불안 척도(STAI), 우울 척도(CES-D)와의 상관관계를 분석하였다.

(6) 채점방법

① 4점 Likert식 척도

② 하위요인별 문항은 다음과 같다.

하위요인	문항 수	문항 번호
증오기	5	1, 12, 15, 19, 24
고투기	5	3, 10, 11. 14. 21
안정기	5	4, 6, 23, 26, 28
재정의기	5	2, 8, 17, 18, 29
용서기	5	7, 13, 20, 27, 30
성숙기	5	5, 9, 16, 22, 25

(7) 해석방법(역채점 없음)

- 최고 점수면서 8점 이상인 국면이 응답자의 해당 국면이다.
- 8점 이상인 국면이 2개 이상일 경우, 용서 과정의 논리 순서를 고려한다. 부정적인 반응인 증오기와 고투기는 긍정인 반응인 재정의기, 용서기, 성숙기와 역관계이다. 즉 한쪽 점수가 높으면 다른쪽은 낮아야 한다. 양쪽 모두 점수가 8점 이상이면 부정인 반응, 즉 증오기나 고투기를 해당 국면으로 본다.
- 8점 이상인 국면 2개가 전후 관계이면서 동점일 경우 후자가 해당 국면이다. 증오기와 고투기가 8점 이상이면서 동점이라면 고투기이다. 마찬가지로 안정기와 재정의기가 동점이면 재정의기, 재정

의기와 용서기가 동점이면 용서기, 용서기와 성숙기가 동점이면
성숙기이다.

- 증오기와 안정기만 8점 이상이라면 증오기이고, 고투기와 안정기
만 8점 이상이라면 고투기이다.

- 용서기, 성숙기가 모두 8점 이상이면 성숙기이다.

- 용서기 수가 8점 이상이더라도 재정의기 수가 8점 미만이라면 용
서기가 아니다. 마찬가지로 성숙기 수가 8점 이상이더라도 재정의
기와 용서기의 수가 8점 미만이라면 성숙기가 아니다.

- 6 국면이 모두 8점 이상이라면 고투기이다.

- 6 국면이 모두 8점 미만이면서 증오기와 고투기가 상대적으로 낮
다면 고투기이거나 안정이다.

(8) 척도의 출처

정성진(2011). **용서 과정 척도 개발**, 가톨릭대학교 대학원 박사학위
논문.

(9) 이론적 배경에 대한 참고문헌

박종효(2006). Enright 용서 심리검사(EFI-K)의 타당화 연구, **교육심리
연구 20(1)**. 265~282.

손운산(2008). **용서와 치료**, 이화여자대학교 출판부.

오영희(2008). 한국인 용서 척도 개발을 위한 예비연구, **한국심리학회
지:건강 13(4)**. 1045~1063.

이경순(2008). 용서 과정에 대한 질적 연구 : 근거이론을 중심으로, **한
국심리학회지:건강 13(1)**. 237~252.

Enright, R. D.,& Fitzgibbons, R. P.(2006). *Helping clients forgive : An empirical guide for resolving anger and restoring hope,* Washington, DC: APA.

Trainer, M. F.(1981). *Forgiveness : Intrinsic, role-expect ed, expedient, in the context of divorce.* Unpublished doctoral dissertation, Boston University.

Wade, S.H.(1989). *The development of a scale to measure forgiveness.* Unpublished doctoral dissertation, Fuller Theological Seminary.

Worthington, E. L., Jr.(2005). *Initial questions about the art and science of forgiving.* I n E. L. Worthington, Jr.(Ed.), Handbook of forgiveness. (pp. 1-13), N.Y.: Routledge.

(10) 용서 과정 척도 문항

※ 우리는 이따금 다른 사람에게 부당한 대우를 받아 마음의 상처를 받을 때가 있습니다. 최근 2년 사이에 **누군가에게 마음의 상처를 가장 크게 받았던 경험을** 생각해보시기 바랍니다. 잠시 그때 있었던 일을 마음속에 떠올려 보신 뒤, 다음 문항을 읽고 당신에게 상처 주었던 사람(이하 그 사람)이나 당신이 상처 받은 사건(이하 그 사건)에 대한 당신의 **현재 생각이나 현재 느낌을** 잘 나타내는 응답에 ○표를 해주십시오.

번호	문항	전혀 아니다	약간 그렇다	상당히 그렇다	매우 그렇다
1	그 사람이 미워죽겠다.	0	1	2	3
2	처지 바꿔 생각해보면 그 사람의 처지가 이해된다.	0	1	2	3
3	그 사건이 마음속에 떠올라 힘들다.	0	1	2	3
4	다른 사람과 그 사건에 대해 이야기하니 답답함이 풀린다.	0	1	2	3
5	그 사건을 통해 내가 성숙해졌다고 생각한다.	0	1	2	3
6	괴로운 마음을 누군가에게 이야기하고 나니 살 것 같다.	0	1	2	3
7	그 사건에서 해방된 느낌이다.	0	1	2	3
8	그 사람 입장을 고려해보니 내게 왜 그랬는지 이해된다.	0	1	2	3
9	그 사건을 통해 좋은 것을 배웠다고 생각한다.	0	1	2	3
10	그 사건이 생각날 때마다 괴롭다.	0	1	2	3
11	그 사람 때문에 밤잠을 설친다.	0	1	2	3
12	그 사람은 얼굴도 보기 싫다.	0	1	2	3
13	그 사건이 해결된 것 같아 기쁘다.	0	1	2	3
14	그 사건에서 벗어나고 싶은데 맘대로 안 된다.	0	1	2	3
15	그 사람과 같이 있고 싶지 않다.	0	1	2	3
16	그 사건을 겪고 난 후에는 작은 일에도 감사하게 된다.	0	1	2	3
17	그 사람에게도 피치 못할 사정이 있다고 생각한다.	0	1	2	3
18	그 사람에게도 그럴 만한 사정이 있다고 생각한다.	0	1	2	3
19	그 사람과 말도 하기 싫다.	0	1	2	3
20	그 사건으로 인해 장애물이 사라진 것 같다.	0	1	2	3
21	괜찮다가도 그 사건만 생각하면 힘이 든다.	0	1	2	3
22	그 사건을 통해 내가 많이 성장했다고 느낀다.	0	1	2	3
23	누군가와 그 사건에 대해 이야기하고 나니 억울함이 풀린다.	0	1	2	3
24	그 사람에게 앙갚음하고 싶다.	0	1	2	3
25	그 사건을 겪고 난 후에 매 순간이 소중하게 느껴진다.	0	1	2	3
26	상처의 아픔을 다른 사람과 나누니 마음이 한결 가볍다.	0	1	2	3
27	그 사건의 족쇄에서 풀려난 느낌이다.	0	1	2	3
28	상처받은 이야기를 다른 사람에게 하고 나니 속이 후련하다.	0	1	2	3
29	찬찬히 생각해보니 그 사건의 전후 사정이 이해된다.	0	1	2	3
30	그 사건으로 인한 고통이 사라져 마음이 홀가분하다.	0	1	2	3

제 12 장

종교와 죽음 수용

21세기에 접어들면서 웰빙족, 로하스족, 워라밸족 등과 같은 생활 트렌드가 등장하면서 '삶의 질(quality of life)'이 주목받고 있다. 한국의 경우, 삶의 질이 OECD 국가 중에서는 하위에 머물러 삶의 만족도가 낮은 상태이다(*저자 주: OECD가 2020년 3월 9일에 발표한 '2020 삶의 질 보고서(How's Life 2020?)'에 따르면 10점 만점에 6.1점으로 최하위권에 속함). 조사항목 중 기대수명이나 사회 안전, 교육과 같은 지표는 상위임에도 주관적으로 느끼는 웰빙 지수가 낮게 나타남을 반영한 것이다.

웰빙(well-being)이 건강하고 행복한 삶을 추구하는 것이라면, 최근 부각되는 웰다잉(well-dying)은 품위 있는 죽음을 지향한다. Morris Schwartz(2009)는 **모리의 마지막 수업**에서 "훌륭하게 살아가기 위한 최고의 방법은 죽을 준비를 하는 것이다. 죽음에 임박하면 목적이 명확하게 보이기 시작하고 자신에게 가장 중요한 것으로 돌아가기 때문이다."라고 말한 바 있다.

자신에게 닥쳐올 죽음의 순간을 위해 충분히 준비하고 충실하게 삶으로써 불안이나 후회 없이 밝은 모습으로 여유 있게 죽음을 맞이하는 것이야말로 모든 사람들이 바라는 웰빙의 종착점이자 웰다잉의 전형이라고 할 수 있다.

일찍이 종교는 죽음의 문제에서 초월하기 위하여 태동하였다. 현대와 같이 정형화된 종교의 모습 이전에 인간이 집단활동을 하면서부터 종교와 사생관은 불가분의 관계에 있다. 본 장에서는 종교적 시각에서 죽음에 대한 이해를 높이고, 웰다잉과 관련하여 죽음을 받아들이는 죽음 수용에 대한 심리측정을 탐구하고자 한다.

1. 종교와 죽음관

1) 종교별 죽음관

모든 생명체는 시작이 있으면 언젠가 끝이 있다. 그러나 모든 생명체 중에서 인간은 보편적인 진리를 극복하고자 노력하는 존재로서 그 극복방안 중 하나가 죽음이 끝이 아니라 죽음 이후의 세계가 이어진다는 믿음이고 이러한 믿음은 사후세계에 대한 관념, 즉 죽음관(死亡觀)을 형성하였다. 이러한 관념은 죽음의 한계를 벗어날 수 없는 육체와는 달리 영혼이라는 개념을 상정함으로써 가능해졌으며, 종교는 종교체계 내에서 이러한 사후세계에 대한 관념을 제안해왔다. 종교별 죽음관을 간략히 살펴보면 다음과 같다.

먼저 그리스도교는 히브리 전통을 중시하는 구약성경에서 증언하는 견해와 기독교 복음이 헬레니즘 세계로 전파되면서 형성된 신약 성경에서 증언한 견해에서 차이를 보인다. 즉 두 견해는 죽음의 반대개념인 인간의 생명과 그 기원을 다르게 상정하고 있기 때문에 히브리 전통에서는 구약성경은 인간의 생명을 몸으로서의 생명체로 보며, 이는 물질적인 육체와 육체가 죽어서도 존재하는 영혼을 몸을 지닌 혼으로서의 육체의 합일체로서의 인간 존재를 상정한다. 따라서 구약전통에서 인간의 육체는 외면성을 나타내는 것이며, 영혼은 생명의 내면성을 나타내는 것으로 본다. 히브리 전통에서 영혼은 하나님의 영을 말하는 것이고, 인간의 생명은 하나님의 창조의 은총으로 지음 받았다고 본다. 따라서 생명의 반대개념인 죽음이란 하나님의 영, 곧 생명의 원천이 떠남을 의미하며, 이는 생명을 상실한 상태로서의 죽음을 뜻한다.

구약성경과는 다르게 신약 성경에서는 죽음을 '죄'와 결부시켜서 설명하고 있다. 즉 인간 죽음의 기원은 창세기의 아담과 하와 이야기에서처럼 인간이 신을 거역한 죄악의 결과로 인간 생명 속에 들어온 비정상적인 상태라고 보는 것이며, 이는 죽음이 인간의 자연스러운 운명이 아니라, 죄의 값이고, 인간의 죄에 대한 신의 심판으로 극복되고 물리쳐야 할 적으로 이해된다. 이렇듯 인간은 지은 죄에 대한 벌로 죽음을 선고받았으나, 그리스도의 강림으로 부활을 통한 영혼과 육신의 결합으로 천국에서 영생을 누리게 된다는 것이다(Cohn, 1996).

유교에서는 인간을 기와 정선된 물질적인 힘이 결합한 결과로 천지음양의 기가 뭉치면 사람이 되고, 흩어지면 귀(鬼)가 된다고 보고 있다. 구체적으로 인간은 정(情), 기(氣), 신(神)의 결합체인 혼백으로, 일정 기간 존속하다가 그 기운이 다하면 혼은 양(陽)으로 하늘로 돌아가고 백은 음(陰)으로 땅으로 돌아가게 되는 것이 죽음이다(한국종교학회, 2001).

그러나 공자의 사상에서도 알 수 있듯, 유교는 삶을 중요시하고 삶에서의 도리와 윤리를 중심사상으로 상정하였기 때문에 다른 종교에서와 같은 내세관을 가지지 않는다. 그러나 조상에 대한 제사의식이나, 자신의 부모에 대한 효도의 개념으로 죽음을 자연현상의 일부, 생의 일부로 받아들이고 있으며, 이러한 사상은 자신의 혈통을 존속하고 유전한다는 측면에서 현재까지 받아들여지고 있다(이은봉, 1995).

불교에서는 인간의 심신이 육체, 감수 작용, 지각작용, 의지작용, 의식 등 다섯 가지 요소로 구성되었다고 보고 있으며, 이를 오온(五蘊)이라고 부른다. 불교에서 죽음은 인간에게서 수명, 체온, 의식 등 세 요소가 사라져 육체의 기관이 모두 변하여 파괴되는 것, 육체와 생명이 분리되는 것으로 정의하고 있다. 그러나 죽은 후에 육체는 해체되어 없어지지만 의식은 여러 생에 걸쳐 끊임없이 이어지는 연속체로 윤회의 바퀴 속에 육체의 형태를 바꾸어 환생의 계기가 되는 순간을 죽음의 과정으로 본다(이이정, 2011).

사람이 죽어 의식이 육체를 떠나면 다시 태어나기 전까지 49일 동안 바르도(중음)라 불리는 중간상태에 머무른다. 이때 인간의 의식은 생전에 지배하던 저차원적이고 거친 욕망 쪽으로 향하는 카르마(업)의 속성을 드러내며 이를 수련을 통한 수행력으로 새로운 육체의 삶을 끌어갈 수 있게 된다. 즉 천상계, 인간계, 지옥계, 아귀계, 축생계, 수라계 등의 육도(六道)로 이루어진 윤회계로 환생하여 끝없이 삶을 되풀이하게 되며 이러한 윤회를 멈추고 탄생, 죽음, 고통에서 해방되기 위해 해탈, 열반에 이르러 모든 삶의 집착을 끊어내는 것을 목적으로 삼는다. 이처럼 불교에서 죽음은 영혼과 육체의 결합체가 육체를 벗는 것이고, 탄생은 육체를 입는 것으로 죽음을 다른 형태의 삶으로 들어가는 입문으로 보고 있다(이기선, 1992).

힌두교는 현존하는 종교 중에서 가장 오래된 종교로 세계 여러 종교의 특성이 복합적으로 내재해 있다. 힌두교에서 인간을 육체와 미세신(微細神)이라 불리는 미세한 물질적 요소인 의식으로 구성되어 있으며 노년, 질병, 사고 등의 이유로 미세신이 육체로부터 벗어나는 현상을 죽음으로 간주한다(오강남, 2003).

힌두교에서는 어둠과 죽음, 고통이 있는 경험적, 현상학적 차원의 세계를 윤회라고 부르며, 현상계 너머에 우주의 제1 원리, 궁극적, 무조건적 존재의 차원을 브라만, 아트만 혹은 열반이라고 부른다. 윤회는 태어남과 죽음의 순환적 반복을 특징으로 하며, 그 근원은 무지 마야이고 윤회를 지배하는 인과법칙은 업(카르마)이다. 윤회의 원인이 무지와 욕망이기 때문에 이를 소멸시켜 자신의 본성을 각성하여 브라만을 깨닫는 것이 해탈이다(이은봉, 1995).

무교(巫教)는 죽음과 관련하여 종교의 형태로 사후영혼의 존재를 본격적으로 다루는 신앙형태를 말한다. 한국 무속에서도 인간을 육체와 영혼으로 구성된 존재라고 생각하고, 죽음을 영혼이 육체를 떠난 상태로 본다. 그러나 영혼을 더 세분화하여 생령과 사령으로 나누고 살아 있는 몸속에 있는 영혼을 생령, 조상, 원귀, 원령 등 죽음 후에 저승으로 가는 영혼을 사령이라 부른다. 이 사령은 다시 천수를 다하여 순조롭게 살다가 자손을 보살피는 선령이 조상과 원한이 남아 인간을 괴롭히는 악령인 원귀나 원령으로 구분된다. 한국 무속의 접신, 탈령, 넋대잡이 초혼, 오구굿에서 볼 수 있듯이 영혼은 육신이 죽은 후에도 불멸하는 존재로, 저승 혹은 극락으로 천계 상승하거나 이승으로 다시 태어난다고 믿었다(임재해, 2004). 무속에서의 죽음은 모든 것의 종말이 아니라 육체가 이승에서 사라짐이며 영혼이 다른 세계로 이동함을 의미한다.

2) 종교별 죽음관과 죽음 수용

한국사회가 가지고 있는 다양한 종교적 지형을 볼 때 한국인의 죽음관은 종교성에 따라 다르게 구성되며 어떠한 종교를 신앙하는가가 죽음의 인식에 영향을 미치게 된다. 무종교의 경우 죽음을 생의 끝으로 인식하는 반면, 개신교와 가톨릭의 경우 영생을 위한 전제로 인식하고, 불교의 경우 잠을 자는 것으로 인식하는 등의 죽음 인식에 차이를 보이며, 비교문화적인 연구결과로도 한국사회와 미국사회의 경우 종교에 따라 죽음의 의미에 차이가 나타난다는 것을 알 수 있다(유권종, 2008). 또한 종교의 유무에 따라 죽음 불안과 정신건강의 관계가 매우 유의미한 결과로 나타나며, 죽음에 있어서 종교변수가 영향력을 가지고 있음이 확인된다(Jeffrey, 2011). 상장례에 대해서도 전통사회와 현대사회 간의 장례의식의 변화를 통해 사생관이 변화되는 과정을 알 수 있다(김시덕, 2008). 즉 전통적인 상장례의 경우 공동체를 위한 의례로 구성되어 있으며 나아가 장례의식의 기능이 상실감과 충격의 완화와 위기의 극복을 위한 재탄생의 과정인 반면 현재의 경우 이러한 의례가 가진 의미가 축소되었고, 이로 인해 사생관 또한 단절적이며 장례의식이 가지는 문화적 역할이 제한적으로 변화되었다는 것이다.

장묘문화의식과 죽음에 대한 대응을 분석한 결과 종교적, 인구학적 요인들 간에 차이가 나타남을 알 수 있는데, 천주교와 개신교가 타 종교보다는 화장 문화에 긍정적이며, 직업의 유무와 건강상태 또한 장묘의식에 다른 대응형태를 보이는 것으로 나타났다(김태현, 한은주, 2003).

종교성이 죽음 수용에 영향을 미친다는 관계를 분석한 연구를 통해 전통적인 연구에서 신앙생활을 통해 자신의 삶을 내면화시키고 이러

한 내재적 성향이 죽음 수용에 긍정적인 영향을 미침을 알 수 있다
(Collett & Lester, 1969). 이어 많은 연구에서 종교성의 내재적 성향이 삶의
만족도와 죽음의 수용에 정적 영향을 미침을 보고하였고, 종교성이 높
은 사람일수록 긍정적 죽음 수용도가 높게 나타남을 밝혔다(한영란, 2006).

종교성과 죽음 수용과의 관계의 연구는 죽음 수용과 종교성과의 관
계를 몇 가지의 배경변수들과 함께 분석한 결과 종교인이 무교인보다,
여자가 남자보다, 나이가 많을수록 죽음에 대해 더욱 수용적이라는 결
론을 얻었다. 흥미로운 점은 종교별로 개신교가 불교보다 더욱 죽음에
대해 수용적이라는 결과인데, 이는 종교별 사생관의 특징이 죽음 수용
에 영향을 미치게 됨을 시사한다(이기홍, 2009).

2000년대 초반까지 종교성이 죽음 불안을 낮추고 죽음 수용에 영향
을 미치는 연구가 지속적으로 진행되었고, 종교성을 보다 다차원적 영
역으로 이끌어 한국적 상황에서 적용되는 종교성의 척도를 개발하고,
적용하여 신앙생활, 교리, 의례의 각 체계에서 영향을 미치는 주요인
을 분석하는 연구가 시도되었다(신은보, 2018).

2. 죽음 수용 척도

1) 죽음 수용 척도

(1) 척도 소개

Wong 등(1994)이 창안하고 이운영(2007)이 개발한 죽음 태도 척도(Death
Attitude Profile-Revised)를 토대로 정하나(2018)는 죽음 수용 정도를 확인하기
위하여 총 14개의 문항, 3 요인으로 구성된 척도를 개발하였다.

(2) 척도의 이론적 배경

죽음은 모든 사람에게 찾아오는 보편적인 것이지만 대부분의 사람들은 평소 죽음에 대해 무관심하거나 금기시하면서 살고 있다. 더욱이 자기 죽음의 의미에 대해 생각해보기란 쉽지 않다. 그러나 개인이 가지고 있는 죽음에 대한 인식과 태도는 삶을 살아가는 가치관의 핵심이며, 삶의 질을 결정짓는 중요한 요소이다(이혜경, 2017).

죽음을 수용한다는 것은 개인이 자기 죽음을 자각하고 심리적으로 준비하는 것이라고 할 수 있다. 죽음 수용은 세 가지 유형이 있는데, 죽음을 자연스럽게 받아들이는 중립적 수용, 내세에 대한 기대로 죽음을 수용하는 접근적 수용, 죽음을 고통스러운 삶의 도피처로 여기는 탈출적 수용으로 구분할 수 있다. Marchall(1975)의 연구에 의하면 죽음에 대한 태도와 자신의 삶에 대한 평가는 상관이 있다. 죽음을 긍정적으로 수용하는 노인일수록 과거의 삶이 의미 있었다고 평가하고, 현재의 생활에 대해 만족하며 불안이 적고, 미래의 생활에 대해서도 밝게 전망하였다(김태련, 1988).

한편, 죽음 직면을 하게 된 사람들의 경우 초월적이고 궁극적인 것에 대해 관심을 두게 되며 죽음 수용에 이르게 되어 죽음에 대해 의연한 태도를 가지게 된다고 한다. 이러한 죽음의 수용에 대한 태도는 영성과 관련이 있다고 보고되며(김순성, 강영숙, 2007; Wink & Scott, 2005), 죽음의 수용이 높을수록 영성이 높은 것으로 나타났다(권장순, 2015). 여기서 영성이란 몸, 마음과 영의 내적인 조화를 만들어내는 에너지이며, 지금의 객관적 상황을 초월해서 의미와 가치를 찾는 능력을 의미한다(Zohar, Marshall, 2001). 현대 심리학에서 인간을 영적 존재로 보면서 영성의 중요성이 부각하고 있다. 영성은 인간의 부정적 생활사건 스트레스로 사람들이 고통에 놓일 때 삶을 이해하며(George et al., 2000), 수용할 수 있는 긍정적 사고를 유발하도록 돕고(Kim, Seidlitz, 2002; Mascaro, Rosen, 2006), 영성적 지지와 심리적 건강은 관련이 깊다는 연구들(Pargament, 1997; Tix, Frazier, 1998)을 통해 영성이 인간의 삶에 중요한 역할을 한다고 볼 수 있다. 노인의 건강과 삶의 만족도의 관계에 관한 연구들에서는 영성이 노인들의 불안과 우울을 유의미하게 낮추며(김소남, 이상복, 2013), 건강문제로 인해 힘겨운 생활을 하는 노인들의 삶의 만족도 향상에 영성이 결정적 역할을 하는 것으로 보고된다(Bucher, 2013). 또한 영성은 끊임없이 삶의 의미와 목적을 추구하는 인간 영혼의 본바탕으로, 자살 생각이나 자살 충동이 있을지라도 삶의 가치와 의미를 추구하여 역경을 이겨낼 수 있는 힘을 제공한다(박재연, 임연옥, 윤현숙, 2010).

죽음 수용에 관련한 선행연구들을 살펴보면, 죽음 수용이 높은 사람들은 삶을 의미 있게 지각하는 것으로 보고된다(Georgemiller, Maloney, 1984; Wong, Watt, 1991). 또한 죽음 교육 참여자들에 대한 연구들을 통해 생의 의미와 죽음에 대한 태도 간의 긍정적인 상관관계를 확인할 수 있다(강경아 등, 2010). 죽음 수용과 삶에 대한 주관적인 만족도 간에도 유의미한 상관이 있다고 보고되는데(Flint, Grayton, Ozmon, 1983), 자신의 삶을 의미 있게 여기고 만족하는 사람이 죽음을 더 잘 수용하며(Wong et al., 1994), 자아통합 과정에서 죽음을 수용한 사람들은 자신의 삶을 더 건강하고 행복하게 지각한다고 한다(Wong, Watt, 1991). 또한 죽음 준비교육에 참여한 집단이 교육에 참여하지 않은 집단보다 삶의 만족도가 높은 것으로 보고된다(안경아, 2002; 임송자, 2012). 최은주(2015)의 연구에서는 죽음 교육을 받은 집단이 교육을 받지 않은 집단에 비해 과거 차원의 만족도와 미래차원의 만족도가 높게 나타났는데, 이것은 죽음 교육을 통해 과거의 부정적 감정을 해소하고 현재의 삶이 소중하다는 것을 깨닫게 되어 남은 인생을 의미 있게 살고자 하기 때문이라고 볼 수 있다. Durlak(1972)은 삶의 의미와 목표를 명확하게 보고한 사람들이 죽음 불안을 덜 느끼고 죽음에 대해 수용적이며 더 긍정적이었다는 사실을 밝혔는데, 이러한 관점은 인생 회고(life review)와 죽음 태도의 관계를 연구한 여러 연구자들에 의해 지지되었다(Lewis & Butler, 1974). 종합해 보면, 죽음에 수용적인 태도와 삶에 대한 만족은 관련이 있다고 볼 수 있다.

(3) 척도 개발과정

전국의 30-50대 성인 215명을 대상으로 온라인 설문을 실시하였다. 참여자 215명 가운데 남성은 101명, 여성은 114명이었으며, 종교별로는 종교 없음 105명, 개신교 60명, 불교 16명, 천주교 33명, 기타 1명이었다.

(4) 신뢰도

하위요인	신뢰도
접근적 수용	.93
탈출적 수용	.91
중립적 수용	.86
전체	.90

(5) 타당도

용서 과정 척도의 심리측정 특성을 확인하기 위해 요인분석으로 구인타당도를 조사하였다. 준거 관련 타당도를 위해서 영성 척도, 삶의 만족 척도와 상관관계를 분석하였다.

(6) 채점방법

① 7점 Likert식 척도

② 하위요인별 문항은 다음과 같다.

하위요인	문항 수	문항 번호
접근적 수용	8	1, 5, 7, 8, 10, 11, 12, 14
탈출적 수용	3	3, 4, 13
중립적 수용	3	2, 6, 9

(7) 해석방법(역채점 없음)

하위요인	의미
접근적 수용	행복한 내세에 관련된 믿음으로 죽음을 수용하는 것으로, 죽음 이후가 현재보다 나을 것이라고 믿고 사후세계를 기대하므로 죽음을 수용한다.
탈출적 수용	삶이 고통스럽고 괴로울 때 삶으로부터의 탈출과정으로 죽음을 수용한다.
중립적 수용	죽음이 삶에서 불가피한 요소라는 사실을 인정하고 죽음을 비교적 담담하게 수용하는 태도를 의미한다.

척도는 '전혀 그렇지 않다'에서 '매우 그렇다'까지 7점 리커트 형식으로 구성되어 있으며 이 척도에서의 높은 점수는 해당 요인별로 죽음을 적극적으로 수용한다는 의미를 지닌다.

(8) 척도의 출처

정하나(2018). **죽음 수용과 삶의 만족 간의 관계에서 영성의 매개 효과,** 이화여자대학교 석사학위 논문.

(9) 이론적 배경에 대한 참고문헌

이운영(2007). **Wong의 죽음 태도 척도의 타당화,** 충남대학교 대학원 석사학위 논문.

강경아, 이경순, 박강원, 김용호, 장미자, 이은(2010). 죽음 교육 프로그램 참여자의 죽음 인식, 생의 의미 및 죽음에 대한 태도, **한국 호스피스완화의료학회지** 13(3), 169~180.

김대동(2010). **품위 있는 죽음과 생명의 상담,** 한들출판사.

이이정(2011). **죽음학 총론,** 학지사.

장휘숙, 최영임(2008). 죽음공포와 죽음 수용의 관계, **한국심리학회지: 발달** 21(2), 59~76.

Wong, P. T., Reker, G. T., Gesser, T.(1994). Death Attitude Profile-Revised: A Multidimensional measure of attitudes toward death. In Neimeyer R. A.(Ed.), *Death anxiety handbook: Research, instrumentation, and application.* Washington DC: Taylor & Francis.

Zohar, D., & Marshall, I. (2001). 조혜정 역. **영성지능.** 룩스.

(10) 죽음 수용 척도 문항

※ 각 문항을 읽고 자기 생각이나 느낌과 일치하는 정도에 표시해
주십시오.

번호	문항	전혀 그렇지 않다	그렇지 않다	약간 그렇지 않다	보통 이다	약간 그렇다	그렇다	매우 그렇다
1	나는 죽음을 영원한 축복의 장소로 가는 통로라고 생각한다.	1	2	3	4	5	6	7
2	죽음은 삶의 자연스러운 부분이다.	1	2	3	4	5	6	7
3	죽음은 이 끔찍한 세상으로부터 나 를 벗어나게 한다.	1	2	3	4	5	6	7
4	죽음은 고통과 괴로움으로부터 나 를 벗어나게 한다.	1	2	3	4	5	6	7
5	죽음은 신과의 결합이고 영원한 축 복이다.	1	2	3	4	5	6	7
6	죽음은 삶의 과정의 일부일 뿐이다.	1	2	3	4	5	6	7
7	죽음은 새롭고 멋진 삶을 다시 살 수 있게 할 것이다.	1	2	3	4	5	6	7
8	나는 사후의 세계를 기대한다.	1	2	3	4	5	6	7
9	죽음은 지극히 자연스럽고 불가피 한 사건으로 생각되어야만 한다.	1	2	3	4	5	6	7
10	내가 죽음에 편안할 수 있는 것은 내세를 믿기 때문이다.	1	2	3	4	5	6	7
11	죽은 후에 나는 천국에 있을 것이라 고 믿는다.	1	2	3	4	5	6	7
12	나는 천국이 이 세상보다 훨씬 더 좋은 곳이라고 믿는다.	1	2	3	4	5	6	7
13	나는 죽음을 삶의 짐으로부터의 해 방이라고 생각한다.	1	2	3	4	5	6	7
14	죽음은 영혼의 해방이다.	1	2	3	4	5	6	7

제4부

종교성 측정
사례연구

"측정할 수 있는 것은
모두 측정하고,
측정할 수 없는 것은
측정할 수 있게 하자."

(G. 갈릴레이)

제 13 장

결혼이주여성의 종교성향과
결혼적응의 관계에서
종교적 문제해결의 매개 효과

1. 서론

1) 연구의 필요성

급변하는 세계화, 개방화의 흐름 속에 국가 간의 경계가 무너지면서 우리나라도 다양한 문화와 인종들로 구성된 다문화사회로 진입하고 있고, 체류 외국인이 갈수록 증가하고 있다[1].

2018년 2월 말 기준 국내에 체류하고 있는 외국인은 2,132,211명으로 전년도 1,986,353명 대비 7.3% 증가하였다[1]. 2007년도 국내 체류 외국인이 1,066,273명이었던 것에 비하면 10년 만에 약 2배 가까운 인원이 증가하였고 해마다 상승추세를 나타내고 있다. 그런데 여성가족부의 "2015년 국민 다문화수용성조사연구"에 의하면, 우리나라 국민 10명 중 3명은 이민자를 이웃으로 삼고 싶지 않다는 생각을 하는 것으로 조사되었다. 미국은 이러한 인식이 13.7%로 나타났고, 스웨덴과 호주는 각각 3.5%와 10.6%에 그친 반면 우리나라는 성인 응답자의 31.8%에 달해 다양한 국적의 외국인들이 국내로 이주하는 추세가 증가함에도 불구하고 정작 국민의 의식은 다문화를 수용하지 못하고 있다[2]. 이러한 의식이 저변에 깔린 우리나라에 살아가는 이주민들 중에서도 매우 취약한 계층이 있으니 바로 '결혼이주여성'이다.

우리나라에서 결혼이주여성이 사회적 주체로 떠오르기 시작한 것은 1980년대 말부터 농어촌 총각 장가보내기 운동이 한계계층 남성의 결혼문제를 해결하는 방편으로 추진된 결과이다. 이후 재중 동포인 조선족 여성과의 국제결혼이 주를 이루었다가 최근에는 베트남 여성과의 국제결혼이 확대되는 추세이다. 외국인과의 혼인통계에서 2016년의 경우 총 혼인 건수 281,635건 중 외국인과의 혼인은 21,709건으로 전체의 7.7%를 차지하여 전년도보다 0.3%p 증가하였으며, 이 중 한국남자와 외국 여자가 결혼하는 다문화 혼인이 14,255건으로 총 혼인 건수의 5.1%였다. 한편 외국인과의 이혼통계에서 2016년의 경우 총 이혼 건수 107,328건 중 외국인과의 이혼은 10,631건으로 전체의 9.9%를 차지하였으며, 이 중 한국남편과 외국인 아내가 이혼하는 경우는 5,505건으로 총 이혼 건수의 5.1%였다[3].

그 결과 한국의 이혼 현상에서 단기간에 국제결혼 부부의 이혼이 증가하고 있으며, 이는 부부의 결혼생활이 평탄하지 않음을 의미한다. 즉, 국제결혼은 몇 가지 측면에서 구조적 문제를 내포하고 있다[4]. 한국 및 한국인 배우자에 대한 이해 없이 한두 번의 만남을 통해 결혼하는 국제결혼 구조의 문제, 그에 따른 의사소통의 어려움과 한국의 가부장적 가족구조와 문화에의 부적응과 갈등, 기대했던 결혼생활과 실제 결혼생활의 차이, 경제적, 사회적으로 주류사회로의 통합에의 어려움과 고립, 부양 및 양육 스트레스 등이 결혼생활 및 한국생활의 적응을 어렵게 한다. 이처럼 국제결혼 부부의 결혼적응은 일반 내국인 부부와 다른 특수한 상황이 있으며, 이러한 요소들이 복합적으로 작용하여 결혼생활을 유지하기 어렵게 만들고 있다. 이러한 문제를 해결하기 위해서는 결혼이주여성의 적응에 대한 이해가 전제되어야 할 것이다.

그동안 결혼이주여성과 관련하여 다양한 연구가 여러 분야에서 진행되어 왔는데 결혼이주여성의 적응과 관련하여, 국제결혼을 추동하고 지속하는 신화화와 의례화의 과정들은 이주여성들의 다양한 욕구나 개성을 무시하고 동질화하며, 특정한 방식으로 대상화하였다[5]. 그 결과 이주여성들은 자기 정체성을 가지고 저마다의 방식으로 상황에 대응하는 행위 주체들이며, 이주여성들의 정체성 형성과 상황에 대한 대응 과정에서 종교는 종종 중요한 역할을 함에도 결혼이주여성의 종교성에 대한 독립적 연구는 매우 제한적이다. 결혼이주여성의 종교와 관련된 연구가 일부 있기는 하지만 이들 연구는 종교 유무나 종교 일치, 종교 활동 기간이나 교회 활동 참여[6] 등과 같은 사회인구적 변인만 다루거나, 일부 종교에 국한해서 분석함으로써[7] 결혼이주여성이 갖는 종교성을 심층분석 하는 데는 한계를 보여주었다.

이처럼 결혼이주여성의 종교성에 대한 연구가 제한적인 이유는 종교 다원 사회인 한국에서 결혼이주여성의 종교적 갈등이 없어서라기보다는 경제적 문제나 가정폭력과 같은 또 다른 심각한 어려움으로 인해 종교적 갈등이 표면화되지 않았기 때문이기도 하며[8], 종교성이 쉽게 확인 가능한 단일 영역이 아니라 다차원적인 측면을 가진 테제이기 때문이기도 하다[9].

종교 관련 경험 연구에서 가장 많이 사용되고 있는 척도는 종교적 활동에의 참여 내지는 종교적 행동이다. 그런데 다양한 동기를 고려하지 않은 단순한 외양적인 행동의 동일성은 척도의 설명을 제한하는 결과를 가져올 것이다. 따라서 본 연구에서는 종교성이 가지고 있는 복합적이고 다차원적인 구성개념 중에서 가장 활발히 연구되고 있는 종교성향(religious orientation)과 종교적 문제해결(religious problem solving)에 주목하고자 한다.

일반적으로 종교성향은 신앙 동기와 태도를 의미하는데 상담 현장에서 단시간에 상담적 개입을 통해 변화시키는 데에는 한계가 따른다. 이때, 종교성향이 결혼적응에 영향을 주는 과정에서 종교적 문제해결이 결혼적응을 촉진하거나 부정적인 영향력을 완화할 수 있는 매개 변인이 될 수 있다면 상담 효과를 극대화하는 데 유용한 자원이 될 수 있다[10]. 종교적 문제해결이 스트레스 수준에 따라 종교적 성숙에 영향을 미치는 것으로 나타났기 때문이다[11].

2) 연구 목적

본 연구는 결혼이주여성의 결혼적응에 종교성이 관련이 있다는 측면에서 종교성향에 따라 종교적 문제해결이 결혼적응에 미치는 매개효과를 파악하고자 한다. 종교적 문제해결의 매개 효과가 검증된다면 향후 결혼이주여성의 결혼적응을 향상시키는 데 필요한 자료를 제공하고, 종교인의 종교적 성숙을 지원하는 상담자원으로 활용될 수 있을 것이다. 이러한 연구 목적을 달성하기 위해 다음과 같이 연구문제를 설정하였다.

첫째, 결혼이주여성의 종교성향, 종교적 문제해결, 결혼적응 간의 관계는 어떠한가?

둘째, 결혼이주여성의 종교성향과 결혼적응의 관계에서 종교적 문제해결의 매개 효과는 어떠한가?

2. 선행연구 검토

1) 결혼이주여성과 종교성

이주(immigration)란 '글로벌화'와 '개방화'의 흐름 속에서 상품과 자본의 이동에 이어 사람이 국경을 넘어 이동하는 것을 말한다. 이주는 인류의 역사상 전혀 새로운 현상이 아니고 16세기부터 18세기에 걸쳐서 유럽, 미국, 아시아로 확대되었다. 이러한 이주는 지난 20여 년 동안 노동, 상업에 따른 이주 외에 여성 이주가 크게 부각하였고, 이러한 '이주의 여성화'를 통해 여성들이 이주의 주체적 행위자로 등장하고 있다[12].

그런데 결혼이주여성의 이주 과정에서 필수적으로 파생하는 현상이 결혼적응(marital adjustment)이다. 일반적으로 결혼적응이란 용어는 가족관계 연구에서 결혼의 질을 측정하는 하나의 개념으로 결혼 성공, 결혼 만족, 결혼 행복이란 말과 혼재되어 사용되고 있다[13].

결혼적응은 1929년 미국의 Hamilton이 결혼생활 만족도를 측정하였던 것을 효시로 하여 그 후 여러 연구자들이 결혼적응도라는 개념을 재정의하고 이를 측정하는 도구들을 개발하였다[14]. 1930년대에서 1950년대에 이르는 기간 동안 Burgess와 Cottrell, Terman, Burgess와 Wallin과 같은 연구자들이 결혼적응도에 대한 연구 분야에서 많은 공헌을 하였으며[15], 1950년대에 들어서면서 Harvey Locke와 그의 동료들의 활발한 연구 성과로 인해 이 분야의 연구가 상당한 발전을 이루게 되었다[16]. 1940년대와 1950년대 이후 결혼적응과 관련된 다양한 연구가 진행되었는데 이때 결혼적응이라는 개념과 관련된 새로운 용어들-결혼 만족도, 행복, 균형, 통합, 일치도, 응집, 갈등, 상호작용 등이 출현하였다[17]. 1960, 1970년대의 다양한 이론적 개념의 출현은 결혼적응에 관한 연구 분야의 왕성한 발전을 시사하지만, 다른 한편으로 상호 중복되고 모호한 개념들이 지나치게 난무하여 혼란스러운 상황을 초래하였다. 이런 상황에서 Spanier 등은 결혼적응 연구에서 이론적, 방법론적으로 상당한 발전을 이루기도 하였다[18].

결혼적응은 '부부'라는 관계의 질적인 부분만을 강조할 뿐 '적응'이라는 역동적인 과정에 대해서 설명하지 못하였다. 이후 1970년대 중반 이후부터는 결혼적응의 개념에 점차 '적응과정'이라는 개념이 강조되면서, 결혼적응은 기능적인 부부관계를 이루는 데 필수적인 과정으로 제시되었다. 잘 기능하는 부부는 배우자 간에 서로 자주 상호작용 과정을 통하여 부부간의 중요한 문제에서 불일치 하는 부분을 만족스러운 방법으로 해결한다는 것이다. 이때의 상호작용 과정이란 부부가 솔직하게 서로에 대해 대화를 하는 과정이다. 결혼의 만족, 행복, 적응, 의사소통 등의 의미를 포괄하는 것이 결혼의 질이며, 결혼의 질이란 부부관계의 주관적인 평가이다[19]. '결혼의 질이 높다'라는 것은 순조로운 적응, 적절한 의사소통, 높은 수준의 행복, 결합, 만족과 깊은 관련이 있다고 볼 수 있으며 '결혼의 질이 낮다'라는 것은 이와 반대인 경우로 이해할 수 있다.

결혼적응에 영향을 주는 요인으로는 사회·인구학적 변인과 결혼 전 변인, 부부 상호작용 변인, 문화적 변인 등 많이 요인들이 있다. 결혼적응과 관련된 개념을 설명하는 데에는 가족 내에서 이루어지는 상호작용 양상이 매우 중요하다. 상호작용은 상호관계 특성으로 사회적 지지와 깊은 관련성이 있다. 사회적 지지는 개인을 둘러싼 생태적 관계를 통해 신체적·물질적·정서적 욕구를 충족시키기 위한 모든 행위를 의미한다. 관련 연구를 살펴보면, 김나영은 건강생성모델을 적용한 실험집단이 대조집단에 비해 통합성, 문화적응 스트레스, 삶의 질의 전 영역에서 증진된 결과를 보고하였으며[20], 이혜경과 전혜인은 결혼이주여성에 대해 가족, 친구, 의미 있는 주변인의 사회적 지지가 결혼 만족도와 결혼 안정에 긍정적인 영향을 미침을 밝혔으며[21], 최지명은 한국인 남편과 외국인 아내의 국제결혼 부부를 대상으로 한 연구에서 정서적 의사소통과 사회적 지지가 결혼 만족도를 높일 수 있는 요인으로 확인하였다[22]. 종합하면, 선행연구결과는 결혼이주여성의 결혼적응에 가족이나 친구, 친척의 사회적 지지가 정적인 상관관계가 높으며, 종교 활동과 같은 의미 있는 사회적 지원이 긍정적인 영향을 미친다고 보고하였다.

2) 결혼적응과 종교성향, 종교적 문제해결

종교성향(religious orientation)은 종교에 대한 동기와 태도를 의미하는 종교성 변인으로 가장 활발하게 연구된 주제이다. 종교성향은 신앙의 동기에 따라 외재적(extrinsic) 종교성향과 내재적(intrinsic) 종교성향으로 유형이 구분된다. 외재적 종교성향은 종교를 자신의 욕구충족을 위한 수단으로 '이용하는(use)' 신앙 태도를 의미하고, 내재적 종교성향은 종교적 신념을 내면화하여 삶 속에서 신앙을 '실천하는(live)' 신앙 태도를 말한다[23]. 종교성향에 대한 연구들은 종교성향에 따라 정신건강에 차이가 있어서 외재적 종교성향은 우울, 불안 등과 같은 부적응 특성과 주로 관련이 있는 반면, 내재적 종교성향은 감사, 친사회적 행동 등과 같은 적응 특성과 관련이 있음을 밝히고 있다[24], [25].

종교성향과 결혼 만족도와의 관계는 국내의 선행연구를 살펴보면, 김미숙의 연구에서 부부가 동일한 종교를 가질 때 만족도가 높으며, 종교를 가진 사람이 종교를 갖지 않는 사람보다 결혼 만족도가 더 높다고 하였다[26]. 박보갑은 기독교인이 비기독교인보다 결혼 만족도가 높았으며, 기독교인의 경우에도 영적 성숙도에 따라 결혼 만족도에 차이가 있다고 하였으며[27], 박성호는 신앙성숙도와 결혼 만족도 간에 정적인 상관관계가 있다고 보고하였다[28]. 정진관은 신앙 성숙이 높을수록 부부갈등 상황에서의 이성적 갈등 문제해결 행동을 많이 하고 회피 및 부정적 감정, 행동표출은 감소한다고 분석하였다[29].

종교성향 간의 결혼 만족도에서는 내재적 종교성향을 가진 사람들이 외재적 종교성향과 비종교적 종교성향을 가진 사람들보다 결혼 만족도가 유의미하게 높게 나타났다[30]. 또한 종교성향이 중년 부부의 자아 정체감과 결혼 만족도에 미치는 영향에 대한 배춘화의 연구결과에서는 종교 유형에 따라서 결혼 만족도가 다르게 나타나는데 특히 기독교인이 천주교인과 불교인, 무교인에 비해 전체적으로 결혼 만족도가 높다고 보고하고 있다. 기독교인과 불교인의 종교성향에 따른 결혼 만족도의 차이에서 내재적 성향이 높은 집단이 내재적 성향이 낮은 집단보다 결혼 만족도가 높았다고 보고하였다[31]. 내재적 종교성향의 사람은 종교가 자신의 삶에 내면화되어서 성숙한 신앙으로 성장하며, 이러한 신앙은 삶의 여러 면에서 긍정적인 영향을 미칠 수 있게 된다.

이처럼 선행연구 결과에서 기독교인이든 비기독교인이든 내재적인 종교성향이 결혼 만족도에 긍정적인 영향을 미치고 있다는 것이 밝혀졌다.

그러나 이지영은 내재적 종교성향과 결혼 만족도가 부적 상관(-0.43)을 나타내는 상반되는 연구결과를 보고하면서 결혼적응 또는 결혼 만족도에 종교성이 서로 다른 영향을 미치는 이유로 다음과 같이 분석하였다[32]. 첫째, 신앙생활의 이유가 다양한 것으로 볼 때, 종교적인 외형에 치중하면서 생활하지만 실제 자신의 삶에 신앙이 내면화되어 있지 않은 상태의 신앙생활을 길게 유지하고 있다고도 볼 수 있다. 둘째, 연구 참여자의 평균연령과 결혼의 기간으로 유추해 볼 때, 한국사회는 중년이 되어가면서 여러 가지 위기에 봉착하게 되고, 노후에 대한 부담과 불안감도 가중되어 결혼 만족도에 부정적인 영향을 미치고 있을 것으로 예상되며, 종교인들과 비종교인들 모두 사회적인 위치와 가족 안에서의 역할과 책임에서 자유롭긴 어려울 것으로 보았다. 셋째, 부부관계 속에서 고통을 느낄 때, 고통을 없애기 위해서 무엇을 선택하든지 상관없이 부부관계의 탈출구를 찾게 되는데 이혼이나 별거와 같은 비극적인 탈출구들도 있지만, 신앙생활과 공부 등 사회적으로 긍정적인 방향으로 보이는 탈출구들도 있다. 다시 말하면, 부부관계를 회피하기 위해 교회 생활에 치중한 신앙인들의 생활은 내재적 종교성향의 태도와 유사하게 보일 수 있을 것으로 추측하였다. 이러한 선행연구는 결혼이주여성을 대상으로 한 종교성향 연구가 제한적인 상황에서 종교성향에 따른 결혼적응과의 관련 연구가 필요함을 제기한다.

아울러 또 하나의 종교성인 종교적 문제해결에 대해 살펴보면, 적응 측면에서 스트레스나 위기와 같은 부정적인 상황이 발생하면 종교인은 개인이 취하는 종교적 신념이나 행동에 있어서 사로 다른 차이를 나타낸다. Pargament는 종교를 스트레스 문제해결 요인 중 하나로 개념화하였는데 신과의 관계를 중심으로 어떻게 스트레스에 문제해결하느냐에 따라 종교적 문제해결을 자기주도형(Self-Directive), 책임전가형(Deferring), 공협형(Collaborative)으로 구분하였다[33]. 자기주도형은 신이 인간에게 자유와 책임을 부여했다는 신념을 가지고 문제를 해결할 때 자기 힘으로 해결하려는 유형이며, 책임전가형은 문제해결의 책임을 신에게 전가하고 본인은 적극적으로 나서지 않는 유형이며, 공협형은 문제해결의 책임이 본인과 신에게 같이 있다고 생각하고, 문제에 처했을 때 신의 뜻을 생각하며 본인이 적극적으로 해결하려고 한다.

종교성향과 종교적 문제해결이 관련된 선행연구를 살펴보면, 제석봉과 이성배는 한국형 ROS와 종교적 문제해결 양식을 조사한 결과, 외재적 종교성향을 띤 사람은 자기 주도적으로 문제를 해결하거나 신의 뜻과 의도를 궁구하며 함께 해결하려는 경향이 적은 대신에, 신에게 책임을 전가하거나 수동적으로 의존하려는 경향이 강하였다. 그러나 내재적 종교성향을 띤 사람은 공협형과 자기주도형에서 정적 상관을, 책임전가형에서는 부적 상관을 보여주었다[34]. Yelsma와 Montambo는 종교적 문제해결 방식과 재활프로그램의 회복 기간의 상관을 조사한 결과, 공협형이 높을수록, 자기주도형이 낮을수록 회복 기간이 길어진 것으로 조사하였다[35]. 이러한 연구결과는 종교적 문제해결 방식이 일상의 장면에서 적응과 문제 극복에 중요한 함의를 제공한다.

요컨대, 결혼이주여성의 결혼적응 또는 결혼 만족도와 관련하여 종교성향이나 종교적 문제해결을 주요 변인으로 삼은 관련 연구는 없으므로 본 연구는 선행연구의 한계점을 극복하는 데 연구의 의의를 발견할 수 있겠다.

3. 연구방법

1) 연구대상

본 연구는 편의 표집에 의해 연구자의 설문조사가 가능한 결혼이주여성을 대상으로 조사하였다. 우선, 참여자 선정을 위해 결혼이주여성들이 참여할 것으로 예측되는 지역의 교회를 정하여 목회자들에게 연구의 목적을 설명하고 협조를 요청하였다. 그 결과 도시지역은 서울 성북구, 농촌지역은 경북 군위에 위치한 2개의 교회(개신교)와 성당(천주교)이 각각 선정되었고, 각 교회에 다니는 그리스도교인 결혼이주여성 320명이 연구에 참여하였다. 연구대상자들은 연구의 내용을 이해하고 자발적으로 참여하였으며, 전체 응답자 중 불성실한 응답 18부를 제외한 302명의 자료를 분석에 활용하였다.

2) 연구 도구 및 절차

(1) 결혼적응검사

결혼이주여성의 결혼적응은 이경성, 한덕웅이 개발한 결혼적응검사를 사용하였다[36]. 이 척도는 결혼 만족, 이혼 의도, 부부간 애정을 측정하는 3개의 하위척도와 주변 가족과의 관계, 자녀 만족, 경제적 만족 등의 9개 하위척도로 구성되어 있는데, 본 연구에서는 부부 서로 간의 적응에 초점을 두어 결혼 만족(7문항), 이혼 의도(8문항), 부부간 상호소통(4문항)의 하위척도를 사용하였다. 각 문항은 7점 Likert 척도로 평정되며, 점수가 높을수록 해당 결혼적응의 성향이 높음을 의미한다. 이경성, 한덕웅의 연구에서 Cronbach α 계수는 결혼 만족이 .91, 이혼

의도가 .91, 부부간 애정은 .88이었으며, 본 연구에서는 결혼 만족이 .88, 이혼 의도가 .87, 부부간 애정은 .90으로 나타났다.

(2) 종교성향 척도

Allport의 이론을 기초로 제석봉과 이성배가 개발한 한국판 종교성향 척도를 사용하였다[37]. 이 척도는 외재적 종교성향과 내재적 종교성향을 측정하는 13문항씩 총 26문항으로 구성되어 있다. 각 문항은 4점 Likert 척도로 평정되며, 점수가 높을수록 그 성향이 높다는 것을 의미한다. 제석봉, 이성배의 연구에서 Cronbach α 계수는 외재적 종교성향이 .75, 내재적 종교성향이 .91이었으며, 본 연구에서 외재적 종교성향은 .88, 내재적 종교성향은 .92로 나타났다.

(3) 종교적 문제해결 척도

종교적 문제해결 척도는 Pargament 등이 삶의 문제에 대한 종교적 문제해결 전략을 측정하기 위해 개발한 것을 바탕으로 Fox, Blaton, Morris가 재개발한 RPSS를 석창훈이 번안한 것을 사용하였다[38]. 총 18문항이며 4점 Likert 척도로 평정되며, 점수가 높을수록 해당 문제해결을 선호함을 의미한다. 석창훈의 연구에서 Cronbach α 계수는 자기주도형이 .89, 책임전가형은 .82, 공협형 .94이었으며, 본 연구에서 자기주도형은 .87, 책임전가형은 .79, 공협형 .85로 나타났다.

또한 본 연구에서는 연구대상자의 척도 이해를 높이고 타당도 높은 연구결과를 구하기 위해 상기 척도를 결혼이주여성의 출신국에 근거하여 총 3종의 외국어(중국어, 베트남어, 일본어)로 전문번역기관(한국산업번역원)에 번역을 의뢰하였으며, 최종적으로 한글과 외국어 2종으로 구성된 문항을 제시하여 조사를 수행하였다.

3) 자료 분석

본 자료에서는 SPSS Statistics 25.0 프로그램을 사용하여 수집된 자료를 분석하였다. 연구대상자의 일반적인 특성과 신앙특성을 알아보기 위해 빈도분석을 실시하고, 측정 변인의 신뢰도 분석을 위하여 Cronbach α 계수를 산출하였다. 결혼적응, 종교성향, 종교적 문제해결 간의 관계를 알아보기 위하여 상관분석을 실시하였다. 그리고 종교성향과 결혼적응과의 관계에서 종교적 문제해결의 매개 효과를 알아보기 위해 Baron과 Kenny가 제시한 매개 회귀분석(The three-step mediated regression analysis)을 수행하였다.

4. 연구결과

1) 결혼이주여성의 일반특성

본 연구대상자의 일반특성은 <표 13-1>과 같다. 먼저 연령분포는 30세 이하가 61.3%로 가장 많았고, 그다음으로 31~40세가 30.5% 그리고 40세 이상이 8.2%로 나타났다. 개신교 신자는 전체의 61.3%인 반면 천주교 신자는 38.7%이며 거주지역은 농촌이 51.6%인 반면 도시는 48.4%로 비슷하게 조사되었다. 거주기간은 3~10년이 69.2%로 가장 많았으며 2년 이하가 21.5%, 10년 이상이 9.3%로 나타났다. 응답자의 출신국은 베트남(31.8%)과 중국(29.5%)이 가장 큰 비율을 차지하였으며, 조선족(13.9%), 일본(10.9%), 필리핀(8.6%) 순이었다.

<표 13-1> 결혼이주여성의 일반특성

변수	구분	빈도	백분율(%)
연령	30세 이하	185	61.3
	31~40세	92	30.5
	40세 이상	25	8.2
종교	개신교	185	61.3
	천주교	117	38.7
거주지역	농촌	156	51.6
	도시	146	48.4
거주기간	2년 이하	65	21.5
	3~10년	209	69.2
	10년 이상	28	9.3
출신국가	조선족	42	13.9
	중국	89	29.5
	베트남	96	31.8
	일본	33	10.9
	필리핀	26	8.6
	기타	16	5.3

2) 결혼이주여성의 종교성향, 종교적 문제해결 및 결혼적응 간의 상관관계 분석

결혼이주여성의 종교성향, 종교적 문제해결, 결혼적응에 대한 평균과 표준편차를 구하고, 변인 간의 상관관계를 알아본 결과는 <표 13-2>와 같다.

<표 13-2> 결혼이주여성의 종교성향, 종교적 문제해결, 결혼적응 간의 상관관계

변인		종교성향		종교적 문제해결			결혼적응
		내재적	외재적	자기주도형	책임전가형	공협형	
종교성향	내재적	1					
	외재적	-.31**	1				
종교적 문제해결	자기주도형	.08	-.02	1			
	책임전가형	-.26**	.38**	-.22**	1		
	공협형	.42**	.12*	.18*	-.33**	1	
결혼적응		.46**	-.16*	.12*	-.37**	.41**	1

* $p<.05$ ** $p<.01$

결혼이주여성의 내재적 종교성향은 공협형 종교적 문제해결(r=.42, p<.01), 결혼적응(r=.46, p<.01)과 유의미한 정적 상관이 있었으나, 외재적 종교성향(r=-.31, p<.01)과 책임전가형 종교적 문제해결(r=-.26, p<.01)과는 부적 상관을 보여주었다. 결혼이주여성의 외재적 종교성향은 책임전가형 종교적 문제해결(r=.38, p<.01)과 공협형 종교적 문제해결(r=.12, P<.05)에는 유의미한 정적 상관이 있었으나 결혼적응(r=-.16, P<.05)과는 부적 상관을 보여주었다.

이러한 결과를 볼 때 내재적 종교성향이 높을수록 공협형의 종교적 문제해결은 높아지는 반면 외재적 종교성향이 높을수록 책임전가형의 종교적 문제해결이 높아지며, 결혼적응에는 내재적 종교성향이 정적으로 영향을 미치고, 외재적 종교성향이 부적으로 영향을 미치며, 내·외재적 종교성향은 자기주도형 종교적 문제해결에 영향을 미치지 않는 것으로 해석할 수 있다. 이는 종교성향과 결혼적응과의 관계가 서로 다르다는 사실을 시사해 주는 것으로 외재적 종교성향과 내재적 종교성향이 종교적 문제해결을 매개로 결혼적응수준에 어떠한 영향을 미치는지를 검증해 볼 필요가 있다.

3) 결혼이주여성의 종교성향, 결혼적응 간의 관계에 대한 종교적 문제해결의 매개 효과

결혼이주여성의 종교성향이 결혼적응에 미치는 영향에 대하여 종교적 문제해결의 매개 효과가 있는지 검토하기 위해 Baron과 Kenny의 모델에 근거한 분석을 실시하였다. <표 13-2>에 나타난 바와 같이, 종교성향, 종교적 문제해결, 결혼적응 간의 상관관계를 우선 확인하였으며, 다음으로 일련의 회귀분석을 실시했다. 즉, 1단계에서는 독립변인이 매개 변인에 미치는 영향을, 2단계에서는 독립변인이 종속 변인에 미치는 영향을 분석하였으며, 마지막으로 독립변인과 매개 변인을 동시에 투입한 다음 그 효과를 분석하였다. 중다회귀분석 이전에 독립변수 간의 다중공선성 및 Durbin-Watson 계수를 검토하였으며, 그 결과 VIF는 모두 10 이하로 나왔고, Durbin-Watson은 모두 2에 근접하여 잔차들 간에 상관관계가 없어 회귀분석에 문제가 없는 것으로 확인되었다. 다음의 <표 13-3>은 결혼적응을 종속 변인으로 하여 일련의 회귀분석을 실시한 연구결과를 보여주고 있다.

내재적 종교성향과 결혼적응 간의 관계에서 종교적 문제해결의 매개 효과를 검증한 결과, 1단계에서 독립변인인 내재적 종교성향은 매개 변인인 종교적 문제해결에 통계적으로 유의미한 정적 영향을 미치는 것으로 나타났다(β =.24, p<.001). 2단계에서도 독립변인인 내재적 종교성향은 종속 변인인 결혼적응에 유의미한 정적 영향을 미치고 있었다 (β =.18, p<.001). 3단계에서 독립변인인 내재적 종교성향과 매개 변인인 종교적 문제해결을 동시에 투입한 결과 매개 변인인 종교적 문제해결은 결혼적응에 통계적으로 유의미한 정적 영향을 미치고 있었고(β =.38, p<.001), 외재적 종교성향도 결혼적응에 유의미한 부적 영향을 미치고 있는 것으로 나타났으나(β =-.45 p<.001) 그 영향력이 2단계보다 감소한 것으로 나타났다(β =-.45 →-.25). 또한 2단계의 설명력(R2=.12)에 비해 3단계의 설명력(R2=.33)이 매우 높아진 것을 알 수 있다. Sobel Test를 한 결과에서도 매개 효과가 통계적으로 유의한 것으로 나타났다(z=-3.53, p<.001). 이러한 결과는 종교성향과 결혼적응과의 관계에서 종교적 문제해결은 매개 변인과 독립변인 모두가 유의하고 독립변인의 회귀계수 값이 2

단계에서보다 3단계에서 감소하면 부분 매개 효과가 있다는 조건을 충족시키고 있다. 따라서 종교성향과 결혼적응과의 관계에서 종교적 문제해결은 부분 매개 효과를 가진다는 사실을 알 수 있다.

이를 종합적으로 해석하면, 내재적 종교성향이 높을수록 결혼적응이 높으며, 종교적 문제해결이 매개 효과가 있으므로 결혼이주여성의 결혼적응수준을 향상하기 위해서는 외재적 종교성향을 감소시키고, 공협형 종교적 문제해결을 촉진하는 목회 활동과 종교교육이 필요하다고 하겠다.

<표 13-3> 결혼이주여성의 종교성향과 결혼적응 간의 관계에서 종교적 문제해결의 매개 효과

독립변인	결혼적응				매개조건 충족				VIF	Durbin-Watson
	β	t	R^2	F	1	2	3	4		
내재적 종교성향 1단계	.24	3.62**	.04	12.21	O				1.000	1.962
2단계	.18	3.04**	.03	9.53		O			1.000	1.935
3단계 (독립)	.12	1.82					O			
3단계 (매개)	.38	6.24**	.23	51.24				O	1.115	1.802
외재적 종교성향 1단계	-.34	-5.32**	.24	32.43	O				1.000	1.831
2단계	-.45	-7.24**	.12	68.46		O			1.000	1.751
3단계 (독립)	-.25	-6.34**					O			
3단계 (매개)	.44	4.82**	.33	51.24				O	1.024	1.721

**p<.01

위의 결과를 그림으로 나타내면 다음의 <그림 13-1>, <그림 13-2>와 같다.

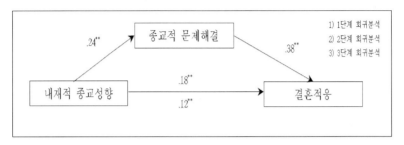

<그림 13-1> 내재적 종교성향과 결혼적응과의 관계에서 종교적 문제해결의 매개 효과

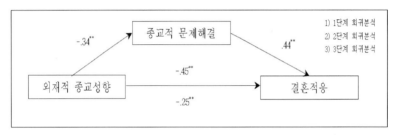

<그림 13-2> 외재적 종교성향과 결혼적응과의 관계에서 종교적 문제해결의 매개 효과

5. 결론

본 연구는 결혼이주여성의 종교성향과 결혼적응과의 관계에서 종교적 문제해결의 매개 효과를 경험적으로 검증하였다. 그 결과를 토대로 논의와 결론은 다음과 같다.

첫째, 결혼이주여성의 종교성향, 결혼적응, 종교적 문제해결 모두 상관이 있는 것으로 나타났다. 결혼이주여성의 내재적 종교성향은 공협형 종교적 문제해결, 결혼적응과 유의미한 정적 상관이 있었으나, 외재적 종교성향과 책임전가형 종교적 문제해결과는 부적 상관을 보여주었다. 결혼이주여성의 외재적 종교성향은 책임전가형 종교적 문제해결과 공협형 종교적 문제해결에는 유의미한 정적 상관이 있었으나 결혼적응에는 부적 상관을 보여주었다. 이러한 결과는 외재적 종교성향이 미성숙한 신앙 태도를 가지고 있어서 심리적 부적응과 관련이 있고, 내재적 종교성향이 성숙한 신앙 태도로 적응적인 특성과 관련이 있는 것으로 나타나 종교성향에 따라 심리적 특성에 차이가 있으며 적응에 서로 다른 영향을 미친다는 선행연구와 결과가 일치한다[39][40][41].

둘째, 결혼이주여성의 종교성향과 결혼적응과의 관계에서 종교적 문제해결의 매개 효과를 검증한 결과는 다음과 같다. 종교성향과 결혼적응과의 관계에서 종교적 문제해결은 부분 매개 효과가 있는 것으로 나타났다. 내재적 종교성향은 결혼적응에 직접 정적인 영향을 미치기도 하지만 종교적 문제해결을 통해 간접적으로 정적 영향을 미치는 반면, 외재적 종교성향은 결혼적응에 직접 부적인 영향을 미치기도 하지만 종교적 문제해결을 통해 간접적으로 부적 영향을 미치는 것으로 나타났다. 이러한 결과는 결혼이주여성의 결혼적응력을 향상시키는 데 종교성향보다 종교적 문제해결 방식과 같은 사회적 지지체계나 지역사회가 더 중요하다는 선행연구와 일치한다[42][43][44][45].

본 연구는 지금까지 결혼이주여성의 종교성에 대한 연구가 거의 이루어지지 않았다는 상황에서 종교성향과 종교적 문제해결이 결혼적응에 미치는 영향력을 실증적으로 검증하였다는 데 의의가 있다. 21세기 시작에 즈음하여 '초다양성(super-diversity)' 개념으로 유명한 옥스퍼드대학의 Vertovec는 '서구의 새로운 종교 지평' 컨퍼런스에서 종교와 이주에 관한 기존 연구가 이주민에게 현저히 나타나는 종교 현상에만 집중하였으나, 이재는 사회변동의 다양성이라는 맥락 하에서 종교조직의 변용과 이동, 이주민에 대한 정치적 인식 개선, 여성의 지위와 역할변화, 새로운 세대 출현, 인종 및 종교적 다양성 등과 같은 제 요인에 대해 심층적으로 접근할 필요가 있음을 강조하였다[46].

본 연구는 결혼이주여성의 종교성을 확인하기 위해 그리스도인을 대상으로 개발된 종교성향 척도 및 종교적 문제해결 척도를 사용함으로써 비그리스도인의 종교성에 대한 이해가 제한적인 한계를 지닌다. 향후 종교 다원 사회를 살아가는 결혼이주여성의 적응에 영향을 미치는 종교성 척도를 다양하게 개발·분석함으로써 결혼이주여성의 종교적 삶을 입체적으로 조망할 필요가 있겠다.

참고문헌

[1] 김순옥, 임현숙, 정구철, "결혼이주여성의 결혼적응도와 삶의 질 관계에서 배우자 지지와 가족 지지의 조절 효과: 도시와 농촌지역의 차이", 한국콘텐츠학회논문지, 제15권, 제10호, pp. 253-266,

[2] 출입국·외국인 정책본부, "통계월보", 2018년 2월.

[3] 여성가족부, 국민다문화수용성조사연구, 여성가족부정책연구보고서. 2015.

[4] http://kosis.kr/

[5] 김현숙, "결혼이주여성의 결혼적응에 관한 연구", 한국사회복지학, 제62권, 제2호, pp. 135-159. 2010.

[6] 유기쁨, "다문화사회의 종교를 묻는다; 결혼이주여성과 종교", 종교문화비평, 제19호, pp. 86-132, 2011.

[7] 손신, "결혼이주여성의 사회문화적 적응과 종교의 역할-다문화 선교를 중심

으로", 복음과 선교, 제28호, pp. 191-234, 2014.

[8] 남춘모, "다문화가정의 종교가 가족통합과 정체성 확립에 미치는 영향 : 일본인 결혼이주여성(통일교) 사례를 중심으로", 일본근대학연구, 제56호, pp. 249-265. 2017.

[9] 유기쁨, "다문화사회의 종교를 묻는다; 결혼이주여성과 종교", 종교문화비평, 제19호, pp. 86-132, 2011.

[10] J. F. Schumaker, *Religion and mental health,* Oxford University Press, 1992.

[11] 박미하, "기독 대학생의 종교성향과 진로 결정 수준과의 관계에서 자아존중감의 매개 효과", 복음과 상담, 제25권. 제1호, pp. 37-64, 2017.

[12] 석창훈, *종교 생활 척도(RSI) 개발과 종교적 성숙이 스트레스 수준 및 종교적 문제해결에 미치는 영향,* 대구가톨릭대학교 박사학위 논문. 2009.

[13] 이혜경, 정기선, 유명기, 김민정, "이주의 여성화와 초국가적 가족 : 조선족 사례를 중심으로", 한국사회학, 제40권. 제5호, pp. 258-298. 2006.

[14] 이영희, "국제결혼한 한국남성의 결혼생활 경험에 관한 질적 연구", 현대사회와 다문화, 제1권 제2호, pp. 39-78, 2011.

[15] 김현숙, "결혼이주여성의 결혼적응에 관한 연구", 한국사회복지학, 제62권, 제2호, pp. 135-159. 2010.

[16] 문혜숙, *부부적응과 성적적응에 따른 부부관계 유형 연구,* 동국대학교 박사학위 논문, 1993.

[17] 이경성, 한덕웅, "결혼적응검사의 개발", 한국심리학회지:건강, 제8권. 제3호, pp. 679-705, 2003.

[18] 홍미기, *결혼이주여성이 인지한 문화적응 스트레스와 부부적응에 관한 연구: 사회적 지지와 부부 의사소통의 매개 효과를 중심으로,* 이화여자대학교 박사학위 논문, 2009.

[19] G. B. Spanier and R. A. Lewis, "Marital quality: a review of the seventies". J. of Marriage and the Family, No. 42, pp. 96-110. 1980.

[20] 김나영, *결혼이주여성의 건강생성(salutogenic) 프로그램 개발 및 효과,* 경북대학교 박사학위 논문, 2014.

[21] 이혜경, 전혜인, "결혼이주여성이 지각한 사회적 지지가 결혼 만족도에 미치는 영향: 문화적응 스트레스의 매개 효과를 중심으로", 한국가족복지학, 제19권. 제4호, pp. 413-432, 2013.

[22] 최지명, *국제결혼 부부의 의사소통방식, 정서적 의사소통, 사회적 지지가 결혼 만족도에 미치는 영향*, 경상대학교 석사학위 논문, 2007.

[23] G. W. Allport, and J. W. Ross, "Personal religious orientation and prejudice", J. of Personality and Social Psychology, Vol 5. No. 4, pp. 432-443, 1976.

[24] 제석봉, 이성배, "종교성향검사(ROS)의 개발과 종교적 성향이 적응 및 종교적 문제해결에 미치는 영향", 종교연구, 제11호, pp. 245-280, 1995.

[25] 석창훈, *종교 생활 척도(RSI) 개발과 종교적 성숙이 스트레스 수준 및 종교적 문제해결에 미치는 영향*, 대구가톨릭대학교 박사학위 논문. 2009.

[26] 김미숙, "도시 부부의 결혼 안정성 및 그 관련 변인 연구", 한국가정관리학회지, 제8권, 제1호, pp. 171-183, 1990.

[27] 박보갑, *개신교인과 비기독교인의 결혼 만족도의 차이*, 부산대학교 석사학위 논문, 2002.

[28] 박성호, *부부의 자아존중감, 내적 통제성 및 의사소통과 결혼 만족도와의 관계*, 서강대학교 석사학위 논문, 2002.

[29] 정진관, *기독교인의 신앙 성숙과 부부갈등 대처 행동 및 결혼 만족도의 관계*, 전주대학교 석사학위 논문, 2004.

[30] 김영인, *기독교인의 종교성향과 결혼 만족도와 직업만족도의 상관 연구*, 고려대학교 석사학위 논문, 2005.

[31] 배춘화, *종교성향이 중년 부부의 자아 정체감과 결혼 만족도에 미치는 영향*, 호남신학대학교 석사학위 논문, 2005

[32] 이지영, *기독교인 성인의 애착과 종교성향이 결혼 만족도에 미치는 영향*, 백석대학교 석사학위 논문, 2014.

[33] K. I. Pargament, *The Psychology of religion and coping : theory, research, practice*, Guilford, 1997.

[34] 제석봉, 이성배, "종교성향검사(ROS)의 개발과 종교적 성향이 적응 및 종교적 문제해결에 미치는 영향", 종교연구, 제11호, pp. 245-280, 1995.

[35] P. Yelsma, and L. Montambo, "Patient' and spouses' religious problem solving styles and their psychological health", Psychological Report, No. 66, pp. 857-858, 1990.

[36] 이경성, 한덕웅, "결혼적응검사의 개발", 한국심리학회지:건강, 제8권. 제3호, pp. 679-705, 2003.

[37] 제석봉, 이성배, "종교성향검사(ROS)의 개발과 종교적 성향이 적응 및 종교적 문제해결에 미치는 영향", 종교연구, 제11호, pp. 245-280, 1995.

[38] 석창훈, *종교 생활 척도(RSI) 개발과 종교적 성숙이 스트레스 수준 및 종교적 문제해결에 미치는 영향*, 대구가톨릭대학교 박사학위 논문. 2009.

[39] 제석봉, 이성배, "종교성향검사(ROS)의 개발과 종교적 성향이 적응 및 종교적 문제해결에 미치는 영향", 종교연구, 제11호, pp. 245-280, 1995.

[40] 이지영, *기독교인 성인의 애착과 종교성향이 결혼 만족도에 미치는 영향*, 백석대학교 석사학위 논문, 2014.

[41] 박미하, "기독 대학생의 종교성향과 진로 결정 수준과의 관계에서 자아존중감의 매개 효과", 복음과 상담, 제25권. 제1호, pp. 37-64, 2017.

[42] 이혜경, 전혜인, "결혼이주여성이 지각한 사회적 지지가 결혼 만족도에 미치는 영향: 문화적응 스트레스의 매개 효과를 중심으로", 한국가족복지학, 제19권. 제4호, pp. 413-432, 2013.

[43] 최지명, *국제결혼 부부의 의사소통방식, 정서적 의사소통, 사회적 지지가 결혼 만족도에 미치는 영향*, 경상대학교 석사학위 논문, 2007

[44] 홍미기, *결혼이주여성이 인지한 문화적응 스트레스와 부부적응에 관한 연구: 사회적 지지와 부부 의사소통의 매개 효과를 중심으로*, 이화여자대학교 박사학위 논문, 2009.

[45] 김경범, 박철민, "도시화 정도에 따른 결혼이주여성의 지역사회통합에 미치는 차별적 영향분석 :특별・광역시 지역과 도 지역 거주자의 비교", 한국콘텐츠학회논문지, 제18권, 제4호, pp. 214-222,

[46] S. Vertovec, *Anthropology of Migration and Multiculturalism : New Directions*, Routledge, 2009.

제 14 장

목회용 서번트 리더십 척도
개발 및 타당화

1. 연구의 필요성

대한민국의 종교지형도는 어떠한가? 한국갤럽조사연구소의 조사에 의하면, 개인 생활에서 종교가 차지하는 중요도가 1984년 68%, 1989년 66%, 1997년 62%, 2004년 56%, 2014년 52%로 계속 하락함을 보여주고 있다. 아울러 종교를 믿지 않는 사람은 그 이유로 무관심(45%)과 종교에 대한 불신과 실망(19%), 여유가 없음(18%), 자신을 믿기 때문(15%) 순으로 나타났다[1]. 이러한 응답 배경에는 2030 세대의 탈종교화가 종교인 비율의 감소에 크게 영향을 미쳤으며, 특히 종교에 대한 불신과 실망으로 종교를 믿지 않는다는 비율이 10년 전 14%에서 19%로 높아진 점에 주목할 필요가 있다. 이는 한국사회에서 종교의 의미가 퇴색되고, 종교인에게는 종교적 신념 약화, 비종교인에게는 종교에 대한 부정적 인식이 점증함을 설명하고 있다.

대부분의 종교가 세상에 평화를 전하고 자비를 실천하는 소명을 배태하고 있음에도 불구하고 종교 다원 사회인 한국에서 현실적으로 나타나는 일부 교계와 종교지도자들이 보여준 행태-그릇된 명예욕, 성 추문,

교회 세습, 교회 재정의 불투명성 등-는 교회의 위기를 이끌고 있다.

지금은 한국종교, 그중에서도 가장 많은 종교인 비율을 차지하는 그리스도교의 갱신이 필요한 결정적 시기이다. 그동안 한국 기독교는 성장주의, 개신교회 중심적이고 교회 내부지향적인 체제 그리고 교회 지도자의 리더십 위기가 가장 큰 문제점으로 지적되었다[2]. 이러한 성찰을 바탕으로 한국 기독교회가 선택해야 할 방향성은 크리스천의 질적 성장을 촉진하는 목회 리더십의 내실화일 수밖에 없다[3].

이에 본 연구에서는 오늘날 기독교회의 목회자들에게 가장 시급하게 요청되는 목회 리더십으로 '서번트 리더십(servant leadership)'을 제안한다. 이미 미국의 종교리더십아카데미(ARL)는 서번트 리더십이 기독교적 리더십임을 강조한 바 있으며[4], 서번트 리더십은 예수 그리스도의 영성을 잘 드러내는 기독교의 고유한 리더십이기 때문이다[5].

1) 연구 목적

서번트 리더십은 서로 역설적 개념인 servant와 leader가 합쳐진 것으로 구성원의 성장을 도우며 팀워크와 공동체를 형성하는 리더십으로 Greenleaf의 The Servant as Leader(1970)에 소개된 이후 이론적으로 정립되고 실증적으로 확신되기 시작하였다. 우리나라의 경우, 서번트 리더십 연구는 IMF 위기 이후 새로운 경영 패러다임의 필요성과 맞물려 2000년대 초반 관련 서적이 소개되면서 연구가 붐을 이루었다[6-8].

그런데 콘텐츠학 분야와 관련된 서번트 리더십의 국내연구는 서비스 분야 종사자나 체육 분야 지도자, 또는 행정기관 및 교육자를 중심으로 서번트 리더십에 대한 연구가 수행되었으며[9-11], 외국에서처럼 서번트 리더십의 강점이 전방위적으로 확산하지 못하고 있으며, 특히 서번트 리더십의 주요 영역인 종교 분야에서의 연구 또한 이론 중심으로 접근하거나 타당화 과정을 구체적으로 거치지 않은 척도 측정의 한계가 있어 목회 현장의 실천 측면이 부각되지 못하고 있다[12-14][16][17].

따라서 목회 현장에서 활용할 수 있는 종교성 측정 도구로 목회용 서번트 리더십 평정척도를 개발하고, 한국 실정에 적합하도록 타당화를 거치는 과정은 목회 리더십을 내실화하는 서번트 리더십 프로그램 개발 및 적용을 활성화하는 데 기여할 것이다. 이러한 연구 목적을 달성하기 위해 다음과 같이 연구문제를 설정하였다.

첫째, 선행연구 검토를 통해 기독교 전통과 목회장면에 나타난 서번트 리더십을 분석하고, 서번트 리더십 측정과 관련된 연구를 탐색한다.

둘째, 한국교회 특성에 부합하는 목회용 서번트 리더십 척도를 개발하여 구인타당도를 확인한다.

셋째, 개발된 목회용 서번트 리더십 척도를 통해 종교성향, 종교적 성숙과의 상관관계를 비교하여 준거 관련 타당도를 검증한다.

2. 선행연구 검토

1) 기독교 전통과 서번트 리더십

기독교 전통에서 리더십은 어떻게 이해할 수 있는가? 본 절에서는 그 실마리로 구약성경에 나타나는 일곱 가지 리더십 유형을 먼저 살펴보고자 한다.

구약성경에서는 지도자의 개념을 '**רֹאשׁ**'라는 단어를 사용했으며 '머리'라는 이 단어의 의미는 왕, 우두머리, 수령, 장관이다. 이 머리는 '집의 어른'(출애 6:14), '무리 위에 뛰어난 자'(느헤 7:2), '지파의 두령으로 지혜가 있는 유명한 자'(신명 1:15), '모든 지파의 두목들의 역할'(역하 5:2) 등의 의미로 사용되었는데 이때 머리의 의미는 집단 가운데서 모든 사람을 앞서 나가는 지도자상을 표현하였다.

그런데 구약의 지도자는 점차 이스라엘의 국가로 발전하는 상황에서 다양한 리더십의 경향을 나타냈는데 이를 종합하면 <표 14-1>과 같다.

<표 14-1> 성경에 나타나는 리더십 유형

구분	유형	사례	특징
1	방임형	아담의 불순종	모든 것을 인간 개개인에게 맡겨버림
2	징계형	노아의 홍수, 소돔과 고모라의 징벌	구약에 등장하는 '진노하다'라는 단어 82구절 등장에도 불구하고 하나님 말씀을 따르지 않음
3	기적형	모세의 출애굽	40년간 하나님의 기적을 행하였으나 하나님을 격노케 함
4	율법형	십계명	법 때문에 하나님께서 보내신 메시아를 십자가에 죽이는 죄악을 범함
5	양심 판단형	12명의 사사(웃니엘~삼손)	양심에 따라 행동하는 것이 목적을 달성하기도 하지만 백성에게 혼란도 가져다줌
6	권력형	사무엘을 왕으로 세움	왕권은 유대와 이스라엘 백성의 분열을 이끎
7	선지자형	예레미야 등	선지자들은 다양한 방식으로 하나님 뜻을 전하나 권력자와 백성의 마음을 움직이지 못함

이처럼 구약성경에 나타난 기독교 전통의 리더십 중 어느 것도 오랫동

안 성공하지 못하였으며, 이것은 전혀 다른 스타일의 리더십이 요청됨을 시사하며, 신약 성경에 나타나는 예수의 리더십에 주목하게 된다[18].

신약에 나타나는 예수의 리더십은 다양하게 논의될 수 있지만 서번트 리더십으로 요약해도 과언이 아니다. 왜냐하면 예수는 자신이 세상에 온 것은 목자로서 양들이 생명을 풍성하게 얻도록 하기 위함이라고 선언했고(요한 10:10), 그의 삶과 가르침은 섬김을 받기보다 도리어 섬기려는(마태 20:28) 종의 자세이기 때문이다.

예수의 서번트 리더십에 대해 대표적인 연구자인 Agosto는 신약 성경을 통해 본 예수와 바울의 삶과 사상을 현대적 시각으로 재조명하면서 예수가 보여준 개성, 정직성, 겸손, 자기희생은 기독교 영성에 바탕을 둔 서번트 리더십의 특징으로 보았다. 또한 Wilkes는 그린리프가 예수에 대해 '역사적 본보기(historical model)'로 제한한 것에 대해 비평하면서, 예수를 서번트 리더십의 '베스트 모델'로 조망한 바 있다[19]. 요컨대, 신약 성경에 나타나는 예수의 가르침, 계명, 사례는 서번트 리더십을 가장 잘 나타내는 종교 모델로 볼 수 있다.

2) 목회와 서번트 리더십

우리가 사는 21세기는 어떤 사회인가? 종교학적 시선으로 바라보면 종교의 세속화가 가속되는 사회이다. 단적으로는 포스트모더니즘으로 인해 도덕적 가치 기준이 흔들리고 있고 사회구조의 변화도 도덕 기준의 변화를 일으키고 있다. 뿐만 아니라 세계 권력의 구조 전체가 붕괴하는 시기에 살고 있다. 이러한 사회와 세계 상황은 교회 지도자들에게도 중요한 의미를 주고 있다. 이는 교회 역시 '세상 안에 살고 있지만(in the world) 세상과는 다른 교회(not of the world)' 교회 안의 리더십에 대해 기대는 남다를 수밖에 없기 때문이다[20].

이처럼 교회 안에서도 리더십이 변화하는 요인을 가지고 있는데 James E. Means에 따르면 다섯 가지로 지적하고 있다[19]. 첫째, 교회에도 권위에 대한 보편적인 도전이 존재하며 성도와 목회자와의 갈등이 증가하고 있다. 둘째, 성도들은 전반적인 교육 수준의 향상으로 인해 질 높은 설교와 목양 자세를 요구하고 있다. 셋째, 전달 매체의 대중화로 설교와 신학이 보편화되고 있으며, 사이비 신학의 전달, 비윤리적 세상 문화의 접목, 잘못된 가치관을 더욱 빠르게 받아들일 수 있게 되었다. 넷째, 교회의 세속화이다. 유명교회에 대한 집중된 성장으로 많은 집단을 조직하며 거대 기업처럼 되어버린 교회 규모를 경영하기 위해 기업 마인드를 갖추는 등 교회의 부흥이 곧 교회 성장이라는 공식이 되어버렸다. 다섯째, 행정상의 노력과 프로그램의 경영, 인사 모집, 예산 확보 등에 우선권을 두기 때문에 성도를 향한 목양이 소홀히 되어가고 있다.

교회 안팎으로 변화하는 요인은 크리스천으로 하여금 자신이 출석하고 있는 교회 밖의 세상에는 무관심하게 만들며, 교회 밖에 있는 내 이웃을 섬김에도 소홀해지는 위기를 낳고 있다. 이러한 시대 상황 속에서 가장 기독교적이며 시대적 적합성에 타당하게 부합되는 것은 목회자의 서번트 리더십이다[21].

목회와 서번트 리더십과 관련하여 석창훈(2019)은 한국형 서번트 리더십의 목회요소를 <그림 14-1>과 같이 제시하였다[22].

이 중 크리스천의 서번트 리더십 특성 중 5가지 행동 요소를 중심으로 살펴보면, 먼저, 종교의 본질적 행위인 '나눔'은 이웃을 내 몸처럼 사랑하라는 예수 그리스도의 말씀을 구체적으로 실천함으로써 세상의 빛과 소금의 역할을 다하는 것이다. 둘째, '돌봄'은 가난하고 병들거나 소외 또는 차별당하는 존재를 우선으로 배려하는 행위이다. 셋째, '섬김'은 크리스천 서번트 리더십의 본질이다. 섬김은 위로 하나님의 뜻을 이루고 영광을 돌리는 한편 우리 이웃과 사회의 필요를 채우기 위해 모든 노력을 다하는 일이다. 넷째, '낮춤'은 크리스천 서번트 리더십의 자세이며 겸손의 덕행을 의미한다. 굴종이 아닌 낮춤은 "누구든지 자기를 높이는 자는 낮아지고 누구든지 자기를 낮추는 자는 높아지리라"(누가 21:25, 28)라는 역설을 생활 속에서 실천하는 것이다. 다섯째, '이끎'은 리더십의 출발이다. 지도자의 이끎 배경에는 권위나 위계에 의해 맹목적 추종을 강요하는 것이 아니라 특권의식을 버리고 솔선수범하는 자세가 뒷받침할 필요가 있다.

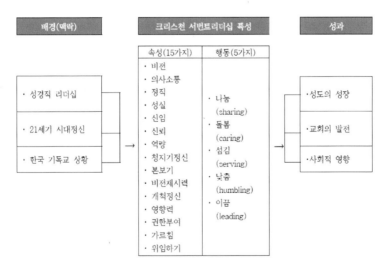

<그림 14-1> 한국형 서번트 리더십의 목회요소

또한 목회자의 서번트 리더십에 대한 이해도 중요하다. 섬김은 단지 모든 사람의 요구를 들어주는 것이 아니기 때문이다. 섬김에 대한 자칫 잘못된 이해는 목회자 스스로를 예수 그리스도의 종이 아닌 세상의 종으로 스스로를 인식시킬 수 있다. 참된 종은 자기보다 다른 사람을 더 많이 생각한다. 또한 그는 소유주가 아닌 청지기처럼 생각한다. 그는 사역을 의무가 아닌 기회로 생각하는 사람이다[23].

누구나 다 지도자가 되기를 원하지 종이 되기를 원하지 않는다. 그러나 예수님처럼 되기 위해서는 종이 되어야 한다. 단지 섬기는 외형인 종이 아니라 종의 마음을 갖는 것이 중요하다. 종의 마음이 없이는 우리 자신의 유익을 위해 다른 사람의 필요를 돌아보지 않으려 하는 유혹을 쉽게 받기 때문이다. 따라서 21세기 목회자에게 가장 요청되는 서번트 리더로서의 자질은 참 섬김의 자세이다. 서번트 리더십은 무한 경쟁 사회에서 가장 절실히 요구되는 삶의 방식이자, 교회 조직에서 새롭게 재조명되어야 할 목회 영성이다.

3) 서번트 리더십 측정

Greenleaf의 서번트 리더십이 소개된 이후 지난 40여 년 동안 이론 구축을 위한 노력의 일환으로 서번트 리더십의 구성개념을 연구한 결과, Russell과 Stone(2002)은 서번트 리더십 실용모형을 개발하였다. 이 모형은 20개의 속성들과 9개의 기능특성, 11개의 특성을 포괄하고 있다. 또한 Patterson(2003)은 7개의 구성개념을 구분하여 실용모형을 만들었고, 구성개념은 리더의 덕행을 특성화하며 서번트 리더십의 행동을 구체화하였다. 이러한 연구는 서번트 리더십 과정의 핵심차원을 측정하기 위해 측정 도구를 개발 및 검증으로 이어졌으며, 이 같은 노력을 통해 서번트 리더십의 새로운 개념화가 시도되었다[24].

서번트 리더십 측정과 관련된 국내외, 선행연구를 종합하면 <표 14-2>
와 같다[25-34].

<표 14-2> 서번트 리더십 측정 관련 국내외 연구 종합

구분	연구자	측정 도구 명	구성개념(수)	문항 수
해외 연구	Laub (1999)	조직 리더십 평가	사람 가치화, 인력 개발, 공동체 구축, 진정성 표현, 리더십 제공, 리더십 공유(6)	60
	Ehrhart (2004)	서번트 리더십 척도	하급자와의 관계 형성, 하급자 권한위임, 하급자 성장 지원, 윤리적 행동, 하급자 우선하기, 개념 능력 보유, 외부조직과의 가치 창조(7)	14
	Barbuto & Wheeler (2006)	서번트 리더십 질문지	이타적 소명, 정서적 치유, 지혜, 설득 조직화, 조직 청지기 정신(5)	23
	Liden et al. (2008)	서번트 리더십 척도	정서적 치유, 지역사회와의 가치 창조, 개념 능력, 역량 강화, 하급자 성장 지원, 하급자 우선하기, 윤리적 행동(7)	28
	Sendjaya et al. (2008)	서번트 리더십 행동 척도	자발적 종속, 자기 진정성, 계약 관계, 도덕적 반응, 초월 영성, 변혁적 영향(6)	73
	van Dierrendonck & Nuijten (2011)	서번트 리더십 조사	권한위임, 책임성, 물러서기, 겸손, 진정성, 용기, 타인수용, 청지기 정신(8)	30
국내 연구	최동주 (2008)	서번트 리더십 질문지 (번역)	이타적 소명, 정서적 치유, 지혜, 설득 조직화, 조직 청지기 정신(5)	23
	박영만 (2011)	서번트 리더십 질문지 (개발)	신뢰, 겸양(2)	9
	이철기, 표민호, 이동진 (2017)	서번트 리더십 척도 (번역)	하급자와의 관계 형성, 하급자 권한위임, 하급자 성장 지원, 윤리적 행동, 하급자 우선하기, 개념 능력 보유, 외부조직과의 가치 창조(7)	14

<표 14-2>를 살펴보면, 서번트 리더십의 특성이 매우 광범위하고 다양함을 알 수 있다. 물론 하급자와의 관계성을 나타내는 성격적 특성(예를 들면, '겸손'이나 '청지기 정신')이나 역량지원을 위한 노력('권한위임'이나 '성장 지원)은 공통으로 나타나지만, 서번트 리더십의 실체가 무엇인가에 대해서는 아직 학자들 간에 의견일치가 이루어지지 않음을 보여준다.

4) 목회와 서번트 리더십 측정

최근 들어 국내 목회장면에서도 서번트 리더십의 기본 특성을 분석하고 측정함으로써 목회용 서번트 리더십의 개념화를 시도하고 있다. 먼저, 개신교 분야에서 안성우(2007)는 박사학위 논문에서 섬김의 리더십을 측정하기 위해 섬김 리더십을 가진 자들은 헌신을 강요하기 이전에 먼저 헌신한다는 전제하에 헌신도, 담임 목사의 교회 성장의 동기에 대하여, 인격과 능력에 대하여, 인격과 능력의 균형에 대하여, 위임은 섬김 리더십의 중요한 내용이므로 다섯 문항을 배정하는 등 총 10문항의 5단계 Likert 척도를 사용하여 섬김의 리더십을 측정하였다[35].

또한 노재경(2010)은 교회 내 목회자 중 부교역자 243명을 대상으로 한 팔로십과 성격특성이 서번트 리더십에 미치는 영향을 측정하고자 Laub이 개발한 SOLA(Servant Organizational Leadership Assessment)를 사용하여 타당화 과정을 거친 후 총 26문항으로 4가지 요인(공감대 형성, 성장 지원, 공동체 형성, 비전 제시)을 도출하였다[36].

또한 연지연(2015)은 교회 내 평신도에서 전도사에 이르기까지 921명의 성도를 총 20문항으로 4가지 요인(공감대 형성, 성장 지원, 공동체 형성, 비전 제시)을 도출하였다. 그런데 4가지 요인에 대한 조작적 정의 및 내용 분석이 제시되지 않는 제한점이 있다[37].

천주교 분야에서는 신자 1,301명을 대상으로 한 이인석 등(2007)의 연구에서는 '주임신부는 지시와 명령보다는 설득과 권유를 통해 신자들이 활동하도록 만든다', '주임신부는 자신의 필요보다는 신자들의 목표 달성과 개발을 위해 필요한 자원과 지원을 우선 제공하려고 노력한다' 등이 포함된 9개만 서번트 리더십 측정 도구로 선별하여 설문에 사용하였다. 그런데 문항 선별의 타당성이 전제되지 않은 한계가 있다[38].

특히 종교 활동이 이루어지는 목회 현장은 서번트 리더십이 중요한 종교적 특성임에도 불구하고 관련 분야의 측정연구는 제한적인 것으로 나타나 서번트 리더십 척도 개발 및 타당화 연구의 필요성을 도출할 수 있다.

3. 연구방법

1) 연구대상

본 연구대상은 집락표본추출법(cluster sampling)에 따라 교계별(개신교와 천주교), 직분별(목회자와 평신도), 지역별(수도권과 비수도권)로 구분하여 자료를 수집하였다. 이 중 미기입이나 편중되게 작성되어 불성실하게 작성된 것으로 판단된 34부를 제외한 366부가 연구에 활용되었다.

<표 14-3> 연구대상자 일반 특성(명)

구분	직분별		지역별		성별	
개신교	목회자	2	수도권	121	남	59
	평신도	184	비수도권	65	여	127
천주교	목회자	2	수도권	130	남	47
	평신도	178	비수도권	50	여	133

2) 연구 도구 및 절차

(1) 목회용 서번트 리더십 척도(SLC-P)

본 연구에서는 목회용 서번트 리더십 척도를 개발하기 위해 샌프란 시스코대학에서 그린리프의 서번트 리더십 이론을 확장하여 개발한 서번트 리더십 척도(Toolkit for Assessing Servant Leadership, 2013)를 번안하여 한국의 목회 현장에 적합하도록 수정, 보완하고자 하였다. 그러나 선행 연구 결과, 서번트 리더십의 기독교적 및 시대적 적합성을 다룬 황재범(2010)의 비평을 살펴보면[39], 서번트 리더십은 "하나의 임시방편"이 아니라 본질적으로 "존재의 방식"으로 접근할 필요가 있으며, 서번트 리더의 10가지 속성을 문화적 타당성에 대한 분석 없이 무비판적으로 수용하는 것은 서번트 리더십을 너무 낭만적으로 보는 것일 수도 있다는 비판을 염두에 두어야 할 것이다.

이를 토대로 본 연구에서는 외국 자료의 단순 번안보다 한국의 목회상황에 활용할 수 있는 서번트 리더십 척도를 개발하고자 석창훈(2019)이 제시한 한국형 서번트 리더십의 목회요소 중 5개의 행동특성-나눔, 돌봄, 섬김, 낮춤, 이끎-을 척도 개발의 참조 틀로 삼고자 한다[40].

석창훈(2019)은 한국형 서번트 리더십의 목회요소로 배경요소에는 성경적 리더십, 21세기 시대정신, 한국 기독교 상황을 제시하였으며, 크리스천 서번트 리더십 특성요소에는 15가지 속성과 5가지 행동을 도출하였으며, 이를 통해 성도의 성장, 교회의 발전, 사회적 영향이라는 성과요소를 지향하였다.

본 연구에서는 이를 토대로 다음과 같은 연구 절차를 거쳐 척도를 개발하였다. 먼저 5개 구성요소별로 특성을 잘 나타내는 각 6개 내외 문항을 개발하였다. 예를 들면, '섬김'의 구성요소는 '① 우리 교회 목회자는 교회의 중요한 일에 대한 결정권을 성도들에게 위임하는 편이다. ② 우리 교회 목회자는 성도들의 영육 간 안녕에 관심이 많다. ③ 우리 교회 목사님은 자신의 관심사보다 성도들의 관심사를 우위에 둔다. ④ 우리 교회 목회자는 관계 지향이며 지배와 강압을 지양한다. ⑤ 우리 교회 목사님은 성도의 요구사항을 잘 알아차린다. ⑥ 우리 교회 목사님은 시간을 내어 성도들과 대화를 나눈다'로 개발하였다.

목회용 서번트 리더십 척도 문항은 Fehring(1987)이 제안한 내용 타당도(CVI)를 측정하였다. 이를 위해 20년 이상 경력이 있는 전문가 5명(종교심리학 교수 1명, 목회심리학 교수 1명, 목회 리더십 교수 1명, 목회자 2명)을 대상으로 문항별 CVI를 산출한 결과, .50 이하로 나타나 타당도가 떨어진 7개 문항을 제외한 23문항을 추출하였다.

(2) 종교성향 척도(ROS)

Allport의 이론을 기초로 제석봉과 이성배(1995)가 개발한 종교성향 척도를 사용하였다[41]. 종교성향 척도는 총 26문항으로 외재적 종교성향과 내재적 종교성향을 측정하는 문항이 각각 13문항으로 구성되어 있다. 각 문항은 4점 Likert 척도로 평정되며, 점수가 높을수록 그 성향이 높음을 의미한다. 제석봉, 이성배의 연구에서 Cronbach α 계수는 외재적 종교성향이 .75, 내재적 종교성향이 .91이었으며, 본 연구에서 외재적 종교성향은 .83, 내재적 종교성향은 .89로 나타났다.

(3) 종교성숙척도(RSI)

Malony의 이론을 기초로 석창훈(2001)이 그리스도인의 종교적 성숙을 측정하기 위해 개발한 척도를 사용하였다[42]. 이 종교성숙척도는 총 47문항으로 8개의 요인(수용성, 개방성, 참여성, 방향성, 친교성, 자각성, 관계성, 윤리성)으로 구성되어 있다. 각 문항은 5점 Likert 척도로 평정되며, 점수가 높을수록 종교적 성숙 수준이 높음을 의미한다. 석창훈의 연구에서 전체 Cronbach α 계수는 .98이었으며, 본 연구에서 전체 Cronbach α 계수는 .94로 나타났다.

3) 자료 분석

본 연구에서는 SPSS Statistics 25.0 프로그램과 Amos 25.0 프로그램을 사용하여 수집된 자료를 통계 분석하였다. 목회용 서번트 리더십 척도의 요인구조를 추출하기 위하여 탐색적 요인분석(EFA)과 확인적 요인분석(CFA)을 실시하였다. 그리고 추출된 요인구조를 준거로 수렴 및 준거 타당도 분석을 실시하였다.

4. 연구결과

1) 탐색적 요인분석

평행분석을 통해 추출된 5 요인 수를 준거로 요인구조를 추출하였다. 요인구조의 모형 비교는 각각의 요인구조의 RMSEA 적합도 지수를 준거로 실시하였으며 분석결과 5 요인구조에서부터 RMSEA 지수가 수용 타당한 것으로 나타났다. 이에 따라 5 요인 수를 중심으로 EFA를 실시하였다. 분석결과 <표 14-4>에서 나타난 것처럼 5개의 요인 -나눔, 돌봄, 섬김, 낮춤, 이끎-이 추출되었다.

<표 14-4> 탐색적 요인분석 결과

번호	문항	F1	F2	F3	F4	F5
1	우리 교회 목사님은 어려운 이웃을 돕는 데 적극적이다.	.81				
2	우리 교회 목사님은 지역사회에 되돌려 주는 행위의 중요성을 강조한다.	.78				
3	우리 교회 목사님은 가난한 과부의 동전이 가지는 헌금의 의미를 존중한다.	.69				
4	우리 교회 목사님은 나눔을 통해 교회가 빛과 소금의 역할을 해야 한다고 강조한다.	.61				
5	우리 교회 목사님은 성도들의 상처를 잘 보듬어준다.		.75			
6	우리 교회 목사님은 지역사회 문제해결에 적극적이다.		.72			
7	우리 교회 목사님은 창조질서 보전에 관심이 많다.		.62			
8	우리 교회 목사님은 자원봉사 활동에 앞장선다.		.58			
9	우리 교회 목사님은 교회의 중요한 일에 대한 결정권을 성도에게 위임한다.			.83		
10	우리 교회 목사님은 성도들의 영육 간 안녕에 관심이 많다.			.77		
11	우리 교회 목사님은 자신의 관심사보다 성도들의 관심사를 우위에 둔다.			.72		
12	우리 교회 목사님은 성도의 요구사항을 잘 알아차린다.			.68		
13	우리 교회 목사님은 시간을 내어 성도들과 대화를 나눈다.			.51		

번호	문항	F1	F2	F3	F4	F5
14	우리 교회 목사님은 겸손하다.				.72	
15	우리 교회 목사님은 권위를 내세우지 않는다.				.71	
16	우리 교회 목사님은 솔직하다.				.57	
17	우리 교회 목사님은 언행이 일치한다.				.53	
18	우리 교회 목사님은 우리 교회의 미래에 대하여 비전을 가지고 있다.					.84
19	우리 교회 목사님은 성도들에게 뚜렷한 목적의식을 심어준다.					.77
20	우리 교회 목사님은 성도들이 나아가야 할 방향을 구체적으로 안내한다.					.73
21	우리 교회 목사님은 솔선수범함으로써 성도들을 이끈다.					.68
22	우리 교회 목사님은 성도들이 따라야 할 좋은 모범인이다.					.61
23	우리 교회 목사님은 어려운 일이 발생하면 이를 기회로 파악하도록 성도들을 격려한다.					.55
고윳값		15.8	4.1	2.1	1.9	1.6
설명변량		33.6	28.2	18.3	11.7	7.6
누적변량		33.	61.8	80.1	91.8	99.4
신뢰도		.82	.83	.79	.76	.71

2) 확인적 요인분석

본 연구에서 개발된 목회용 서번트 리더십 척도의 5 요인 모형을 일반화할 수 있는지 살펴보고자 확인적 요인분석을 실시하였다. 모형의 적합도를 확인하기 위하여 x^2, CFI, TLI, RMSEA를 검증한 결과 <표 14-5>와 같이 나타났다. 상대부합도 지수인 CFI와 TLI는 적합도가 .90 이상이면 모형의 적합도가 좋은 것으로 판단하며, 절대 부합도 지수인 RMSEA는 <.05이면 좋은 적합도(close fit)를 나타낸다. 본 연구에서

확인한 모형의 적합도 지수는 모두 적합 기준을 충족하는 것으로 나타 났다.

<표 14-5> 확인적 요인분석 결과

	x^2	df	CFI	TLI	RMSEA
적합도 지수	596.13	164	.93	.91	.08

또한 모형의 타당성을 평가하기 위해 2단계 분석을 실시하였다. <표 14-6>에서 보듯이 CR(composite reliability)과 AVE(average variance extracted)가 .5 이상 나타났기 때문에 5개의 하위요인을 그대로 수용하기로 하였다.

<표 14-6> 2단계 분석에 의한 CR과 AVE

요인	CR	AVE
나눔	.81	.78
돌봄	.83	.82
섬김	.86	.81
낮춤	.73	.64
이끔	.89	.82

이러한 결과는 목회용 서번트 리더십 척도의 CFA 모형이 안정되었 음을 의미하는 결과이다.

3) 수렴 및 준거 타당도

목회용 서번트 리더십 척도의 타당도를 확인하기 위하여 종교성향,

종교적 성숙과의 상관관계를 살펴보았다. 목회용 서번트의 5가지 구성 요인은 내재적 종교성향 및 종교적 성숙과 모두 유의미한 정적 상관 (0.22~0.61, p<.01)을 보인 반면, 외재적 종교성향과 모두 유의미한 부적 상관(-0.22~-0.41, p<.01)을 보였다. <표 14-7>에 각 척도의 요인 간 상관계수와 하위요인별 평균과 표준편차 및 신뢰도를 제시하였다.

<표 14-7> 하위요인 간 상관계수

	나눔	돌봄	섬김	낮춤	이끎	내재적 종교 성향	외재적 종교 성향	종교적 성숙
나눔								
돌봄	.42**							
섬김	.45**	.42**						
낮춤	.39**	.29**	.35**					
이끎	.28**	.33**	.37**	.28**				
내재적 종교 성향	.54**	.58**	.55**	.45**	.39**			
외재적 종교 성향	-.31**	-.35**	-.41**	-.36**	-.22**	.05*		
종교적 성숙	.58**	.61**	.63**	.55**	.22**	.61**	-.44**	
평균	3.35	3.12	3.26	2.89	3.13	3.24	2.03	3.41
표준 편차	1.02	1.12	1.03	.95	1.06	.83	.94	1.24
신뢰도	.82	.83	.79	.76	.71	.85	.88	.91

*p<.05, **p<.01

5. 결론

본 연구의 목적은 오늘날 기독교회의 목회자들에게 시대적 적합성과 특징을 잘 나타내는 목회적 실천으로 '서번트 리더십'을 제안하면서 목회 현장에서 활용할 수 있는 종교성 측정 도구로서 서번트 리더십 평정척도를 개발하는 것이었다.

우선 목회용 서번트 리더십 척도 개발을 위한 이론적 토대를 확립하기 위하여 기독교 전통과 목회장면에 나타난 서번트 리더십 관련 선행연구를 분석하고, 서번트 리더십 측정과 관련된 연구를 탐색하였다. 문헌 연구와 전문가 협의를 통해 추출된 총 30개의 문항에 대하여 탐색적 요인분석과 확인적 요인분석을 실시한 결과, 5개 요인 -'나눔', '돌봄', '섬김', '낮춤', '이끎'-과 최종 23문항의 척도를 개발하였으며, 개발된 목회용 서번트 리더십 척도는 종교성향, 종교적 성숙과의 상관관계를 비교하여 준거 관련 타당도를 검증하였다.

본 연구의 이론적 의의를 살펴보면, 먼저 목회영역에서 서번트 리더십과 기독교 영성의 관련성을 분석한 점이다. 이를 위해 구약 및 신약성경의 전통 속에 나타나는 서번트 리더십의 특징을 분석하고, 예수 모델을 통해 서번트 리더십의 지향점을 탐색한 점은 목회신학의 새로운 패러다임을 모색하도록 이끌 것이다. 또한 종교심리학 측면에서 타당화 과정을 구체적으로 거치지 않거나 단순 번안으로 이루어진 기존 척도의 한계를 극복하고자 새로운 종교성 측정 도구를 개발하고자 시도하였다. 또한 본 연구의 실천적 의의를 살펴보면, 서번트 리더십을 구체적으로 개념화하기 위하여 한국교회 특성에 부합하는 목회용 서번트 리더십 척도를 개발한 점이다. 이러한 척도는 향후 목회 리더십을 내실화하는 서번트 리더십 프로그램의 개발 또는 평가에서 효과성을 검증하고 확인하는 도구로 활용될 수 있을 것이다.

마지막으로 본 연구의 한계와 후속연구를 위한 제언을 제시하면, 첫째, 본 연구에서 사용한 표집 방식과 대상이 천주교와 개신교 신자로 한정되어 종교 다원 사회인 한국 상황에 일반화하여 적용하기는 어렵다. 향후 좀 더 다양한 인구통계학적(종교별, 지역별, 직분별 등) 특성이 반영된 후속연구 또는 비기독교 장면의 종교성 측정(예를 들면, 유교의 군자 리더십, 불교의 신행 생활척도 등)과 비교 연구를 제안한다. 둘째, 본 연구의 종교성 측정은 설문지에 의존하기 때문에 자기 보고의 한계들을 지니고 있다. 이를 극복하기 위해 후속연구에서는 사회적 바람직성 척도나 부주의성 문항을 추가하여 실시하거나, 척도의 타당도를 높이기 위해 면접 조사가 포함된 질적 연구도 함께 진행되어야 할 것이다.

참고문헌

[1] 한국갤럽, *한국인의 종교 1994-2014*, 한국갤럽, 2015.
[2] 한국교회 미래를 준비하는 모임, *한국교회 미래 리포트*, 두란노, 2015.
[3] 한국서번트리더십훈련원, *한국교회 희망은 있는가*, 한국서번트리더십훈련원, 2018.
[4] R. C. Steward, "Review on Servant Leadership," J. of Religious Leadership, No. 4, pp.191-195, 2005.
[5] 정충영, "왜 서번트 리더십인가," 로고스 경영연구, 제4권, 제2호, pp. 1-23, 2006.
[6] 황재범, "서번트 리더십의 기독교적 및 시대적 정합성과 특징들," 신학논단, 제60호, pp. 211-234, 2010.
[7] 이관응, *신뢰경영과 서번트 리더십*, (주)엘테크, 2001.
[8] J. C. 헌터, 김광수 역, *서번트 리더십*, 시대의 창, 2015.
[9] R. 그린리프, 강주헌 역, *서번트 리더십 : 리더는 머슴이다*, 참솔, 2006.
[10] 이철진, 최재우, "여행사 종사자의 매너리즘과 심리적 자본의 관계연구-서번트 리더십의 조절 효과를 중심으로," 한국콘텐츠학회논문지, 제15권, 제6

호, pp. 509-519, 2015.

[11] 최소빈, 서민선, "예술고등학교 무용 교사의 서번트 리더십이 무용전공 고등학생의 전공몰입 및 공연성과 미치는 영향," 한국콘텐츠학회논문지, 제12권, 제3호, pp. 149-160, 2012.

[12] 박영만, "시큐리티 관리자의 서번트 리더십이 응집력 및 조직성과에 미치는 영향," 한국콘텐츠학회논문지, 제11권, 제4호, pp. 378-388, 2011.

[13] 권용근, "서번트 리더십에 근거한 교회학교 교사 지도력 개발 원리에 관한 연구," 한국기독교신학논총, 제37호, pp. 167-193, 2005.

[14] 안성우, *예수의 '섬김 리더십'을 통한 목회 리더십에 관한 연구 : 성결교회를 중심으로*, 서울신학대학교, 박사학위 논문, 2007.

[15] 임영택, "섬김의 공동체로서의 교회와 교회목회," 기독교교육정보, 제22호, pp. 261-291, 2009.

[16] 이인석, 조성품, 정문관, "가톨릭교회의 서번트 리더십이 교회 구성원들의 태도에 미치는 영향에 관한 연구," 한국심리학회지: 산업 및 조직, 제20권, 제4호, pp. 375-393, 2007.

[17] 강영옥, "가톨릭교회의 평신도 리더십 모색," 종교연구, 제63호, pp. 257-278, 2011.

[18] 김동환, 정성현, "서번트 리더십에 관한 선행연구 고찰," 산업경영연구, 제29권, 제4호, pp. 127-148, 2006.

[17] R. L. Daft, *The Leadership Experience(4th ed.)*, Mason, 2008.

[18] 김성호, "교회 안의 리더십, 세상과 다른가?," 로고스 경영연구, 제9권, 제1호, pp. 109-130, 2011.

[19] 정충영, "왜 서번트 리더십인가," 로고스 경영연구, 제4권, 제2호, pp. 1-23, 2006.

[20] 석창훈, "21세기 목회 방향을 위한 서번트 리더십 탐색," 인문사회 21, 제10권, 제2호, pp. 273-287, 2019.

[21] 황재범, "서번트 리더십의 기독교적 및 시대적 정합성과 특징들," 신학논단, 제60호, pp. 211-234, 2010.

[22] 석창훈, "21세기 목회 방향을 위한 서번트 리더십 탐색," 인문사회 21, 제10권, 제2호, pp. 273-287, 2019.

[23] James E. Means, *Leadership in Christian Ministry*, Baker Book House, 1989.

[24] 안성우, *예수의 '섬김 리더십'을 통한 목회 리더십에 관한 연구 : 성결교회를 중심으로*, 서울신학대학교, 박사학위 논문, 2007.

[25] P. G. 노스하우스, 김남현 역, *리더십 이론과 실제*, 경문사, 2016.

[26] J. A. Laub, *Assessing the Servant Organization: Development of the Servant Organizational Leadership Assessment(SOLA) Instrument*, Dissertation Abstracts International, UMI, No. 9921922, 1999.

[27] M. G. Ehrhart, "Leadership and Procedural Justice Climate as Antecedents of Unit Level Organizational Citizenship Behavior," Personnel Psychology, Vol. 57, No. 1, pp. 61-94, 2004.

[28] J. E. Barbuto Jr. and D. W. Wheeler, "Scale Development and Construct Clarification of Servant Leadership," Group & Organization Management, Vol. 31, No. 3, pp. 300-326, 2006

[29] R. C. Liden, S. Wayne, H. Zhao, and D. Henderson, "Servant Leadership: Development of a Multi-dimentional Measure and Muliti-level Assessment," Leadership Quarterly, Vol. 19, No. 2, pp. 161-177, 2008.

[30] S. endjaya, J. Sarros, and J. Santora, "Defining and Measuring Servant Leadership Behavior in Organizations," Journal of Management Studies, Vol. 45, No. 2, pp. 402-424, 2008.

[31] van Dierrendonck D., Nuijiten, "The Servant Leadership Survey: Development and Validation of Multidimentional Measure," Journal of Business and Psychology, Vol. 26, No. 3, pp. 249-267, 2011.

[32] 최동주, "서번트 리더십과 조직 몰입 간의 조직에 대한 신뢰 매개 효과," 한국콘텐츠학회논문지, 제8권, 제12호, pp. 334-346, 2008.

[33] 박영만, "시큐리티 관리자의 서번트 리더십이 응집력 및 조직성과에 미치는 영향," 한국콘텐츠학회논문지, 제11권, 제4호, pp. 378-388, 2011.

[34] 이철기, 표민호, 이동진, "서번트 리더십과 인사관리 유형이 직무소진에 미치는 영향에 관한 다층분석," 한국콘텐츠학회논문지, 제17권, 제2호, pp. 55-70, 2017.

[35] 안성우, *예수의 섬김 리더십을 통한 목회 리더십에 관한 연구 : 성결교회를 중심으로*, 서울신학대학교, 박사학위 논문, 2007.

[36] 노재경, *기독교 부교역자의 팔로어십과 성격특성이 섬김의 리더십에 미치*

는 *영향,* 중앙대학교, 박사학위 논문, 2010.

[37] 연지연, *기독교 목회자의 온정적 합리주의 리더십과 교수 역량, 교회의 학습조직문화, 성도의 신앙성숙도와 서번트 리더십 간의 구조적 관계,* 숭실대학교, 박사학위 논문, 2015.

[38] 이인석, 조성풍, 정무관, "가톨릭교회의 서번트 리더십이 교회 구성원들의 태도에 미치는 영향," 한국심리학회지:산업 및 조직, 제20권, 제4호, pp. 375-393, 2007.

[39] 황재범, "서번트 리더십의 기독교적 및 시대적 정합성과 특징들," 신학논단, 제60호, pp. 221-234, 2010.

[40] 석창훈, "21세기 목회 방향을 위한 서번트 리더십 탐색," 인문사회 21, 제10권, 제2호, pp. 273-287, 2019.

[41] 제석봉, 이성배, "종교성향검사의 개발과 종교적 성향이 적응 및 종교적 문제해결에 미치는 영향," 종교연구, 제11호, pp. 245-280, 1995.

[42] 석창훈, *종교 생활척도 개발 및 종교적 성숙이 스트레스 수준 및 종교적 문제해결에 미치는 영향,* 대구가톨릭대학교, 박사학위 논문, 2001.

제 15 장

Religiosity :
drug or poison of mental health?

1. Introduction

In the 21st century, religion in the world is greatly influenced by the trend of secularization and individualization. So, what about the religious topography of Korea? According to the Statistics Korea's Population and Housing Census,[1] out of the total population of 49.05 million as of 2015, the number of non-religious people in Korean society is 27.5 million, 56.1%, and the number of religious people is 21.55 million, 43.9%. The proportion of religious population increased from 42.6% in 1985 to 50.7% in 1995 and 53.5% in 2005, but decreased to 43.9% in 10 years. The decline in the religious population reflects that Korea, like the United States and Europe, is an indifference to religion, and it is also an accelerated phenomenon of De-Religion among the 2030 generations.

Then, how about portraits of Korean religious people? According to

---

1) www.kosis.kr

a survey by the Gallup Korea Research Institute,[2] the importance of religion in personal life (the ratio of total responses of 'very important' and 'somewhat important') continued to fall to 68% in 1984, 66% in 1989, 62% in 1997, 56% in 2004 and 52% in 2014. In addition, those who do not believe in religion responded in the order of indifference (45%), distrust and disappointment (19%), inability to afford (18%), and belief in themselves (15%).

Particularly noteworthy is that the rate of people who do not believe in religion has increased from 14% a decade ago to 19% due to distrust and disappointment in religion. This fades the meaning of religion in Korean society, and explains the weakening of religious beliefs in religious people and the growing negative perceptions of religion in non-religious people. With the quantitative expansion of the religious population bound to be limited in the age of population cliffs, the Korean religious community should actively reflect on promoting qualitative growth.[3]

It is worth noting the proposition that religion should contribute to human happiness in order to give faith and hope to religious people and to attract the attention of non-religious people. The expectation of benefit for religion is not profane at all, and an empirical evaluation is requested, and as part of that, it is necessary to examine how religion affects mental health.[4] According to a recent mental health report

2) https://www.gallup.co.kr/gallupdb/reportContent.asp?seqNo=625
3) Changhoon Seog (2020), pp. 20-22.

(2019) by the National Center for Mental Health,[5] exercise or hobby activities accounted for 47.0% of activities to maintain a healthy mind, 15.0% of meditation and 7.0% of religious activities.

According to Bergin,[6] synthesized through meta-analysis on how religion affects human mental health, religion is more related to positive mental health, such as psychological adaptation, than to negative mental health such as mental illness. However, the study has limitations in conceptualizing religiosity as a single dimension. In addition, Hackney and Sanders[7] reported that the three religiosity (institutional, ideological religiosity, and personal devotion) and three mental health (psychological distress, life satisfaction, self-realization/psychological well-being) showed that positive mental health in multi-dimensional relationships had a high overall relationship with religiosity, but psychological distress was not clearly related. A domestic study of the relationship between religiosity and mental health, including Seol Kyung-ok et al,[8] who meta-analyzed a total of 66 papers published from 1995 to 2011, summed up that the relationship between religiosity and depression was statistically significant, while religiosity and anxiety were not significant, and the higher the religiosity, the greater the subjective and psychological well-being. This shows that drug or poison is still in dispute in the

4) Naechang Han (2002) p. 158.
5) NCMH (2019) p. 23.
6) Allen E. Bergin (1983) pp. 182-184.
7) Charles C. Hackney, Glen S Sanders (2003), pp. 51-53.
8) Kyoungok Seol, Jieun Park and Sunyoung Park (2012), pp. 632-635.

relationship between religiosity and mental health.

Therefore, it is necessary to derive a frame of reference that can give an overall view of the religiosity of Koreans, theoretically examine the strengths and weaknesses of religiosity on human mental health, and empirically analyze the relationship between religiosity and mental health. This study will contribute to exploring religiosity expectations and roles in promoting mental health by identifying relevant behavioral variables centered on religiosity and mental health of Korean religious people.

2. Portraits of Korean Religious People

According to the 2015 Demographic Survey, 43.9% of the country's population answered that there is a religion, and 56.1% said there is no religion. However, even if they respond they don't have a religion, they live by observing various religious practices. In addition, even if they respond that they have no religion, not a few people would try to change their lives more satisfying through something similar to religion, even though we don't call it religion. In this way, it seems that not many Koreans have nothing to do with religious realities. In relation to this, Gallup Korea[9] conducted a 30-year survey on the religious status of Koreans from 1984, and looking at the main results of the 5th survey, portraits of Koreans related to religion can be

---

9) https://www.gallup.co.kr/gallupdb/reportContent.asp?seqNo=625

viewed.

1) Confucian tendency

In order to examine the Confucian tendency of Korean religious consciousness, they asked about the opinions of 'Gender distinction' and 'Choong(loyalty) and Hyo(filial Piety). 'What a husband and wife should do should be distinguished', 43% answered 'yes', 54% said 'no', and 32% said 'yes' and 64% said 'no' as to 'children should obey their parents' will rather than their own thoughts. 'By religion, the positive rate of Buddhists' Confucian tendency measurement items is high, which seems to be due to the fact that Buddhists have more elderly people than other religions. As such, the difference in Confucianism was more pronounced by age than by religion. 26% of people in their 20s and 63% of those over 60 agreed to 'differentiate the role of husband and wife', while 20% of those in their 20s and 49% of those aged 60 or older agreed to 'child obedience to the will of parents', making the older the more Confucian tendency were stronger. The number of 'yes' to 'differentiating the roles of husband and wife' dropped from 73% in 1984 to 62% in 1997 and 39% in 2004, while that of 2014 was 43%, not further down from a decade ago. The positive rate of 'children obeying the will of their parents' decreased from 48% in 1984 to 32% in 2014. In short, Confucian tendency declined sharply from the 1980s to the early 2000s, and the degree of change was not great for the next decade.

2) Buddhist tendency

In order to examine the Buddhist tendency of Korean religious consciousness, they asked for their opinions on 'Samsara' and 'Nirvana', As for Samsara which said, "If a person dies, he or she will be reborn into this world in any form," 28% said 'yes' and 53% said 'no', while 35% said 'yes' and 51% said 'no' about "anyone can become a complete human being if they realize the truth." Samsara's positive rate increased from 21% in 1984 to 26% in 1997, similar since then (27% in 2004 and 28% in 2014), while half (49%) of Koreans said 'yes' in 1984 but has since declined to 35% in 1997 (30% in 2004 and 35% in 2014). About 40% of Buddhists were positive about the two items based on Buddhist ideas (38% for Samsara and 42% for Nirvana which is not much different from 1997 or 2004. What is notable in the fifth survey is that the positive rate of Protestants' Samsara (34%) and Nirvana (43%) has increased by more than 10% points compared to 2004, reaching almost the same level as Buddhists. In the case of non-religious people, the positive rate for Samsara has been maintained at around 20% over the past 30 years, but the positive rate for the Nirvana has decreased from 48% in 1984 to 28% in 2004, and 27% in 2014, which was similar to 10 years ago. In short, Buddhist tendency has increased the gap between Buddhists and non-religious people, over the past 30 years, including Buddhists.

3) Christian tendency

To find out Christian tendency, they asked about 'creation theory' and 'absolute judgment theory' In the words, 'This world was not just made, but someone with supernatural power made it', 34% answered 'Yes' and 52% answered 'No', and 25% said 'Yes' and 'No' 60% said 'Everyone is to be judged by the absolute when the end of this world comes in the future'. By religion, Protestants had the highest positive rate for Christian tendency items, followed by Catholics, Buddhists and non-religious people. The creation theory is believed by 59% of Protestants, with only 45% of Catholics, 34% of Buddhists and 21% of non-religious people. Protestants also had the highest percentage of positive opinions on the judgment of the absolute being 61%, followed by Catholics at 38%, Buddhists at 16% and non-religious at 12%. Both creation and judgment theory have seen the positive rate drop by just 10% points over the past 30 years, while the negative rate has increased by more than 20% points, which can be seen as weakening Christian tendency overall. This is especially noticeable in Christians. In short, the positive rate of creation among Protestants and Catholics reached 80% in 1984, but it decreased to 59% for Protestants and 45% for Catholics over 30 years, and the judgment theory also changed from 76% in 1984 to 61% for Protestants and 38% for Catholics in 2014, and the difference between Protestants and Catholics increased.

4) Supernatural presence positivity rate

Depending on the perception of transcendental existence that forms the center of religious doctrine, individual faith forms and contents, that is, individual's faith life, may vary. As a result of asking whether they think each of the supernatural concepts spoken by various religions exist, 56% said 'miracle' followed by 'spirit after death' (47%), 'Heaven/ paradise' (42%), 'ghost/evil' (41%) and 'absolute/God' (39%). By religion, the largest number of Protestants believed in the existence of various supernatural concepts (over 70% for all the five concepts), followed by Catholics (over 60% for each concept), Buddhists (at least 44% for the 'absolute/God' 44%, and 57% for the best 'miracle'). 42% of non-religious people thought 'there was a miracle', and 28% of 'spirit after death', 22% of 'ghost/devils', 18% of 'Heaven/paradise' and 16 % of 'absolute man/ god' believed in the remaining concepts did not exceed 30%. Over the past 30 years, the trend of positive rates of existence of each concept has also been different. The number of people who believed in the existence of the "absolute man/ god" continued to decrease (51% in 1984; 39% in 2014), but the change was not significant as those who believed in 'Heaven/paradise' remained steadily around 40% for 30 years, those who believed in "the soul after death" around 50% and 'miracle' around 60%. In the past decade alone, the number of people who believe in the existence of 'Heaven/paradise' has increased from 36% to 51%, with the positive rate of various supernatural concepts generally increasing, and Protestants and Catholics having similar or relatively little change. On the other hand, non-religious people had a lower positive rate for each concept compared to 10 years ago.

5) Even a Savior, non-religious person can be saved if they are good.

As for the saying, "No matter how good a person is, he or she can not go to heaven or paradise if he or she does not believe in religion," 67% said 'No', 20% said 'yes', and 13 % withheld their opinions. In previous surveys, about 70% of the respondents said 'no', that even non-religious people can be saved if they are good. However, differences by religion, especially between Protestants and non-Protestants, were contradictory. First of all, 76% of non-religious people said that non-religious people could be saved, while Buddhists (75%) and Catholics (67%) also saw the possibility high, but the proportion of Protestants was only 36%, and this trend has remained similar for the past 30 years.

In addition, the following characteristics of Korean society can be examined in relation to religion. There is no leading religion in modern Korea. In Korea, almost all religions on earth besides Buddhism, Protestantism, and Catholicism are active in Korea, so Korea can be said to be 'a religious museum'. Korea is the only country in the world where so-called Eastern religion and Western religion maintain almost the same power and mixed. Of course, religious conflicts are occurring in many parts of the world, but in general, most countries, including the United States, Europe, South America, and Western Asia, have leading religions. There is no country in the world where Buddhism and Christianity are working together as almost the same forces as Korea. In other words, Korea is a unique country where certain religions do not take the initiative socially, politically and culturally. However, there are evaluations that Buddhism, Protestantism and Catholicism are treated more by the government and society compared to other religions. Some people describe it as a central religion, while others discriminatory behavior called a surrounding religion. The main reason for this phenomenon is that the religious population and organizations of three religions, Buddhism, Protestantism, and Catholicism, account for the absolute majority of the total religious population in Korea.

In short, Korean society is now called the era of 'religious pluralism' in the sense that it is not the era led by one religion, with only one religion or many religions. In this regard, the portraits of Koreans related to religion need to be viewed with color photographs that show various colors with a foreground and background rather than black and white photographs viewed only by one religion.

3. Religiosity and mental health relations

There is a Chinese proverb, 'It's easy to paint the skin of the tiger but not the bones.' It is similar to our proverb, 'Ten feet of water is fathomable but not one foot of human heart.' 'If you choose one of the things that is difficult to understand in the world, it can be person's mind. The religious mind which aims for the absolute among people's mind is not more easily understood.

The human exploration of faith, especially religious faith, has been continuously conducted through the actual experience and logical analogy of human beings since history. One of the most constant questions in this quest is about its essential nature. In other words, the experience and phenomenon of faith or religion are 'spiritual' and is it possible to explain it? Or if there is a 'mental' part, is it possible to explain it? These systematic, scientific and empirical studies of human religious minds have developed the study of religiosity

As psychology began to develop into science in the early 20th century, since James (1902), the founder of religious psychology, has divided human religious attitudes from 'healthy minded' religious people and immature religious people who are the owners of 'sick soul' in 'diversity of religious experience'. There has been serious debate over the years between the positive position that religion is beneficial to human growth and maturity and the negative position that it is harmful.[10]

---

10) In Western history, there are many historical cases in which religion had a direct or indirect relationship to mental health even before religious psychology was born. For example, in 490 AD, a hospital was first established at the Jerusalem Monastery for the mentally ill, and in the Middle Ages, Bartholomeo of the Franciscan Monastery mentioned in his book "Encyclopedia of Bartholomeus" that natural causes cause mental disorders rather than supernatural causes. However, as the medieval witch hunt

First of all, looking at the positive study that religiosity is beneficial to mental health, Malony[11] who compared personal personality characteristics with religious maturity concluded that people with higher religious maturity excelled in intelligence, spontaneity, imagination, etc. among individual personality characteristics, and felt lower anxiety and guilt, and religious maturity is closely related to mental health. In addition, in a study of 586 church believers, Pargament et al[12] examined that religion displayed a high coping mechanism in negative events such as disease. Ellison and Taylor[13] found in a nationwide survey that people with religions use five times more coping mechanisms to overcome illness or chronic pain than those who do not. In sum, religion is beneficial in health-related matters.

According to Schumaker,[14] which compiles the opinions of scholars who value the positive relationship between religion and mental health, religion ① reduces existential anxiety, ② provides hope, purpose, and

---

shows, the church has also burned or beheaded people with mental disorders in the name of religion. In the background of the Reformation, Tuke, a devout Quaker in the early 1800s, established the York Retreat in England to try moral treatment such as activity, labor, and entertainment for people with mental disorders. Such religious efforts, which began in Europe, led to the United States and under the claim that it was reasonable to carry out religious service and psychotherapy together by Woodward in 1844. Positive attitudes toward religion have continued before Freud, including the establishment of Association of Medical Superintendents of American Institutions for the Insane (AMSAII), the predecessor of the American Psychiatric Association (APA)(Koenig et al, 2011).

11) Malony N. (1995), pp. 55-65.
12) Pargament et al. (1990), p.793.
13) Christoper G. Ellison, Robert J. Taylor (1996), pp. 111-113.
14) John F. Schumaker (1992), pp. 138-148.

meaning of emotional stability, ③ allows them to confront fatalism by overcoming pain, ④ offers solutions to various emotional and situational conflicts, and ⑤ offers all-powerful solutions to confusing moral problems through faith in the afterlife, and ⑥ All-power and combination provide people with strength and control, ⑦ establish moral standards of volunteering, overcome self-destructive practices and lifestyles, ⑧ consolidate social unions, ⑨ satisfy their sense of belonging, provide social identity, and ⑩ provide the foundation of collectively purifying ceremonies.

Next, looking at the negative research that says religion is harmful to mental health, researchers who say religion is related to various personal impropriety, and representative psychologists such as Freud and Ellis. Freud believes that human beings needed religion because of the guilt that arose from killing their ancestors with excessive desire. Religion provides a powerful attribution that will help relieve guilt. Therefore, I thought that religion was the source of mental illness because it was rooted in the obsession of original sin. According to Freud, religion could be overcome to some extent by rational efforts of intelligence, but it was viewed as a historical heritage contributing to the neurosis of individuals.

Ellis made more specific comments. Religion saw that it hurt flexibility, openness, intolerance, adaptations to change by making people believe in absolute correctness (should, right, must, etc.). Devout, orthodox, and doctrinal religiosity hindered objective and rational judgments on the problem. Therefore, it was considered highly related to emotional mental illness. That is, devoutly religious people are rigid, closed, intolerance and resistant to change.

Later, According to Batson and Ventis,[15] who have experienced the relationship between mental health and religious involvement, studies suggest that people with faith tend to show less mental illness, but are far more inferior to those without faith in personal competence, self-acceptance and self-realization, personality maturity, openness and flexibility. Thus, some psychologists have stressed the fact that religion hinders human growth and maturity, forcing them to boldly abandon their faith in order to live a mature life.

To sum up the argument that religion has a negative impact on mental health, religion ① produces unhealthy guilty conscience, ② promotes low self-esteem because of faith that devalues human nature, ③ creates a foundation for suppression of unhealthy anger, ④ creates fear and anxiety through punishment such as 'hellishness', ⑤ interferes with self-directed or implicit control, ⑥ constraints on individual growth and autonomous functional activities, ⑦ build the dependency, conformity, ⑧ restrains the expression of sexual feelings, ⑨ fixes the perspective that divides the world into performance, ⑩ It was said to interfere with rational and critical thinking.

On the other hand, by summing up previous studies showing the opposite results between religion and mental health, Argyle and Beat-Hallahmi[16] who studied the relationship between religion and

---

15) Daniel C. Batson, Larry W. Ventis (1982), pp. 55-65.

individual adaptation confirmed that there was a positive correlation between formal religious participation and individual adaptation. As specific examples, Argyle and Beat-Hallahmi concluded that religion plays its role in the control of obsessive behavior such as alcoholism. Sanua[17] reported that religion as a system was useful in promoting general well-being, creativity, honesty, and liberalism, but that other personality traits did not identify meaningful data. Meanwhile, Stark[18] conducted research in four categories: ① Religion and mental illness, ② Religion and psychological inconformity, ③ Religion and neurotic distrust, ④ As a result of conducting research in four categories of religion and authoritarianism, proving his hypothesis that mental illness and religious commitment are negatively related. Lea (1982) then summed up the findings of studies between religion and mental health conducted over the past two decades and concluded as follows:

First, religiosity is harmful to students' personal adaptation, while it is positively related to adults, especially the elderly. Second, religiosity is not significantly related to crime or delinquency or moral behavior. Third, what can be guaranteed to be a 'healthy' religion is that it is more than an individual and relates to other parts of life and social responsibility. Fourth, 'unhealthy' religions have guilt-inducing prejudices, meaning they are rigid about healthy sex, emotional function and the

---

16) Michael Argyle, M., Benjamin Beit-Hallahmi (1975), pp. 23-30.

17) Victor D. Sanua (1969), pp. 1208-1210.

18) Rodney Stark (1971), pp. 168-170.

uniqueness of the religious system.

Bergin[19] meta-analyzed 24 studies that had been conducted between religious and mental health between 1951 and 1979, and 47% of the studies showed positive correlation, 30% showed no correlation, and 23% showed negative correlation. Gartner, Larson and Allen[20] surveyed 21 studies on religion and mental health, showing positive correlation in suicide, drug abuse, alcoholism, delinquency, divorce and marriage satisfaction, psychological well-being, depression, physical health, and longevity variables, authoritarian, self-realization, dependency, admissibility of dogmatism/strictness/Ambiguity, seizure epilepsy had negative correlations. It reported a mix of positive and negative correlations in anxiety, mental illness, self-esteem, prejudice, sexual promiscuity, intelligence and educational variables.

However, the reason why there are various approaches to religiosity and mental health is due to the lack of multi-dimensional approaches to cognitive, emotional, attitude, social and spiritual factors of religious people. As an example, there are non-believers who are worried about mental health and spiritual life, saying, "If I have faith, I will not suffer this pain ··· I suffer because I do not have faith", while there are believers who seem to be the cause of neurosis. These results suggest that religiosity can act like a double-edged sword in mental health.

---

19) Allen E. Bergin (1983) pp. 182-184.
20) John Gartner, Dave B. Larson, and George D. Allen (1991), p.7.

4. Research Model for Religiosity and Mental Health Relationships

On mental health, the WHO defined "health as not only a condition without disease and weakness, but also a state of physical, mental and social well-being", and the National Commission for Mental Hygiene defined it as "the ability to achieve and maintain a satisfactory human relationship, not just a state of mental illness." This definition of mental health includes all personal and social adaptations with balanced personality development that can be handled even in difficult living conditions.

Summarizing the study of how the religiosity of religious person affects mental health, it can be seen as a total psychological process in which various variables interact rather than being determined by one variable. Therefore, This study aims to examine 'vulnerability stress model' that comprehensively describes the stress response as a reference frame for a comprehensive understanding of the relationship between religion and mental health.

The stress vulnerability model is Zubin's new approach model to explain that mental illness is caused by individual characteristics and interaction with the environment.[21] The model explains that individuals who have a vulnerability to psychopathology lead to psychopathology with negative stress events that triggers it. In this case, vulnerability is a risk factor that can cause major mental disease, and refers to the

---

21) Joseph Zubin, Bonnie Spring (1977), pp. 120-126.

pathological abnormalities that individuals have continuously regardless of when the symptoms occur. A stress event is a negative life event given from the environment, meaning an individual's psychological burden, or environmental change in which he or she feels stressed.

The model explains that individuals with a lot of vulnerability experience psychopathology easily because they have less strength to endure negative events or stress, while individuals with less vulnerability to psychopathology adapt well to severe stress. This stress vulnerability model provides an integrated framework for biomedical and psychoanalytic positions, behavioral and cognitive positions.[22]

This model is beneficial in identifying the multilayer of religiosity in an integrated manner by understanding the relationship between religiosity and mental health as a complex process rather than as a single dimension.[23] Based on this model, the path model of religiosity and mental health is derived as shown in Figure 1.

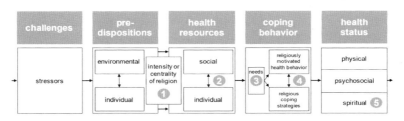

<Figure 1> Religiosity and Mental Health Path Model Based on
Stress Vulnerability Model(Zwingmann et al., 2011)

---

22) Seokman Kwon (2013). pp. 12-15.
23) Christian Zwinmann, Constantin Kllein, Arndt Bŭssing. (2011), p.347.

More specifically, the measurement contents and methods by path are as follows.

path ① Intensity or centrality of religiosity: Analyze the environmental and personal tendencies about how much you focus on religion and live. In other words, it is an approach to confirm the life response of religion, and there are related overseas religiosity scales such as Religious Orientation Scale (ROS) and C-scale (Central Scale).

Path ② Resources: Analyze the personal and social functions that support religiosity. Related overseas religiosity scales include SBI (System of Belief Inventory), TSOS (Theistic Spiritual Outcome Scale).

Path ③ Needs: Analyzes the degree of experience in religious/spiritual needs. Related overseas religiosity scales include the SPI (Spiritual Needs Inventory) and SpNQ (Spirit Needs Questionnaire).

Path ④ Coping: Identify religious and spiritual strategies and activities that respond when experiencing a life crisis or serious illness. Related overseas religiosity scales include the Religious Copying Scale (RCOPE) and Religious Problem-Solving Scale (RPSS).

Path ⑤ Quality of Life and Well-being: Relation of religious/spiritual well-being to general physical and psychological social health is confirmed.

Related overseas religiosity scale include the Spiritual Well-Being Scale (SWBS) and the Spiritual Well-Being Questionnaires (SWBQ).

5. Conclusion

In 2020, the global community is still experiencing ongoing pandemics due to the Coronavirus disease 2019 (COVID-19). As a result, it is in the demand of an epochal request to actively embrace new normal rather than conventional rituals, especially in the field of social culture. It was confirmed in the case of 'Shincheonji Church' or 'Sarang Jeil Church' that religious people are at the center of whether Korean society, which is a religious plural society, will contribute to the stability and cosmos of society or create instability and chaos.

This study was analyzed in terms of 'religious pluralism' to understand the religious situation and the religiosity of Koreans, which are greatly influenced by the trend of the times of secularization and individualization, and as a result, it was confirmed that portraits of Koreans related to religion need to be viewed in color rather than in black and white.

In addition, It also suggested that religiosity can act like a double-edged sword in mental health, combining previous studies on the positive benefits and negative harmfulness of religious person.

In addition, religiosity and mental health were regarded as a total psychological process in which multiple variables interact rather than determined by one variable, and a religiosity and mental health path model based on a vulnerability stress model was derived as a reference frame for a comprehensive understanding of the relationship between religion and mental health. These theoretical inquiry explored the role and function of the religiosity for the enhancement of mental health by confirming the relevant behavior variables of Korean religious people- ① Intensity or centrality of religiosity, ② Resources, ③ Needs, ④ Coping, ⑤ Quality of life/ well-being.

In order to empirically confirm the validity of this theoretical model as a suggestion for future research, it is necessary to comprehensively target not only one or two religions but also the denominations that have influence on Korean society. Considering the current biased research centered on Christianity, Korean religious studies emphasize the need for comprehensive research on the religious sects that form the basis of Korean society based on Műller's dictum, "He who knows one, knows none."

Reference

Argyle, M., Beit-Hallahmi, B. 1975. *The Social Psychology of Religion*, London: Routledge & Kegan Paul.

Batson C. D., Ventis W. L. 1982. *The Religious Experience: A Social-psychological Perspective*, Oxford: Oxford University Press.

Bergin, A. E. 1983. "Religiosity and mental health : A critical reevaluation and meta analysis". *Professional Psychology : Research and Practice* 14. pp. 170-184.

Ellison, C. G., Taylor, R. J. 1996. "Turning to prayer", *Review of Religious*

Research 38. pp. 111-131.

Gallup Korea. 2015. *Religion in Korea 1984-2014*, Seoul: Gallup Korea.

Gartner, J., Larson, D. B., and Allen, G. D. 1991. "Religious commitment and mental health : A review of the empirical literature", *Journal of psychology and Theology* 19. pp. 6-25.

Hackney C. H., Sanders G. S. 2003. "Religiosity and mental health: A meta-analysis of Recent Studies", *Journal for the Scientific Study of Religion* 42(1). pp. 43‑55

Han Naechang. 2002. "An Empirical Study on the Effect of Religiosity on the Mental Health", *Korean Journal of Sociology* 36(3), pp. 157-182.

Koenig, H. G., McCullough, M. E., and Larson, D. B. 2001. *Handbook of Religion and Health.* New York: Oxford University Press.

Kwon, Seokman. 2013. *Contemporary Abnormal Psychology*, Seoul: Hakjisa.

Lea, G. 1982. "Religion, mental health and clinical issues", *Journal of Religion and Health,* 21. pp. 336-351.

Malony, H. N. 1995. *The Psychology of Religion for Ministry*, New Jersey: Paulist Press.

NCMH. 2019. *2019 National Report about Mental Health Knowledge and Attitude Survey*, Seoul: NCMH.

Pargament, K. I. Ensing D. S., Falgout K., and Olsen H. 1990. "God help me", *American Journal of Community Psychology* 18, pp. 793-824.

Sanua, V. D. 1969. "Religion, mental health and personality: A review of empirical studies", *American Journal of Psychiatry* 125, pp. 1203-1213.

Schumaker, J, F. 1992, *Religion and Mental Health*, New York: Oxford University. Press.

Seog, Changhoon. 2020. *Religion and Servant Leadership*, Seoul: Bookpub.

Seol, Kyoungok, Park Jieun, and Park Sunyoung. 2012. "Religiosity and Mental Health: A Meta-Analytic Review(1995-2011)", *Korean Journal of Psychology: General* 31(3), pp. 617-642.

Stark, R. 1971. "Psychopathology and religious commitment", *Review of Religious Research* 12, pp. 165-176.

Zubin, J., Spring, B. 1977. "Vulnerability: A new view of schizophrenia", *Journal of Abnormal Psychology* 86(2), pp. 103-126.

Zwinmann C., Kllein C., Bűssing A. 2011. "Measuring religiosity/spirituality: Theoretical differentiation and categorization of instrument", *Religion* 2, pp. 345-357.

www.gallup.co.kr

www.kosis.kr

◆ 참고문헌

강계남(2001). 영성평가척도의 심리측정적 타당성 분석, **나사렛논총** 6. 425~446.

강미영(2018). **문화 가치관 변화와 가치관 유형 -WORLD VALUES SURVEY를 중심으로,** 강원대학교 박사학위 논문.

길희성(2013). **길은 달라도 같은 산을 오른다. 休.**

김기범, 임효진, 권명수(2010). 용서의 심리학과 종교, 신학연구 56. 168~202.

김종춘(1996). **자기실현과 종교체험의 상관관계에 관한 연구,** 연세대학교 석사학위 논문.

노길명(2005). **한국의 종교운동.** 고려대출판부.

박병준, 김옥경(2017). '용서' 개념에 대한 철학상담적 접근, 철학논집 48, pp. 9-43.

사미자(2001). **종교심리학,** 장로교신학대학교출판부.

석창훈(2001). **종교 생활척도(RSI)의 개발과 종교적 성숙이 스트레스 수준 및 종교적 문제해결에 미치는 영향,** 대구가톨릭대학교 박사학위 논문.

석창훈(2015a). **가족 상담의 원리와 실제,** 선문대학교출판부.

석창훈(2015b). **한국사회의 종교와 종교성,** 학원사.

석창훈(2019). 21세기 목회 방향을 위한 서번트 리더십 탐색, **인문사회 21 10(2).** 273~288.

석창훈(2020). 목회용 서번트 리더십 척도 개발 및 타당화 연구, **한국콘텐츠학회 논문지 20(1).** 658~667.

심경섭(2014). **유교 가치관 척도 타당화 연구,** 고려대학교 박사학위 논문.

심경섭, 이누미야 요시유키, 윤상연, 서신화, 장양, 한성열(2012). 유교 가치관 척도 개발연구, **한국심리학회지: 일반 31(2),** 465~491.

오강남(2003). **세계 종교 둘러보기,** 현암사.

윤이흠(1986). **한국종교연구** I, 집문당.

윤주병(1986). **종교심리학**, 서광사.

이남표, 최명구(1998). **정신건강과 심리치료**, 학지사.

이은봉(1995). **여러 종교에서 보는 죽음관**, 가톨릭 출판사.

이이정(2011). **죽음학 총론**, 학지사.

이찬수(2009). **종교로 세계 읽기**, 이화여자대학교출판부.

정성진(2011). **용서 과정 척도 개발**, 가톨릭대학교 대학원 박사학위 논문.

클라인 벨, H. 이종헌 옮김(1989). **성장 상담**, 한국신학연구소.

한국종교학회 편(2001). **죽음이란 무엇인가**, 창.

Baker M., Gorsuch R.(1982). "Trait Anxiety and Intrinsic-Extrinsic Religiousness", *Journal for The Scientific Study of Religion* 21. 119~122.

Batson C. D., Ventis W. L.(1982). *The Religious Experience, A Social-psychological Perspective,* N.Y.:Oxford University Press.

Benson P.L., Spilka B.(1973). "God Image as a Function of Self-Esteem and Locus of Control", *Journal for the Scientific Study of Religion* 12. 297~310.

Bjorck J. P.(1997), "Religiousness and Coping, Implication for Clinical Practice", *Journal of Psychology and Christianity* 16 73~79.

Bohannon J. R.(1991). "Religiosity Related to Grief Levels of Bereaved Mothers and Fathers", *Omega* 23. 153~159.

Bolt M.(1975). "Purpose in Life and Religious Orientation", *Journal of Psychology and Theology* 3. 116~118.

Bűssing A.(2019). *Measures of Spirituality/Religiosity-Description of Concepts and Validation of Instrument.* Basel : MDPI.

Clinebell H. J.(1996). *Ecotherapy-Healing Ourselves, Healing the Earth-.* N.Y.: The Haworth Press.

Cohn C. B(1996). "Christian Perspectives on Assisted Suicide and Euthanasia: The Anglican tradition", *Journal of Law. Medicine & Ethics* 24. 396~379

Crandall, T. E., R. Rasmussen(1975). "Purpose in Life as Related to Specific Values", *Journal of Clinical Psychology* 31. 483~485.

Cully I. V.(1984). *Education for Spiritual Growth*. San Francisco: Harper& Row.

Dudley R .L., Cruise R. J(1990). "Measuring Religious Maturity, A Proposed Scale", *Review of Religious Research* 32(2). 97~109.

Ellis, A(1971). *A Case against Religion, A Psychotherapist's View*. N.Y.: Institute For Religious Living.

Faulkner J. E., Dejong G. F.(1996). "Religiosity in 5-D, An Empirical Analysis", *Social forces* 45. 246~254.

Feagin J. R.(1964). "Prejudice and Religious Types, A Focused Study of Southern Fundamentalists", *Journal for the Scientific Study of Religion* 4. 3~13.

Fitcher, J. H.(1954). *Social Relationship in the Urban Parish*. Chicago: University of Chicago.

Francis L. J., & Jones S. H.(2000). "Religiosity and Happiness, During Adolescence, Young Adulthood, and Later Life", *Journal of Psychology and Christianity* 19(3). 245~258.

Fullerton J. T. & Hunsberg B.(1982). "A Unidimentional Measure of Christian Orthodox", *Journal for the Scientific Study Of Religion* 21. 317~326.

Gibbs H. W. & Achterberg-Lawlis J.(1978). "Spiritual Values and Death Anxiety, Implications for Counseling with Terminal Cancer Patients," *Journal of Counseling Psychology* 25. 563~569.

Glock C. Y. & Stark R.(1965). *Religion and Society in Tension*. Chicago: Rand McNally.

Gorsuch R. L. & Venable G. D.(1983). "Development of an'Age Universal I-E Scale", *Journal for the Scientific Study of Religion* 22. 181~187.

Gorsuch, R. L. & McPerson S. E.(1989). "Intrinsic/Extrinsic Measurement, I/E-Revised and Single Item Scale", *Journal for the Scientific Study of Religion* 28. 348~354.

Hall T. & Edwards K.(1996). "The Initial Development and Factor Analysis of the SAI", *Journal of Psychology and Theology* 24. 233~246.

Hill, P. C. & Hood, R. W.(1999), *Measures of Religiosity*. Birmingham: Religious

Education.

Hoge D. R.(1972), "A Validated Intrinsic Religious Motivation Scale", *Journal for the Scientific Study of Religion* 11. 369~376.

Holt J. L., Hong B. L. & Romano J. L.(1999). "Spiritual wellness for clients with HIV/AIDS, Review of counseling issues", *Journal of Counseling & Development* 77. 161~170.

Jackson, L. E., & Coursey, R. D.(1988). "The relationship of God control and internal locus of control to intrinsic Religious motivation, coping and purpose in life", *Journal for the Scientific Study of Religion* 27(3). 399~410.

King M.(1972). "Measuring the Religious Variable, Replication", *Journal for the Scientific Study of Religion* 11. 321~329.

Koenig H. G.(1992). "Religion and Mental Health in Later Life," in John F. Schumaker ed., *Religion and Mental Health*, Oxford: Oxford University Press.

Lazarus R. S. & Folkman S.(1984). *Stress, Appraisal, and Coping*. N.Y.: Springer.

Lenski G.(1963). *The Religious Factor*. N.Y.: Doubleday.

MaCarthur, J.(2001). *The Keys to Spiritual Growth*. Crossway Books.

Malony N.(1995). *The Psychology of Religion for Ministry*. N.Y.: Paulist Press.

Masters K. S., & Bergin A. E.(1992). "Religious orientation and mental health," in John F. Schumaker, ed., *Religion and Mental Health*. Oxford: Oxford University Press.

Maynard, E. A., Gorsuch, R. L., Bjorck(1999), J. P. "Religious Coping Style, Concept of God, The Personal Religious Variables in Threat, Loss, and Challenge Situations", *Journal for the Scientific Study of Religion* 40(1). 65~74.

Miller W. R., & Jackson K. A.(1995). *Practical Psychology for Pastors*. N.J.: Prentice Hall.

Morreall, J., Sonn, T.(2012). *The Religion Toolkit: A Complete Guide to Religious Studies*. West sussex: Blackwell publishing.

Paloutzian R. F.(1996). *Invitation to the Psychology of Religion.* Boston: Allyn and Bacon.

Paloutzian R. F., C. W. Ellison(1992). *Manual for the Spiritual Well-being Scale.* N.Y.: Life Advances.

Pargament K. I.(1996). "Religious Contribution to the Process of Coping with Stress", in Grzymala-Moszczynska, H., Beut-Hallahmi, B., *Religion, Psychopathology and Coping.* Rodopi.

Pargament K. I.(1997). *The psychology of Religion and Coping, Theory, Research, Practice.* N.Y.: The Guilford Press.

Richards P. S. &, Potts R. W.(1995). "Using Spiritual Interventions in Psychotherapy", *Professional Psychology, Research and Practice* 26(2). 163~170.

Robinson J. P. & Shaver P. R.(1980). *Measures of Social Psychological Attitudes.* Michigan: The University of Michigan.

RyanR. M., Rigby, S. & King M.(1993). "Two Types of Religious Internalization and Their Relations to Religious Orientation and Mental Health", *Journal of Personality and Social Psychology* 65(3). 586~596.

Smith, W. C.(1978). *The Meaning and End of Religion.* London: Harper & Low.

Wakes G.(1983). *A Dictionary of Christian Spirituality.* London: SCM Press.

Westgate C. E.(1996). "Spiritual Wellness & Depression", *Journal of Counseling & Development* 76(1). 26~35.

Wilson W. C.(1960). "Extrinsic Religious Values and Prejudice", *Journal of Abnormal and Social Psychology* 60. 286~288.

Zwinmann C., Kllein C., Bůssing A. 2011. "Measuring religiosity/spirituality: Theoretical differentiation and categorization of instrument", *Religion* 2. 345~357.

부록

1. 최신 종교성 척도
2. 종교성 측정 관련 학회 윤리강령

〈부록 1〉 최신 종교성 척도

1. 아동 영성 척도(CSL: Children's Spiritual Lives)

번호	문항	매우 안 그래요	안 그래요	그저 그래요	그래요	매우 그래요
1	슬플 때, 나는 하나님에게 기도하거나 말을 걸어요.	1	2	3	4	5
2	내 기분이 더 나아지길 바랄 때, 나는 하나님에게 기도하거나 말을 걸어요.	1	2	3	4	5
3	나는 하나님에게 도와달라고 부탁해요.	1	2	3	4	5
4	하나님에게 기도하거나 말할 때, 나는 기분이 더 좋아져요.	1	2	3	4	5
5	하나님은 내가 강해지도록 도와줘요.	1	2	3	4	5
6	하나님은 내가 새로운 생각을 하도록 도와줘요.	1	2	3	4	5
7	슬플 때, 나는 하나님에게 기도하거나 말을 걸어요.	1	2	3	4	5
8	하나님은 나에게 조언을 해서 도와주어요.	1	2	3	4	5
9	나는 나에게 일어나는 모든 좋은 일에 감사하기 위해 하나님에게 기도해요.	1	2	3	4	5
10	나는 하나님을 생각하면 행복해요.	1	2	3	4	5
11	하나님은 사람을 더 기분 좋게 만들어 주어요.	1	2	3	4	5
12	누군가 아프거나 죽었을 때, 나는 하나님에게 기도하거나 말을 걸어요.	1	2	3	4	5
13	하나님은 사람들이 슬프고 외로울 때 함께 있어 줘요.					
14	하나님은 내 생각과 소원을 들어줘요.	1	2	3	4	5
15	하나님께 소원을 빌면, 내 소원은 이뤄져요.	1	2	3	4	5
16	말하지 않아도, 하나님은 내가 어떤 기분인지 항상 알아요.	1	2	3	4	5
17	하나님은 이 세상 어디에나 계시고 우리를 지켜보고 있어요.	1	2	3	4	5
18	하나님은 모든 사람을 만들었고, 모두를 잘 알고 계세요.	1	2	3	4	5

번호	문항	매우 안 그래요	안 그래요	그저 그래요	그래요	매우 그래요
19	나는 하나님이 모든 이야기를 듣는다고 생각해요.	1	2	3	4	5
(20)	하나님이 모든 사람을 보는 건 불가능할지도 몰라요.	1	2	3	4	5
(21)	하나님이 전부를 알기에 세상은 너무 커요.	1	2	3	4	5
(22)	하나님이 들어주기에 세상엔 사람들이 너무 많아요.	1	2	3	4	5
(23)	하나님은 내가 무슨 생각하는지 절대 모를 거예요.	1	2	3	4	5
24	모든 사람은 몸 속에 영혼이나 정신 같은 것을 가지고 있어요.	1	2	3	4	5
(25)	사람들은 영혼이나 정신을 가지고 있지 않아요.	1	2	3	4	5
(26)	사람은 몸은 가질 수 있지만, 영혼이나 정신을 가진다는 건 거짓말이에요.	1	2	3	4	5
27	나는 사람들이 영혼이나 정신을 가진다는 것은, 그 속에서 살아가는 거라고 생각해요.	1	2	3	4	5

* (　) 역채점
* 요인 1 : 위안성(1~15번 / 15문항)
  요인 2 : 편재성(16~22번 / 7문항)
  요인 3 : 이원성(23~27번 / 5문항)
* 출처 : Moore K., et al.(2016), Children's Spiritual Lives: The Development of a Children's Spirituality, *Religion* **7(8)**, pp. 95-106.

2. 영성 비탄 검사(ICSG: Inventory of Complicated Spiritual Grief)

* _____의 손실에 대해 생각해 본 후 각 문장을 주의 깊게 읽어 주십시오. 오늘을 포함하여 지난 2주 동안 어떤 기분이었는지 가장 잘 설명하는 대답을 선택하십시오. 여러분이 느껴야 한다고 *믿는 것보다* 여러분이 *실제로* 어떻게 느끼는지에 따라 답변하기 바랍니다.

번호	문항	전혀 그렇지 않다	약간 그렇지 않다	그저 그렇다	그렇다	매우 그렇다
1	나는 하나님이 왜 나를 힘들게 만드셨는지 이해할 수 없다.	0	1	2	3	4
2	나는 다른 신자들과의 교제에서 손을 뗐다.	0	1	2	3	4
3	나는 영적/종교적 활동(예: 기도, 예배, 성경 읽기)을 피하려고 최선을 다한다.	0	1	2	3	4
4	나는 더 이상 하나님에 의해 보호되고 안전하다고 느끼지 않는다.	0	1	2	3	4
5	나는 영적/종교적 활동(예: 기도, 예배, 성경 읽기)이 그다지 충만하지 않다는 것을 발견한다.	0	1	2	3	4
6	나는 기도하는 것이 불가능하다는 것을 알았다.	0	1	2	3	4
7	나는 하나님이 나쁜 일이 일어나도록 허락하는 것을 받아들이고자 애를 쓴다.	0	1	2	3	4
8	나는 하나님에게 내 삶을 내주는 것이 어렵다는 것을 알았다.	0	1	2	3	4
9	나는 예전만큼 교회의 유대감에 위안이 되지 않는다.	0	1	2	3	4
10	나는 하나님에게 분노를 금할 수 없다.	0	1	2	3	4
11	나는 하나님을 찬양하거나 영광을 돌리는 교회 단체에 참여하고 싶지 않다.	0	1	2	3	4
12	나는 신앙심의 빛이 점차 어두워지고 상실감을 느낀다.	0	1	2	3	4
13	나는 하나님이 왜 이런 일이 일어나도록 내버려 두었는지 혼란스럽다.	0	1	2	3	4
14	나는 예배에 대한 욕구를 잃었다.	0	1	2	3	4

번호	문항	전혀 그렇지 않다	약간 그렇지 않다	그저 그렇다	그렇다	매우 그렇다
15	나는 예배하는 것이 불가능하다는 것을 알았다.	0	1	2	3	4
16	나는 나의 상실이 불공평하다고 느낀다.	0	1	2	3	4
17	나는 하나님의 존재보다 부재를 더 많이 느낀다.	0	1	2	3	4
18	나는 신앙심이 깊은 사람인데 하나님이 나를 왜 보호하지 않았는지 이해할 수 없다.	0	1	2	3	4

* 요인 1 : 하나님과의 불안정성(1, 4, 7, 10, 13, 16, 18번 / 7문항)
  요인 2 : 종교 활동 중단 (2, 3, 5, 6, 8, 9, 11, 12, 14, 15, 17번 / 11문항)
* 출처 : Burke L.A., et al(2014), Inventory of Complicated Spiritual Grief: Development and Validation of a New Measure, *Death Studies* 38(4), pp. 239-250.

3. 하나님 가호 의존 척도(RGH: Reliance on God's Help Scale)

번호	문항	전혀 그렇지 않다	약간 그렇지 않다	그저 그렇다	그렇다	매우 그렇다
1	무슨 일이 일어나든 하나님의 계시를 믿을 거야.	1	2	3	4	5
2	하나님이 나를 도와주실 거라고 굳게 믿고 있어요.	1	2	3	4	5
3	제 믿음은 어려운 시기에도 흔들림이 없어요.	1	2	3	4	5
4	다시 건강해지기를 기도해요.	1	2	3	4	5
5	종교적 신념에 따라 살려고 노력해요.	1	2	3	4	5

* 출처 : Büssing A., et al.(2015), Reliance on God's Help Scale as a Measure of Religious Trust —A Summary of Findings, *Religions 6(4)*, pp. 1358-1367.

4. 불교 태도 척도(TSAB : Thanissaro Scale of Attitude towards Buddhism)

번호	문항	전혀 그렇지 않다	약간 그렇지 않다	그저 그렇다	그렇다	매우 그렇다
1	참선은 시간을 건설적으로 보내는 것이다.	1	2	3	4	5
2	불교 신도는 참선하면서 시간을 보내는 것이 중요하다.	1	2	3	4	5
3	불교 신도는 기도와 참선을 통해 마음을 단련하는 것을 좋아한다.	1	2	3	4	5
4	불교 신도는 스님처럼 참선하면서 시간을 보내는 것을 좋아한다.	1	2	3	4	5
5	열반(니르바나)은 궁극의 평화이다.	1	2	3	4	5
6	팔정도는 행복을 얻는 좋은 방법이다.	1	2	3	4	5
7	불교 신도의 이야기를 듣는 것은 고무적이다.	1	2	3	4	5
8	불교 신도들이 친구가 되도록 격려하는 방식을 좋아한다.	1	2	3	4	5
9	스님으로 사는 것은 세상에 도움이 된다.	1	2	3	4	5
10	불교 신도들이 마음을 차분하게 하는 것을 좋아한다.	1	2	3	4	5
11	어려운 이웃을 위한 적선은 필요하다.	1	2	3	4	5
(12)	동물살생을 즐긴다.	1	2	3	4	5
13	모든 생명체를 존중하는 불교 신도들을 칭찬한다.	1	2	3	4	5
14	남을 많이 도와준 사람들은 특별한 존경을 받을 자격이 있다.	1	2	3	4	5
15	불교 신도는 노후에 부모를 봉양해야 한다.	1	2	3	4	5
16	불교 신도들이 스님들에게 음식과 돈을 적선하는 것을 존중한다.	1	2	3	4	5
17	불교 신도들은 존경할 만한 사람을 존중해야 한다.	1	2	3	4	5
18	가진 바를 다른 사람과 나누는 것이 필요하다.	1	2	3	4	5

* ( ) 역채점
* 요인 1 : 인지적(1~9번 / 9문항)
  요인 2 : 정서적(10~18번 / 9문항)
* 출처 : Thanissaro P. N(2016), Validity and Reliability of a Revised Scale of Attitude towards Buddhism(TSAB-R), *Religions 7(5)*, pp. 44-54.

5. 무슬림 종교성 척도(RAMS: Religiosity Among Muslim Scale)

번호	문항	전혀 그렇지 않다	약간 그렇지 않다	그저 그렇다	그렇다	매우 그렇다
1	예언자 마호메트의 가르침에 따르고자 현세와 내세를 위해 노력합니다.	1	2	3	4	5
2	내세에 처벌받을 행동은 피합니다.	1	2	3	4	5
3	더 많은 지식을 가질수록, 더 겸손해야 합니다.	1	2	3	4	5
4	가족들에게 알라신의 위대함을 가르칩니다.	1	2	3	4	5
5	다른 사람들이 알면서도 금지된 일을 하면 기분이 나쁩니다.	1	2	3	4	5
6	나프스(욕망)보다 아끌(이성)을 더 따르려고 노력합니다.	1	2	3	4	5
7	내가 가진 것에 만족합니다.	1	2	3	4	5
8	알라신을 두려워하며 항상 진실을 말합니다.	1	2	3	4	5
9	우리 가족들에게 항상 알라신을 기억하라고 가르칩니다.	1	2	3	4	5
10	인생의 어느 시점에서든, 알라와의 관계를 강화할 수 있습니다.	1	2	3	4	5

* 요인 1 : 공동체(Islam, 4, 9번/ 2문항)
  요인 2 : 신조(Iman, 1, 2, 3, 6, 10번/ 5문항)
  요인 3 : 윤리(Ihsan, 5, 6, 8번/ 3문항)

* 출처 : Mohd Mahudin, N. D., Mohd Noor, N., Dzulkifli, M. A., & Janon, N. S.(2016). Religiosity among muslims: A scale development and validation study. *Makara Hubs-Asia 20(2)*, pp. 109-121

6. 미국 갤럽 종교성 설문지

1. 일상생활에서 종교가 얼마나 중요하다고 생각하십니까?
   가. 매우 중요하다
   나. 상당히 중요하다
   다. 별로 중요하지 않다

2. 선호하는 종교는 무엇입니까?
   가. 기독교(개신교)
   나. 천주교(가톨릭)
   다. 모르몬교
   라. 유대교
   마. 무슬림
   바. 다른 종교
   사. 무교

3. 귀하의 삶에서 종교가 얼마나 중요하다고 말하겠습니까?
   가. 매우 중요하다
   나. 상당히 중요하다
   다. 별로 중요하지 않다
   라. 의견 없음

4. 귀하는 현재 종교 전체가 미국 생활에 미치는 영향력이 커졌다고
   생각하십니까? 혹은 영향력을 잃고 있다고 생각하십니까?
   가. 영향력 증가
   나. 영향력 상실
   다. 영향력 동일

라. 의견 없음

5. 귀하는 교회의 일원입니까?
   가. 예
   나. 아니오

6. 지난 일주일 동안 교회나 예배당에 들른 적이 있습니까?
   가. 예
   나. 아니오

7. 귀하는 얼마나 자주 교회나 예배당에 들르십니까?
   가. 매주
   나. 거의 매주
   다. 한 달에 한 번
   라. 드물게
   마. 전혀
   바. 의견 없음

8. 귀하는 자신을 "거듭난" 기독교인 또는 복음주의 기독교인이라고 설명하십니까?
   가. 예
   나. 아니오
   다. 의견 없음

9. 귀하는 종교가 오늘날의 모든, 혹은 대부분 문제에 답할 수 있다고 믿습니까?

   아니면 종교는 대체로 구식이며 현실에 뒤처진다고 믿습니까?

   가. 예, 답할 수 있습니다.

   나. 아니오, 대체로 구식입니다.

   다. 기타

   라. 의견 없음

10. 귀하는 종교적 예배 외에 얼마나 자주 신에게 기도합니까?

    가. 자주

    나. 때때로

    다. 거의

    라. 위기의 시기에만

    마. 전혀

    바. 의견 없음

11. 다음 중 성경에 대한 귀하의 견해를 설명하는 데 가장 가까운 문장은 무엇입니까?

    ㉮ 성경은 실제 하나님의 말씀이며 문자 그대로 가져와야 한다.

    ㉯ 한마디로, 성경은 하나님으로부터 영감 받은 말씀이지만 모든 것을 문자 그대로 가져올 필요는 없다.

    ㉰ 성경은 인간이 기록한 우화, 전설, 역사 및 도덕적 교훈에 관한 고대의 책이다.

    가. 실제 문자 그대로

    나. 영감을 받은 문자

    다. 우화, 전설

    라. 의견 없음

12. 귀하는 신을 믿습니까?

    가. 예

    나. 아니오

    다. 의견 없음

13. 귀하를 묘사하기에 가장 가까운 것을 고르시오.

    가. 신이 존재한다고 확신한다.

    나. 신은 아마도 존재한다고 생각하지만 약간 의심스럽다.

    다. 신은 아마도 존재한다고 생각하지만, 많이 의심스럽다.

    라. 신은 아마도 존재하지 않지만, 확신이 없다.

    마. 신은 존재하지 않는다고 확신한다.

    바. 의견 없음

14. 귀하는 자랄 때, 얼마나 자주 교회나 예배당, 모스크에 들렀습니까?

    가. 매주

    나. 거의 매주

    다. 한 달에 한 번 정도

    라. 드물게

    마. 전혀

    바. 의견 없음

15. 다음의 각 항목이 귀하가 교회나 예배당에 참석하는 데 있어 주요 요인인지, 사소한 요인인지, 또는 그렇지 않은지 응답해주십시오. [무작위] (*매달 혹은 더 자주 참석하는 성인 기준*)

    ㉮ 성서에 대해 더 많이 가르치는 설교나 강연

    ㉯ 종교를 자신의 삶과 연결하는 데 도움이 되는 설교나 강의

    ㉰ 어린이와 청소년을 위한 영적 프로그램

㉑ 많은 지역의 사회봉사 활동 및 자원봉사 기회

㉒ 흥미롭고 영감을 주는 역동적인 종교지도자

㉓ 지역사회의 사람들을 알 수 있는 사회 활동

㉔ 좋은 합창단, 찬양 밴드, 찬양 인도자 또는 기타 영적 음악

가. 주요 요인

나. 사소한 요인

다. 요인이 아님

라. 의견 없음

16. 다음의 각 항목이 귀하가 교회나 예배당에 [거의 / 전혀] 참석하지 않는 데 있어 주요 요인인지, 사소한 요인인지, 또는 그렇지 않은지 응답해주십시오. [무작위]

(교회에 거의 다니지 않거나 전혀 가지 않지만 자라는 동안 매달 또는 더 자주 참석한 성인 기준)

㉮ 혼자서 예배하는 것을 선호

㉯ 조직된 종교를 좋아하지 않음

㉰ 그다지 종교적이지 않기에

㉱ 좋아하는 교회나 다른 예배 장소를 찾지 못해서

㉲ 시간 부족

㉳ 자신에게 맞는 종교가 무엇인지 확신하지 못해서

㉴ 참석할 때 돈을 요구받는 것을 좋아하지 않아서

㉵ 건강이 나쁘거나 다른 문제로 인해

㉶ 참석할 때 환영받지 못해서

가. 주요 요인

나. 사소한 요인

다. 요인이 아님

라. 의견 없음

17. 귀하는 신이나 영혼의 존재를 믿습니까?

    가. 예

    나. 아니오

    다. 의견 없음

18. 제가 읽어드리는 다음의 각 항목에 대하여 귀하가 믿는 것인지, 확신이 서지 않는 것인지, 믿지 않는 것인지 말해 주십시오. [무작위 순서]

    ㉮ 신

    ㉯ 악마

    ㉰ 천사

    ㉱ 천국

    ㉲ 지옥

    가. 믿는다

    나. 확실하지 않다

    다. 믿지 않는다

    라. 의견 없음

19. 더 많은 미국인이 종교적이라면, 미국 사회에 긍정적일지 부정적일지 고르십시오.

    가. 긍정적

    나. 부정적

    다. 둘 다

    라. 의견 없음

20. 귀하는 천국을 믿습니까?

　　가. 예

　　나. 아니오

　　다. 의견 없음

21. 귀하는 지옥을 믿습니까?

　　가. 예

　　나. 아니오

　　다. 의견 없음

22. 다음 중 신에 대한 귀하의 믿음에 가장 가까운 서술은 무엇입니까?

　　㉮ 신을 믿음

　　㉯ 신을 믿지 않지만, 보편적인 영혼이나 강력한 힘

　　㉰ 둘 다 믿지 않음

　　가. 신

　　나. 보편적인 영혼

　　다. 둘 다 아님

　　라. 기타 (권)

　　마. 의견 없음

* 출처 : https://news.gallup.com/poll/1690/Religion.aspx

7. 한국 갤럽 종교성 설문지

※ 지금부터는 우리 사회의 '종교'에 대해 여쭙겠습니다.

(오른쪽 응답란에 기록해 주십시오.)

질문	응답
(문 13) 과거에 비해 요즘 우리 사회에서 **종교의 영향력**이 증가하고 있다고 보십니까, 감소하고 있다고 보십니까?	(답 13) 1. 증가하고 있다 2. 감소하고 있다 3. 과거와 비슷하다
(문 14) **요즘 종교는 우리 사회에 얼마나 도움을** 준다고, 혹은 도움을 주지 않는다고 생각하십니까?	(답 14) 1. 매우 도움을 준다 2. 어느 정도 도움을 준다 3. 별로 도움을 주지 않는다 4. 전혀 도움을 주지 않는다
(문 15) 귀하의 **개인 생활**에는 **종교가 얼마나 중요**합니까, 중요하지 않습니까?	(답 15) 1. 매우 중요하다 2. 어느 정도 중요하다 3. 별로 중요하지 않다 4. 전혀 중요하지 않다
(문 16) 귀하는 사람들이 **종교를 믿는 가장 큰 이유**가 무엇이라고 생각하십니까? (단수 응답)	(답 16) 1. 복을 받기 위해서 (건강, 재물, 성공 등) 2. 죽은 다음의 영원한 삶을 위해서 3. 마음의 평안을 얻기 위해서 4. 삶의 의미를 찾기 위해서 5. 기타 (적어주세요 : _____)

(문 17) 귀하는 다음과 같은 말에 대해 어떻게 생각하십니까? 귀하의 경험이나 느낌을 바탕으로 '그렇다', '아니다'로 응답해주십시오.

		그렇다	아니다	모르겠다
㉮	여러 종교의 교리는 얼핏 생각하면 서로 달라 보이지만 결국은 같거나 비슷한 진리를 말하고 있다			
㉯	종교를 아무리 열심히 믿어도 교회나 절에 나가지 않으면 소용이 없다			
㉰	아무리 선한 사람이라도 종교를 믿지 않으면 극락이나 천국에 갈 수 없다			
㉱	종교를 믿는 것은 개인 삶의 질 향상에 도움을 준다			
㉲	종교를 믿는 것은 좋다고 생각하지만 종교 단체에 얽매이는 것은 싫다			

질문	응답
흔히, '**이웃과 타인을 사랑하라, 자비를 베풀라**'라고 하는데요.	
(문 18-1) 귀하가 보시기에 **요즘 사람들**은 이 말을 얼마나 잘 지키고 있다고 생각하십니까?	(답18-1) 1. 매우 잘 지키고 있다 2. 어느 정도 지키는 편이다 3. 별로 지키지 않는 편이다 4. 전혀 지키지 않는다
(문 18-2) 그럼, **종교를 믿는 사람들(신자)**은 이 말을 얼마나 잘 지키고 있다고 생각하십니까?	(답18-2) 1. 매우 잘 지키고 있다 2. 어느 정도 지키는 편이다 3. 별로 지키지 않는 편이다 4. 전혀 지키지 않는다
(문 19) 귀하는 **종교단체**들이 종교 자체에만 전념하는 것이 좋다고 생각하십니까, 아니면 사회, 문화, 정치 분야 활동까지 하는 것이 좋다고 생각하십니까?	(답 19) 1. 종교 자체에만 전념하는 것이 좋다. 2. 사회/문화 분야 활동은 좋으나 정치 분야 활동은 반대 3. 정치 분야 활동은 좋으나 사회/문화 분야 활동은 반대 4. 사회/문화/정치 분야 활동 모두 하는 것이 좋다
(문 20) 요즘 우리 사회에서 성당, 교회, 절 등의 종교 기관을 사적으로 상속하는 경우가 있습니다. 귀하는 **종교 기관**이 **사적 상속**을 해도 된다고 보십니까, 해서는 안 된다고 보십니까?	(답 20) 1. 해도 된다 2. 해서는 안 된다
(문 21) 귀하는 종교단체들이 자동차를 구입해서 포교나 전도, 선교를 더 많이 하는 것과 자동차를 살 돈으로 가난한 이웃을 돕는 것 중 어느 것이 **종교의 본뜻**에 더 잘 따르는 것으로 생각하십니까?	(답 21) 1. 포교/전도/선교를 더 많이 하는 것 2. 가난한 이웃을 돕는 것 3. 비슷하다
(문 22) 귀하는 성당, 교회, 절과 같은 **종교 시설**을 수련회, 관광 장소, 예식시설 등으로 비신도들에게 **개방**하는 것을 좋게 보십니까, 혹은 좋지 않게 보십니까?	(답 22) 1. 좋게 본다 2. 좋지 않게 본다
(문 23) **종교단체가 설립한 학교에서 신앙 교육**을 하는 것에 대해서는 좋게 보십니까, 혹은 좋지 않게 보십니까?	(답 23) 1. 좋게 본다 2. 좋지 않게 본다

질문		응답
(문 24)	귀하는 요즘 우리 주변에 **품위가 없거나 자격이 없는 성직자**가 얼마나 많다고, 혹은 없다고 생각하십니까?	(답 24) 1. 매우 많다 2. 어느 정도 있다 3. 별로 없다 4. 전혀 없다
(문 25)	요즘 우리 주변에 진정한 의미에서 종교라고 할 수 없는 **사이비 종교**는 얼마나 많다고, 혹은 없다고 생각하십니까?	(답 25) 1. 매우 많다 2. 어느 정도 있다 3. 별로 없다 4. 전혀 없다

(문 26) 요즘 종교단체들에 대한 다음의 말들에 대해 얼마나 그렇다고, 혹은 그렇지 않다고 생각하시는지 응답해주십시오.

		매우 그렇다	어느 정도 그렇다	별로 그렇지 않다	전혀 그렇지 않다	모르 겠다
㉮	개인은 종교단체에 얽매이기보다는 본인이 옳다고 생각하는 종교적 믿음을 실천하면 된다	1	2	3	4	5
㉯	대부분의 종교단체는 종교 본래의 뜻을 잃어버리고 있다	1	2	3	4	5
㉰	대부분의 종교단체는 참 진리를 추구하기보다는 교세 확장에 더 관심이 있다	1	2	3	4	5
㉱	요즘 종교단체는 진정한 삶의 의미를 찾으려는 사람에게 답을 주지 못한다	1	2	3	4	5
㉲	요즘 종교단체는 비신도(종교를 믿지 않는 사람)를 따뜻하게 대하지 않는다	1	2	3	4	5
㉳	종교단체는 지켜야 하는 규율을 너무 엄격하게 강조한다	1	2	3	4	5
㉴	요즘 종교단체는 시주/헌금을 지나치게 강조하는 경향이 있다	1	2	3	4	5

※ 지금부터는 귀하 개인의 '종교'에 대해 여쭙겠습니다.

(오른쪽 응답란에 기록해 주십시오.)

질문		응답
(문 27)	귀하는 **현재 믿으시는 종교**가 있습니까? (있다면) 어느 종교를 믿으십니까?	(답 27) 1. 불교 2. 기독교(개신교) 3. 천주교(가톨릭) 4. 기타 (적어주세요 : _____) 5. 현재 믿는 종교 없음 → 문46으로 가십시오
(문 28)	귀하는 현재의 종교를 **몇 살 때부터** 믿게 되셨습니까?	(답 28) 1. 9세 이하 2. 10대 3. 20대 4. 30대 5. 40대 6. 50세 이상
(문 29)	그럼, **현재의 종교를 믿으신 기간**은 지금까지 대략 몇 년 정도 됐습니까?	(답 29) 1. 5년 미만 2. 5년 이상 3. 10년 이상 4. 20년 이상 5. 30년 이상
(문 30)	현재의 종교를 믿게 되신 가장 큰 **계기**는 무엇입니까?	(답 30) 1. 스스로 필요해서 2. 모태 신앙 3. 다른 사람의 전도로(가족 포함) 4. 기타 (적어주세요 : _____)
(문 31)	귀하께서 **종교를 믿으시는 가장 큰 이유**는 무엇입니까? (단수 응답)	(답 31) 1. 복을 받기 위해(건강 재물, 성공 등) 2. 죽은 다음의 영원한 삶을 살기 위해 3. 마음의 평안을 얻기 위해 4. 삶의 의미를 찾기 위해 5. 기타 (적어주세요: _____)
(문 32)	현재의 종교 **이전에 다른 종교**를 믿으신 적이 있습니까? (있다면) 과거에는 무슨 종교를 믿으셨습니까?	(답 32) 1. 불교 2. 기독교(개신교) 3. 천주교(가톨릭) 4. 기타 (적어주세요 : _____) 5. 과거에 다른 종교를 믿은 적이 없다

질문	응답
(문 33) 귀하는 요즘 성당, 교회, 절 등에 **얼마나 자주 가십니까?** 단, <u>결혼식, 장례식 등의 일로 방문하신 것을 제외하고</u> 응답해주십시오.	(답 33) 1. 일주일에 2번 이상 2. 일주일에 1번 정도 3. 한 달에 2-3번 4. 한 달에 1번 5. 두세 달에 1번 6. 일 년에 1-2번 7. 몇 년에 1번 또는 그 이하 8. 전혀 가지 않는다
(문 34) 귀하께서 현재 가장 자주 다니시는 (성당/교회/절)의 **성직자가 신도를 지도하는 방법**은 얼마나 권위적이라고, 혹은 권위적이지 않다고 생각하십니까?	(답 34) 1. 매우 권위적이다 2. 어느 정도 권위적이다 3. 별로 권위적이지 않다 4. 전혀 권위적이지 않다
(문 35) 귀하는 개인적으로 **기도/기원** 등을 얼마나 자주 하십니까?	(답 35) 1. 하루에 몇 번 2. 하루에 1번 3. 일주일에 2-3번 4. 일주일에 1번 5. 한 달에 몇 번 또는 그 이하 6. 전혀 하지 않는다
(문 36) 귀하는 **성경/불경** 등을 얼마나 자주 읽으십니까? *(※천주교/개신교/불교를 포함해 현재 본인이 믿는 종교의 교리가 실린 책이나 경전을 얼마나 자주 읽으시는지 묻는 질문입니다.)*	(답 36) 1. 하루에 1번 이상 2. 일주일에 3-4번 3. 일주일에 1번 4. 가끔 생각날 때 읽는다 5. 전혀 읽지 않는다

(문 37) 다음은 **종교적 경험**에 대한 질문입니다. 각 항목의 경험이 '있었다', '없었다'로 응답해주십시오.

	있었다	없었다	응답거절
㉮ 절대자나 신의 계시를 받은 경험	1	2	9
㉯ 극락/천국에 갈 것이라는 계시	1	2	9
㉰ 마귀/악마의 유혹을 받고 있다는 느낌	1	2	9
㉱ 벌을 받고 있다는 느낌	1	2	9
㉲ 종교의 힘으로 병이 나은 경험	1	2	9
㉳ 다시 태어난 것 같은 느낌	1	2	9

질문	응답
(문 38) 귀하는 본인의 종교적 믿음이 얼마나 깊다고, 혹은 깊지 않다고 생각하십니까?	(답 38)　1. 매우 깊다 2. 깊은 편이다 3. 그저 그렇다 4. 깊지 않은 편이다 5. 전혀 깊지 않다
	▶ *불교*를 믿으시는 분은 *문 39*로 ▶ *천주교나 개신교*를 믿으시는 분은 *문 42*로 ▶ *그 외 종교*를 믿으시는 분은 *문 50*으로 가십시오

※ 다음 문 39-41)은 현재 '불교'를 믿으시는 분만 응답하시면 됩니다.

(오른쪽 응답란에 기록해 주십시오.)

질문	응답
(문 39) 귀하는 **지난 1년간** 절이나 불교 단체에 몇 번이나 시주하셨습니까? *(※ 시주는 절이나 불교 단체에 헌납하는 물품이나 돈 모두 포함)*	(답 39)　1. 1-2번 2. 3-4번 3. 5-6번 4. 7-10번 5. 11번 이상 6. 지난 1년간 한 번도 없다
(문 40) 귀하는 '절이나 불교 단체에 1년에 한 번도 사주하지 않은 사람은 진정한 신자가 아니다'라는 말에 대해 그렇다고 생각하십니까, 그렇지 않다고 생각하십니까?	(답 40)　1. 그렇다 2. 그렇지 않다
(문 41) 그럼, '절이나 불교 단체에 시주하는 사람은 그 금액 이상으로 복을 받는다'라는 말에 대해서는 그렇다고 생각하십니까, 그렇지 않다고 생각하십니까?	(답 41)　1. 그렇다 2. 그렇지 않다
	▶ *불교*를 믿으시는 분은 여기까지 응답하고 *문 50*으로 가십시오

※ 다음 문 42-45)은 현재 '천주교'나 '개신교'를 믿으시는 분만 응답하시면 됩니다.

(오른쪽 응답란에 기록해 주십시오.)

질문		응답
(문 42)	귀하는 요즘 **십일조**를 하고 계십니까? (**※** *십일조는 성당이나 교회에 헌납하는 물품이나 돈 모두 포함*)	(답42) 1. 하고 있다 → 문 44로 가십시오 2. 하지 않는다
(문 43)	(요즘 십일조를 하지 않으신다면) 그럼, 과거에는 한 번이라도 십일조를 내 보신 적이 있습니까?	(답 43) 1. 낸 적 있다 2. 낸 적 없다
(문 44)	'십일조를 하지 않는 사람은 진정한 신자가 아니다'라는 말에 대해 그렇다고 생각하십니까, 그렇지 않다고 생각하십니까?	(답 44) 1. 그렇다 2. 그렇지 않다
(문 45)	그럼, '성당이나 교회에 헌금하는 사람은 그 금액 이상으로 복을 받는다'라는 말에 대해서는 그렇다고 생각하십니까, 그렇지 않다고 생각하십니까?	(답 45) 1. 그렇다 2. 그렇지 않다

▶ *천주교나 개신교를 믿으시는 분은 여기까지 응답하고 **문 50**으로 가십시오*

※ 다음 문 46-49)는 현재 종교를 믿지 않으시는 분만 응답하시면 됩니다.

(오른쪽 응답란에 기록해 주십시오.)

질문		응답
(문 46)	귀하는 과거에 한 번이라도 어떤 종교를 믿으셨던 적이 있습니까? (있다면) 어떤 종교를 믿으셨습니까?	(답 46) 1. 불교 2. 기독교(개신교) 3. 천주교(가톨릭) 4. 기타 (적어주세요 : _____) 5. 과거에 종교를 믿은 적 없다⟹ 문 48로 가십시오
(문 47)	(과거에 종교를 믿은 적이 있다면) 그럼, 그 종교를 믿으신 기간은 대략 몇 년 정도였습니까?	(답 40) 1. 1년 이하 2. 2년 3. 3년 4. 4-5년 5. 6-10년 6. 11년 이상

질문	응답
(문 48) 귀하께서 **현재 종교를 믿지 않으시는 가장 큰 이유**는 무엇입니까? (단수 응답)	(답 48) 1. 종교에 대한 불신과 실망으로 2. 내 자신을 믿기 때문에 3. 정신적, 시간적 여유가 없어서 4. 관심이 없어서 5. 가족과 주위 사람들의 반대로 6. 용기가 없고 마음에 부담이 되어서 7. 기타 (적어주세요 : _____)
(문 49) 귀하께서 종교를 믿지 않으시는 것과는 무관하게, 현재 **가장 호감이 가는 종교**는 무엇입니까?	(답 49) 1. 불교 2. 기독교(개신교) 3. 천주교(가톨릭) 4. 기타 (적어주세요 : _____) 5. 없다

※ 다음 문 50)부터는 모든 분들에 해당하는 질문입니다.

(오른쪽 응답란에 기록해 주십시오.)

질문	응답			
(문 50) 현재 종교와는 상관없이 귀하는 다음 각각의 것들이 존재한다고, 혹은 존재하지 않는다고 생각하십니까?	(답 50)	존재한다	존재하지 않는다	모르겠다
	㉮ 절대자/신	1	2	9
	㉯ 극락/천국	1	2	9
	㉰ 죽은 다음의 영혼	1	2	9
	㉱ 기적	1	2	9
	㉲ 귀신/악마	1	2	9

질문	응답
(문 51) 현재 종교와는 상관없이 귀하는 **장례식**을 어떤 종교 형식으로 치르는 것이 좋다고 느껴지십니까?	(답 51) 1. 불교식 2. 기독교(개신교)식 3. 천주교(가톨릭)식 4. 유교식(전통장례) 5. 기타 (적어주세요 : _____)
(문 52) 귀하는 **결혼**하셨습니까?	(답 52) 1. 미혼 2. 기혼 3. 이혼/별거 4. 사별

질문	응답

(문 53) 이번에는 귀하의 **가족 종교**에 대해 여쭙겠습니다. 귀하의 아버님은 어떤 종교를 믿으셨습니까? 어머니는요?
(결혼 경험이 있는 경우) 그럼, 배우자의 종교는 무엇입니까? (기타 종교는 해당란에 직접 적어주세요.)

	불교	기독교 (개신교)	천주교 (가톨릭)	기타 종교	종교 없음 (해당 없음)
㉮ 아버지의 종교	1	2	3		5
㉯ 어머니의 종교	1	2	3		5
㉰ (결혼 경험이 있는 경우) 배우자의 종교	1	2	3		5

(문 54) 귀하께서는 **각 종교에 건의하고 싶거나 시정했으면** 하는 점이 있으면 무엇이든 좋으니 **종교별로 한 가지씩** 구체적으로 적어 주십시오(자유 응답)

(답 54)
㉮ 불교 :   34-36
㉯ 개신교 :   37-39
㉰ 천주교 :   40-42

(문 55) 귀하는 현재 자신이 **얼마나 행복**하다고 생각하십니까, 아니면 행복하지 않다고 생각하십니까?

(답 55)
1. 매우 행복하다
2. 어느 정도 행복하다
3. 별로 행복하지 않다
4. 전혀 행복하지 않다

(문 56) 귀하는 **우리의 인생이 얼마나 의미가 있다**고 생각하십니까, 아니면 의미가 없다고 생각하십니까?

(답 56)
1. 매우 의미가 있다
2. 어느 정도 의미가 있다
3. 별로 의미가 없다
4. 전혀 의미가 없다

(문 57) 귀하는 **인생이 무의미하다**고 얼마나 자주 생각하십니까, 아니면 생각하지 않으십니까?

(답 57)
1. 자주 생각한다
2. 가끔 생각한다
3. 별로 생각하지 않는다
4. 전혀 생각하지 않는다

(문 58) 귀하는 **죽음에 대해** 얼마나 자주 생각하십니까, 아니면 생각하지 않으십니까?

(답 58)
1. 자주 생각한다
2. 가끔 생각한다
3. 별로 생각하지 않는다
4. 전혀 생각하지 않는다

질문	응답

(문 59) 다음에 제시한 여러 일들에 대해 귀하는 어느 정도 **만족 혹은 불만족**하십니까? 매우 만족하시면 10점, 매우 불만족하시면 0점, 보통이면 5점이라고 할 때 각각에 대해 몇 점을 주시겠습니까?

	매우 불만족					보통					매우 만족
㉮ 살림살이 형편	0	1	2	3	4	5	6	7	8	9	10
㉯ 다른 사람들과의 관계	0	1	2	3	4	5	6	7	8	9	10
㉰ 결혼생활/이성 관계	0	1	2	3	4	5	6	7	8	9	10
㉱ 요즘 건강상태	0	1	2	3	4	5	6	7	8	9	10
㉲ 직업/하는 일	0	1	2	3	4	5	6	7	8	9	10
㉳ 전반적인 개인 생활	0	1	2	3	4	5	6	7	8	9	10

〈부록 2〉 종교성 측정 관련 학회 윤리강령

1. 한국상담학회 윤리강령(심리검사 조항)

제7장 심리검사

제22조(일반사항)

① 상담자는 내담자의 환경(사회적, 문화적, 상황적 특성 등)과 개별적 특성을 고려한 후, 내담자를 조력하기 위한 목적에 적합한 심리검사를 선택해야 한다.

② 심리검사를 실시할 때에는 자격이 있는 사람이 표준화된 절차에 따라 실시해야 하며, 그 과정을 경시해서는 안 된다. 또한 수련상담자는 지도감독자로부터 훈련받은 검사 도구를 제대로 이용하는지의 여부를 평가받는다.

③ 상담자는 검사 채점과 해석을 수기로 하건, 컴퓨터를 사용하건, 혹은 다른 서비스를 사용하건 상관없이 내담자의 요구에 적합한 검사 도구를 적용, 채점, 해석, 활용한다.

④ 상담자는 검사 전에 검사의 특성과 목적, 잠재적인 결과, 수령자의 구체적인 결과의 사용에 대해 설명하고 내담자의 동의를 받는다. 이때 상담자는 내담자의 개인적·문화적 상황, 내담자의 결과 이해 정도, 결과가 내담자에게 미치는 영향을 고려한다.

⑤ 상담자는 피검자의 복지, 명확한 이해, 검사 결과를 누가 수령할 것인지에 대한 결정에서 사전 합의를 고려한다.

제23조(검사 도구 선정과 실시 조건)

① 상담자가 검사 도구를 선정할 때 도구의 타당도, 신뢰도, 실용도,

객관도, 심리측정의 한계를 신중하게 고려한다.

② 상담자는 제삼자에게 내담자에 대한 검사를 의뢰할 때, 적절한 검사 도구가 사용될 수 있도록 내담자에 대한 구체적인 의뢰 문제와 충분한 객관적인 자료를 제공한다.

③ 상담자는 문화적으로 다양한 집단을 위한 검사 도구를 선정할 경우, 그러한 내담자 집단에 적절한 심리측정 특성이 결여된 검사 도구를 사용하지 않도록 합당한 노력을 한다.

④ 상담자는 검사 도구의 표준화 과정에서 설정된 동일한 조건에서 검사를 실시한다.

⑤ 상담자는 기술적 또는 다른 전자적 방법들이 검사 실시에 사용될 때, 실시 프로그램이 잘 기능하고 있는지 그리고 정확한 결과를 제공하는지에 대해 점검한다.

제24조(검사 채점 및 해석)

① 상담자는 개인 또는 집단검사 결과 발표에 정확하고 적절한 해석을 포함시킨다.

② 상담자는 검사 결과를 보고할 때, 검사 상황이나 피검사자의 규준 부적합으로 인한 타당도 및 신뢰도와 관련하여 발생하는 제한점을 명확히 한다.

③ 상담자는 연령, 피부색, 문화, 장애, 민족, 성, 인종, 언어 선호, 종교, 영성, 성적 지향, 사회경제적 지위가 검사 실시와 해석에 영향을 미친다는 것을 인식하고, 내담자와 관련된 다른 요인들을 고려하여 적절하게 검사 결과를 해석한다.

④ 상담자는 기술적인 자료가 불충분한 검사 도구의 경우 그 결과를 해석할 때 주의해야 한다. 그러한 도구를 사용하는 특정한 목

적을 내담자에게 명확히 알린다.

⑤ 상담자는 내담자 혹은 심리검사를 수령할 기관에 심리검사결과가 올바로 통지되도록 해야 한다.

⑥ 상담자는 내담자 이외에는 내담자의 동의를 받은 제삼자 또는 대리인에게 결과를 공개한다. 또한 이러한 자료는 자료를 해석할 만한 전문성이 있다고 상담자가 인정하는 전문가에게 공개한다.

제25조(정신 장애 진단)

① 상담자는 정신 장애에 대해 적절한 진단을 하도록 특별하고 세심한 주의를 기울인다.

② 상담자는 치료의 초점, 치료 유형, 추수 상담 권유 등의 내담자 보살핌을 결정하기 위해 사용되는 개인 상담을 포함한 검사 기술을 신중하게 선택하고 합당하게 사용한다.

③ 상담자는 정신 장애를 진단할 때는 내담자의 문제를 규정하는 방식에 문화가 영향을 미친다는 것을 인식하고 내담자의 사회경제적·문화적 경험을 고려한다.

④ 상담자는 어떤 개인이나 집단들에 대해 오진을 내리고 정신병리화 하는 역사적·사회적 편견과 오류에 대해 충분히 이해하고 이러한 편견과 오류가 발생하지 않도록 특별한 주의를 기울인다.

⑤ 상담자는 심리검사의 결과가 내담자나 다른 사람들에게 해를 끼칠 수 있다고 판단되면 진단이나 보고를 해서는 안 된다.

* 출처 : www.counselors.or.kr

2. 한국상담심리학회 윤리강령(심리검사 조항)

6. 심리평가

가. 기본 사항

(1) 심리평가의 목적은 심리검사를 활용하여 내담자의 자기 이해 및 의사결정을 돕고 치료계획을 수립하는 데 있다.

(2) 상담심리사는 규정된 전문적 관계 안에서만 심리검사를 활용한 진단, 평가 및 개입을 한다.

(3) 심리평가에 대한 상담심리사의 결과해석, 소견 및 권고는 충분한 정보와 근거를 바탕으로 이루어져야 하며, 상담심리사는 이에 대한 내담자의 알 권리를 존중한다.

(4) 상담심리사는 심리검사의 결과나 해석을 오용해서는 안 되며, 전문적 자격을 갖추지 않은 사람에 의한 심리검사의 개발, 출판, 배포, 사용에 대해서는 적절한 조치를 한다.

(5) 상담심리사는 내담자 혹은 내담자의 법정대리인의 동의가 있는 경우에만 내담자의 개인정보가 포함된 심리평가 관련 자료를 공개한다. 단, 공개 대상은 자료를 해석할 만한 충분한 자격을 갖춘 전문가로 제한한다.

나. 검사를 사용하고 해석하는 능력

(1) 상담심리사는 심리평가를 수행함에 있어 평가도구의 채점, 해석과 사용, 관리에 대한 책임이 있으며, 자신이 훈련받은 검사와 평가만을 수행해야 한다. 이는 온라인 검사의 경우에도 해당한다.

(2) 상담심리사는 검사 도구의 타당도와 신뢰도, 검사 도구의 개발과 사용 지침에 대해 이해하고 있어야 한다.

(3) 상담심리사는 검사의 실시, 채점 및 해석이 제공되는 온라인 검사의 경우에도 원 검사의 구성 및 해석에 대해 숙지하고 있어야 한다.

(4) 상담심리사는 수련생이 심리검사를 유능하게 수행할 수 있는지 지속적으로 감독해야 한다.

다. 사전 동의

(1) 상담심리사는 심리평가 전에 내담자 또는 내담자의 법정 대리인에게 사전 동의를 받아야 한다. 사전 동의를 구할 때에는 검사의 목적과 용도, 비용에 대해 내담자가 이해할 수 있도록 설명해야 한다.

(2) 상담심리사는 검사 결과를 제공할 때 내담자 혹은 내담자가 사전 동의한 수령인에게 결과를 전달하고 적절한 해석을 제공해야 한다. 이는 집단으로 실시한 검사도 해당한다.

라. 검사의 선택 및 실시

(1) 상담심리사는 내담자에게 적절한 심리검사를 선택해야 하며 검사의 타당도와 신뢰도, 제한점 등을 고려한다.

(2) 상담심리사는 다문화 배경을 가진 내담자를 위한 심리검사 선택 시, 그의 사회문화적 맥락을 신중히 고려해야 한다.

(3) 상담심리사는 표준화된 조건에 따라 검사를 시행한다. 검사가 표준화된 조건에서 시행되지 않거나, 검사 수행 중 일반적이지 않은 행동 혹은 예외적인 상황이 발생할 경우, 그러한 내용을 기록해야 하고, 그 검사 결과의 타당성을 의심하거나 무효 처리할 수 있다.

(4) 상담심리사는 신뢰할 수 있는 검사 결과를 얻기 위해 검사지 및 검사 도구가 노출되지 않도록 주의하고 그 내용을 언급하지 않을 책임이 있다.

마. 검사 결과의 해석과 진단

(1) 상담심리사는 검사 해석에 있어서 성별, 장애, 나이, 성적 지향, 성별 정체성, 사회적 신분, 외모, 인종, 가족 형태, 종교 등의 영향을 고려하고, 다른 관련 요인들과 통합 비교하여 검사 결과를 해석한다.

(2) 상담심리사는 경험적으로 입증되지 않은 평가도구를 사용할 경우, 그 도구를 사용하는 목적을 내담자에게 설명하고 결과해석에 신중해야 한다.

(3) 상담심리사는 정신 장애에 대한 평가를 하는 경우 각별한 주의를 기울여야 한다. 내담자를 위한 치료 방향, 치료 유형 및 후속 조치를 결정하기 위해서 개인 면담 및 평가 방법을 신중하게 선택하고 사용한다.

(4) 상담심리사는 내담자의 문제가 그가 속한 문화의 영향을 받는다는 것을 인지하고, 정신 장애 진단 시 사회경제 및 문화적 경험을 고려해야 한다.

(5) 상담심리사는 정신 장애를 진단하는 것이 내담자나 다른 사람들에게 해가 된다고 판단할 경우, 진단 혹은 진단 결과의 보고를 유보할 수 있다. 상담자는 진단이 지니는 긍정적, 부정적 함의를 신중하게 고려한다.

바. 검사의 안전성

(1) 상담심리사는 공인된 검사의 전부 또는 일부를 발행자 허가 없이 사용, 재발행, 수정하지 않는다.

(2) 상담심리사는 실시한 지 오래된 검사 결과에 기초한 평가를 피하고, 시대에 뒤떨어진 검사 도구를 사용하지 않는다.

(3) 상담심리사는 심리검사의 요강, 도구, 자극, 또는 문항이 대중매체, 인터넷(온라인) 등을 통해 노출되지 않도록 해야 하며, 또한 특정한 반응에 대한 구체적인 해석이 대중적으로 공개되지 않도록 해야 한다

* 출처 : www.krcpa.or.kr

3. 한국기독교상담심리학회 윤리강령(심리검사 조항)

1. 기본 사항

(1) 교육 및 심리평가의 주된 목적은, 객관적이면서 해석이 용이한 평가도구를 제공하는 데 있다.

(2) 상담(치료)사는 교육 및 심리평가 방법을 활용하여, 내담자의 복리와 이익을 추구하여야 한다.

(3) 상담(치료)사는 평가결과와 해석을 오용해서는 안 되고, 다른 사람들이 평가도구를 개발하고, 출판 또는 사용함에 있어서 정보를 오용하지 않도록 적절한 조치를 한다.

(4) 상담(치료)사는, 검사 결과에 따른 상담(치료)사들의 해석 및 권유의 근거에 대한, 내담자들의 알 권리를 존중한다.

(5) 상담(치료)사는 규정된 전문적 관계 안에서만 평가, 진단, 서비스, 혹은 개입을 한다.

(6) 상담(치료)사의 평가, 추천, 보고, 그리고 심리적 진단이나 평가 진술은 적절한 증거 제공이 가능한 정보와 기술에 바탕을 둔다.

2. 검사를 사용하고 해석하는 능력

(1) 상담(치료)사는 자신의 능력의 한계를 알고, 훈련받은 검사와 평가만을 수행해야 한다. 또한 상담(치료)사는 지도감독자로부터, 적합한 심리검사 도구를 제대로 이용하는지의 여부를 평가받아야 한다.

(2) 컴퓨터를 이용한 검사를 활용하는 상담(치료)사는, 원 평가도구에 대해 훈련받아야 한다.

(3) 수기로 하든지, 컴퓨터를 사용하든지, 상담(치료)사는 평가도구의 채점, 해석과 사용, 응용에 대한 책임이 있다.

(4) 상담(치료)사는 타당도와 신뢰도, 검사에 대한 연구 및 검사지의 개발과 사용에 관한 지침 등 교육·심리적 측정에 대해 철저하게 이해하고 있어야 한다.

(5) 상담(치료)사는 평가도구나 방법에 대해 언급할 때, 정확한 정보를 제공하고 오해가 없도록 해야 한다. 지능지수나 점수 등이 근거 없는 의미를 내포하지 않도록 특별한 노력을 기울여야 한다.

(6) 상담(치료)사는 심리평가를 무자격자에게 맡겨서는 안 된다.

3. 사전 동의

(1) 평가 전에 내담자의 동의를 미리 얻지 않았다면, 상담(치료)사는 그 평가의 특성과 목적, 그리고 결과의 구체적인 사용에 대해 내담자가 이해할 수 있는 말로 설명해야 한다. 채점이나 해석이 상담(치료)사나 보조원에 의해서 되든, 아니면 컴퓨터나 기타 외부 서비스 기관에 의해서 이루어지든지, 상담(치료)사는 내담자에게 적절한 설명을 하도록 조치를 해야 한다.

(2) 내담자의 복지, 이해 능력, 그리고 사전 동의에 따라 검사 결과의 수령인을 결정짓는다. 상담(치료)사는 어떤 개인 혹은 집단검사 결과를 제공할 때 정확하고 적절한 해석을 함께 제공하여야 한다.

4. 유능한 전문가에게 정보 공개하기

(1) 상담(치료)사는 검사 결과나 해석을 포함한 평가결과를 오용해서는 안 되며, 다른 사람들의 오용을 막기 위한 적절한 조치를 한다.

(2) 상담(치료)사는 특별한 경우를 제외하고는, 내담자나 내담자가 위임한 법정대리인의 동의가 있을 경우에만 그 내담자의 신분이 드러날 만한 치료(예를 들면, 계약서, 상담이나 인터뷰 기록, 혹은 설문지)를 공개한다. 그와 같은 자료는 그 자료를 해석할 만한 능력이 있다고 상담(치료)사가 인정하는 전문가에게만 공개되어야 한다.

5. 검사의 선택

(1) 상담(치료)사는 심리검사를 선택할 때 타당도, 신뢰도, 검사의 적절성, 제한점 등을 신중히 고려한다.
(2) 상담(치료)사는 다문화 집단을 위한 검사를 선택할 때, 사회화된 행동과 인지 양식을 고려하지 않은 부적절한 검사를 피할 수 있도록 주의한다.

6. 검사 시행의 조건

(1) 상담(치료)사는 표준화된 조건과 동일한 조건에서 검사를 시행한다. 검사가 표준화된 조건에서 시행되지 않거나, 검사 시간에 비정상적인 행동이 발생할 경우, 그러한 내용을 기록해야 하고, 그 검사 결과는 무효 처리하거나 타당성을 의심할 수 있다.
(2) 상담(치료)사는 컴퓨터나 다른 전자식 방법을 사용하였을 때, 시행 프로그램이 내담자에게 정확한 결과를 적절히 제공하도록 보장할 책임이 있다.
(3) 인사, 생활지도, 상담 활동에 주로 활용되는 검사 결과가 유의미하기 위해서는 검사내용에 대한 선수지도나 내용을 언급하면 안 된다. 그러므로 검사지를 안전하게 보호하는 것도 상담(치료)사

의 책임이다.

7. 검사 점수화와 해석, 진단

(1) 상담(치료)사는 검사 시행과 해석에 있어서 나이, 인종, 문화, 장애, 민족, 성, 종교, 성적 기호, 그리고 사회경제적 지위의 영향을 고려하고, 다른 관련 요인들과 통합 비교하여 검사 결과를 해석한다.

(2) 상담(치료)사는 기술적 자료가 불충분한 평가도구의 경우 그 결과를 해석할 때 신중해야 한다. 그러한 도구를 사용하는 특정한 목적을 내담자에게 명백히 알려 주어야 한다.

(3) 정신 장애를 진단하기 위해서 상담(치료)사는 특별한 관심을 가져야 한다. 내담자에 대한 치료 장소, 치료 유형, 또는 후속 조치를 결정하기 위한 개인 면담 및 평가 방법을 주의 깊게 선택하고 사용한다.

(4) 상담(치료)사는 내담자의 문제를 정의할 때, 내담자가 속한 문화의 영향을 받는다는 것을 인지한다. 내담자의 정신 장애를 진단할 때 사회경제적 및 문화적 경험을 고려해야 한다.

8. 검사의 안정성

(1) 상담(치료)사는 공인된 검사 또는 일부를 발행자의 허가 없이 사용, 재발행, 수정하지 않는다.

(2) 상담(치료)사는 시대에 뒤처진 자료나 검사 결과를 사용하지 않는다. 다른 사람이 쓸모없는 측정이나 검사 자료를 사용하지 않도록 상담(치료)사는 도와준다.

* 출처 : www.kaccp.org

◆ 색인

석창훈(石昌勳)

- 경북대학교 사범대학 교육학과, 대학원 교육학과
- 대구가톨릭대학교 철학박사(전공 : 종교교육 및 상담심리)
- 전 경북대학교 인문과학연구소 책임연구원
- 전 대구가톨릭대학교 성장상담연구소 학술연구 교수
- 전 고려대학교 교육대학원 외래교수 / 대표입학사정관
- 현 선문대학교 교양학부 교수 / 학생상담센터장
- 현 한국연구재단 인문사회연구본부 인문학단 PM
- 현 충남교육청 다문화학생학력평가 심사위원장

종교성 측정의
원리와 실제

초판인쇄   2021년 12월 24일
초판발행   2021년 12월 24일

지은이   석창훈
펴낸이   채종준
펴낸곳   한국학술정보㈜
주 소   경기도 파주시 회동길 230(문발동)
전 화   031) 908-3181(대표)
팩 스   031) 908-3189
홈페이지   http://ebook.kstudy.com
E-mail   출판사업부   publish@kstudy.com
출판신고   2003년 9월25일   제406-2003-000012호

ISBN   979-11-6801-266-0 93200